U0937627

本书系第53批博士后科学基金资助项目2013M530798的最终研究成果，教育部人文社会科学基金青年项目13YJC720034的中期研究成果。

康德尊严思想研究

王福玲　著

On Kant's Conception of Dignity

中国社会科学出版社

图书在版编目(CIP)数据

康德尊严思想研究／王福玲著．—北京：中国社会科学出版社，2014.1
ISBN 978－7－5161－3703－1

Ⅰ．①康…　Ⅱ．①王…　Ⅲ．①康德，Ⅰ．(1724～1804)—哲学思想—研究　Ⅳ．①B516.31

中国版本图书馆 CIP 数据核字(2013)第 285918 号

出 版 人　赵剑英
责任编辑　徐　申
责任校对　古　月
责任印制　王　超

出　　版　中国社会科学出版社
社　　址　北京鼓楼西大街甲 158 号（邮编 100720）
网　　址　http://www.csspw.cn
　　　　　中文域名:中国社科网　　010－64070619
发 行 部　010－84083685
门 市 部　010－84029450
经　　销　新华书店及其他书店

印　　刷　北京君升印刷有限公司
装　　订　廊坊市广阳区广增装订厂
版　　次　2014 年 1 月第 1 版
印　　次　2014 年 1 月第 1 次印刷

开　　本　710×1000　1/16
印　　张　16.75
插　　页　2
字　　数　285 千字
定　　价　49.00 元

凡购买中国社会科学出版社图书,如有质量问题请与本社联系调换
电话:010－84083683

序　一

关于人的尊严问题，由于某种原因，在当今中国又成为了一个热门话题。然而，我认为，人们对尊严问题的讨论还是一个表面上看来很清楚，实际上却很模糊的问题。“让老百姓过上有尊严的生活”，这实在是一个令人向往的美梦，然而什么样的生活是“有尊严”的生活，答案却林林总总，甚至千奇百怪。很多人对此的理解是，过一种物质上富有的生活，想要什么就有什么的生活。一个人如果在物质上是贫困的，他确实很难做到有尊严地生活，所以，让老百姓过上好的日子，不为平日的吃穿以及生老病死发愁，这无疑是让他们过上有尊严的生活的必要条件。但这不是充分条件，为什么？因为人的尊严更根本的不在于物质方面，而在于精神方面，在于人性和人格方面。如果决策者们也认为只要让老百姓有吃有穿就是让他们有尊严地活着，其结果就只能是南辕北辙了。那么，具体地说，什么是人的尊严呢？在对这个问题的诸多回答中，我认为，德国古典哲学家康德在这方面的回答是最好的。康德在尊严问题上说了些什么？作者王福玲在本书中就是想告诉大家，在康德看来，什么是人的尊严，我们如何才能获得尊严，怎样才叫“有尊严”的生活。

这里我不想详细介绍本书的内容，但是，在我看来，作者对康德尊严思想的把握在众多研究中应当说是比较到位的。为什么这样说，主要体现在以下几点：

首先，作者明确地意识到，在康德那里，尊严主要是指人的尊严，它是和人的人性、人格紧密相关的。作者用了两三章的内容专门讨论这个问题。康德对尊严的这种理解，和我们平日里对尊严的理解是一致的。一般来说，我们说到尊严，总是指人的尊严，很少说动物的尊严，虽然有人也说动物有尊严，但是我们讨论更多的是人的尊严。康德对尊严的理解也是从人这种物种出发的。康德认为，人的尊严其实也就是人与动物的差异性，是人高于动物的地方，是人性和人格的体现。人格是什么，这个词在西文中原本就是面具的意思，用我们汉语说，就是面子。当然，这不是指那种爱好虚荣的面子，而是指代表人格的面子。在日常生活中，如果有人损害我们的尊严时，我们可能会说，你怎么不给我的面子。因此，“有尊严”的生活，也可以说是一种“体面”的生活。这种对体面的要求是人性的体现，是人在骨子里的一种要求，一种精神。用宗教的语言说，就是一种格，是人在世界上的一种位格。如上所述，哪怕是一个人已经食不果腹，衣不遮体，但是，面对人用鄙视的态度对他进行施舍的时候，他也要维护自己的尊严，而不会屈膝乞食，这就是人的尊严。这就是有“格”，是硬骨头。中国古代传统中的“贫贱不能淫，威武不能屈”的名句，就是这种尊严观最好的表达。这种面子不是哪一个个人的面子，而是人的面子，是人的“格”，人的尊严。我们经常说人要讲“格”，讲“味”，讲的就是一个尊严。康德在他的“人性公式”中，讲的就是人不能只是工具，不能只是被用来像工具或动物那样对待。人是目的，而且人在任何时候都是目的，而不只是工具，那怕是当你处于为他人服务的工作岗位时，你也仍然是目的，而不仅仅是工具。作为目的而存在，这就是人的格，也就是人格中的人性。因此，所谓给人以尊严，其实也就是把人当人看，不要把人当物看，把人不当人。

其次，作者也意识到，作为一个伟大的道德哲学家，康德在谈论人的尊严时，主要是从道德层面出发的。康德认为，人之所以有尊严，乃是因为人不同于动物，这种不同就在于如亚里士多德所说，人是有理性的动物，人也是有道德意识的动物。人的理性和道德使人能够自己为自己立法，自己遵守自己所立之法。也就是说，人的尊严在于人具有自由，而且是真正的自由，即自律。一个人没有自由，处处受制于环境和他人，谈何尊严？当然，这自由不是任意妄为，而是按照理性和道德法则行事，自立法自守法，自觉地遵循普遍的道德法则。因此，康德认为，自律是人具有尊严的根据。如许多康德哲学的研究者所指出的，康德是一个“第一人称”的伦理学家，也就是说，康德在讲到伦理道德时，其着眼点是作为一个自由主体的个人自身。因此康德在讲到人的尊严时，非常强调人的自尊。人的尊严不是别人给予的，人的尊严首先且主要是自己给予的，要想让人尊重自己，首先要懂得自尊，只有自尊，人才有尊严可言。而人的自尊也就表现在自律上。让人们过上尊严的生活，不是哪个有权力者给人们以尊严。对于当权者而言，实际上是让人们学会自尊，给人们以自尊的条件，不要去践踏人的自由和自尊，而是去保护人们所应有的自由和自尊。有权力者不是上帝，不是给予民众以尊严的恩赐者，而是人们尊严的保护者和捍卫者。从这个意义上讲，人的尊严的丧失，主要不是他人剥夺的结果，而是自己不能自律的结果。这一点只要看看那些为了金钱而出卖了自己的人格，从而丧失了尊严的官员的情况就一目了然。我们不能去乞求别人给我们以尊严，我们只能自己去维护自己的尊严，去捍卫自己的尊严，去和一切损害或剥夺我们尊严的人作斗争。

康德将道德上的自律作为人享有尊严的根据，这就导致在尊严方面的平等主义，同时也反对了在他之前的那种以钱权作为尊严根据的错误看法。在早些年中，无论中外，人们都总是把尊严给予那些在某一方面高出众人者，他们或者有钱，或者有权，或者有德。这种尊严观是一种差异性的尊严观。而在康德这里，一个人之所以具有尊严，不是因为你有钱，是大款，也不是因为你手握大权，是高官，而是因为你是一个人，一个自律的或有自律之潜能的人。也就是说，只要你是一个道德的人或具有道德的禀赋，就可以获得真正的尊严。对于具有尊严的人，我们会有一种敬重感，一种景仰。对于那些腰系万贯，权重一时却鲜有道德的富翁和弄权者，人们有的只会是羡慕或嫉妒，而不会是敬重。至于对那些为富不仁，以权谋私，以权侵民者，人们有的只会是仇恨。当然，反过来，对于那些富而不骄，官而为民的有道德的富人和官员，人们是非常敬重的，他们才具有真正的尊严。在康德这里，一般的民众，哪怕你无钱无权，甚至贫困交加，地位低微，只要你是道德自律的，或者是有潜在的道德自律能力的，你也同样具有人的尊严，具有要求他人尊重你的人格和权益的权利。

人人都有尊严，都有要求他人尊重自己的权利，这是因为人是道德的动物。这种道德平等主义遇到两个方面的问题：一是人们在尊严方面是否完全没有差别？另一则是：对于那些做了不道德的事情，或甚至是丧失人性的那些人，他们还有尊严吗？我们还需要尊重他们的人格和尊严吗？如果答案是肯定的，我们又是根据什么呢？对于第一个问题，康德并不否认人们在尊严上是有差别的，但这差别的依据主要是每个人的道德状况。每一个人的行为在道德量上是不同的，这种不同不是依据你奉献出来的东西的绝对量，而是你奉献的东西与你个人的生存状态的相关性，就此而言，一个处于贫困状况下的寡妇的“两个小钱”，其道德量远远高于亿万富翁几十上百万的金钱。因而她更应当受到人们的尊重，享有更高的尊严。说到这一点，我不得不说，那种以捐款数量的多少来评选道德模范或慈善排行的做法实在是一种无稽之谈。至于第二个问题，也就是我们平常所说的罪犯是否也享有尊严的问题。对此，康德也是经过认真思考的。本书的作者王福玲发现，康德为了解决这一难题，在以道德自律是尊严的根据的问题上做了一定的缓和，即不仅是已经做到道德自律的人具有尊严，而且那种具有道德自律之潜在能力的人也可以具有尊严。对于那些道德败坏的人来说，虽然他们在现实的生活中道德沦丧，但是，作为人，他们还是有改邪归正的潜在可能，还是有达到道德自律的潜在可能。因此，我们不能任意地对待他们而应当保证他们的人格尊严，这有利于使他们重新回归到人的本性上去。对康德这一思想的发现和解读，是本书作者的一个创新之点，也是本书中的一个亮点。这也证明，其实康德并不是有些人所说的那种不食人间烟火的哲学家，康德道德哲学中几乎每一个思想命题都是和当时的社会现实紧密相关的。不仅如此，他的思想即便在今天也对我们有着巨大的启发作用的。就此而言，我们也可以看到，对康德道德哲学的研究不是那种躲在书斋中的研究，不是文人的自娱自乐，而是具有很强的现实性和实践性特征的。它不仅可以推进我们对道德哲学的研究，而且还有助于我国当前的道德文明建设。我想，王福玲的这一研究成果的意义也正在于此。

最后，作为她博士学习时的导师，我想说一下作者王福玲。王福玲本科时学的是外语，后来在西南大学哲学系攻读伦理学的硕士学位，在硕士期间，跟随我名下早年毕业的博士任丑教授开始研读康德哲学。在她硕士即将毕业时，任丑教授推荐她报考我的博士。通过笔试和面试，我发现她是一个具有极大学习潜能的学生。来到武汉大学哲学学院后，她各方面的表现也都不错，特别是专业学习上的表现令我欣喜。她对伦理学这门学科有着很大的兴趣，希望在这方面做出一点成绩。虽然兴趣不是一个人积极行为的唯一动力，但是我认为它是人们积极努力行动的最主要动力。一个人对自己所做的事情不感兴趣，我想是做不好这事的。就自己的感悟而言，我认为，一个人一生能够做自己感兴趣的事应当是人生最大的幸福。在攻读博士学位的三年中，我所担心的不是她不好好学习，荒废大好青春，而是担心她每天泡在图书馆而忘记了外面的世界。这三年来，她不仅潜心阅读了康德的所有相关著作，而且利用她在语言上的优势，大量阅读了西方当代康德研究学者们的著述（这一点读者可以从她对当前康德伦理学研究的简介中看出），并对之进行了深入的分析研究，这才有了眼前的这本《康德尊严思想研究》。这本书，我认为是国内目前在康德尊严思想研究方面做得很好的著述之一。我从心里庆幸招到了一个令我满意的好学生，也衷心地感谢任丑教授为我推荐了这样一个好学生。我相信，只要她能潜下心来在这条路上走下去，是一定能够取得更加丰硕的成果的。

张传有
于武汉大学
2013 年 9 月 27 日

序　二

在第二次世界大战之后，尊严概念的重要性日益凸显，成为当今学术界的热点之一。在现当代哲学史上，康德对人类的贡献是多方面的。作为现当代最重要的哲学家、伦理学家，康德在人类尊严观念的发展史上，同样起着十分重要的作用。可以说，在所有关于尊严问题的讨论中，康德的尊严思想是一个不可回避的话题。

当代人类对尊严问题重要性的意识是以千百万人的鲜血和生命换来的。20 世纪的人类饱受战乱之苦，一百多年来，人类经历了历史上规模空前的两次世界大战以及无数次局部战争。在此，我们并非盲目地反对一切形式的战争，而是支持正义的战争以及人们为摆脱奴役、压迫和专制所进行的解放战争——争取和捍卫人的尊严的战争。然而，事实上，只要有战争，就会有无数人在战争中受尽屈辱，无数生命死于无辜。因此，即使是正义的战争也应该尽量避免无谓的伤亡，避免殃及无辜的平民。换言之，即便是正义的战争也应该在尊重人道主义原则的前提下保护更多的生命。像在第二次世界大战中的奥斯维辛集中营、日本的 731 部队以及南京大屠杀所犯下的罪行是绝不可以宽恕的。那些惨无人道的罪行让人们难以想象这样的罪恶竟然源自人类自身，他们的所作所为已经不配被称为人或人类了，他们对人类、对自己的同胞比任何野兽更加残暴，更加冷血。备受侵略者和法西斯战争疯狂折磨的人们不禁自问，为何人对人会如此残忍？如果任何一个生存于世的人随时都可能面临着这样的不幸和灾难，那我们生存于世还有何意义？

任何一个人类个体来到这个世界上，都是渺小而脆弱的，因为我们任何人都仅仅是血肉之躯。人不可能有大树高，也不可能有大树长寿；人的躯体不可能有石头硬，以自己的脑袋去撞石头定会头破血流。然而，就是这样一些渺小而脆弱的人，经过千万年、一代又一代生存于世的磨难，成就了伟大而辉煌的文明。就目前人类对浩瀚宇宙的有限认知而言，除了人类所创造的辉煌灿烂的文明外，至今还未曾发现任何其他文明。因此，当我们从广袤的宇宙来看待人类文明时，不得不承认，人是上天的一件多么了不起的作品。人是生存于世的第一个能够认识到自己的存在、同时也意识到宇宙存在的凡俗生命。

尽管如此，如果我们每个人的遭遇和命运是那么地不测和不幸，这样伟大的文明对于我们又有什么意义？而且，奥斯维辛集中营中对人的迫害不正是利用了人类科技文明的成果吗？日本 731 部队以活人做化学武器的试验，不也正是在利用科学技术进行的吗？就此而言，人的伟大也正是人的悲哀之所在。

人类要想摆脱自己加之于自己的悲惨命运，就必须改变人类本性中可怕的兽性。回顾人类的发展，人的伟大并非在于人的兽性，而在于人的理性，更在于康德意义上的实践理性。如果人类社会听任于人的兽性横行，任何文明都会变成野蛮，历史也将倒退。而任何一种文明的生存和发展，都在于首先对自己内部共同体（首先是氏族、部落共同体，而后则是非血缘的民族共同体）实行伦理道德原则，即凡是自己共同体内部的成员，都不得任意杀戮，而应相互承认和相互尊重。在这一共同体之外的人则得不到该共同体的承认，因而处于随时遭受侵犯的地位。也就是说，凡共同体之外的人，都不被看作是应当承认其为人的地位的人。因此，我们看到，越是早期的人类历史，越是充满了连年的征服战争。中国古代的春秋战国时期，打了多少次仗？（孔子说，春秋无义战）而在炎黄民族的早期历史中，谁又知道有多少氏族部落在氏族部落的征服兼并中消失？实际上，不仅仅早期历史如此，整个人类的历史都充满了这种不义与残暴。然而，就是在人类文明的早期，当人们意识到自己不能消灭对方，或不能在两相交恶中一起消亡时，彼此之间也会达成某种互不侵犯的协议。这样，他们就把自己的共同体的边界向对方扩展。据人类学家的考察，还有血缘性的两合氏族的存在。也就是在血缘的意义上，将自己的共同体扩大为相互间共血缘、共命运的共同体。共同体的扩展，也就是伦理世界的扩展。

共同体的生存原则就是人类的生存原则。正是共同体的生存原则保护了共同体内部的每个人的生存与发展。没有共同体内部个体间相互承认和相互尊重的伦理原则，也就没有人类的生存，更谈不上个体的生存。没有这类生存保护原则，人类可能将永远处于霍布斯的自然状态之中。以孔子、释迦牟尼、苏格拉底等伟大先哲为代表的人类智慧，早就将这类原则告知人类。“己所不欲、勿施于人”、“仁者爱人”以及“未经审视的生活是不值得过的生活”、“慈悲”等告诫早就响起在人类精神的上空，穿越历史时空，久久回响。没有这一类生存原则，人类与其他野兽无异，没有这一类生存原则，人类将在相互残杀中走向灭亡。因此，是道德护卫了人的生存，是相互尊重护卫了如此脆弱的人类生命。道德给了人们最起码的生存自由，以及在这万般世界中追求我们存在意义的自由。我们生存于世，是以相互的尊重、相互的爱为前提的，是以维护彼此的利益，即以正义为前提的。如果没有相互的尊重和正义，人何以能自由而安全地生存于世?

尊严就是人的道德性的集中体现。经过几千年来思想家们的深思和凝练，尊严概念从表征少数人的优越地位逐渐发展为对人的道德性的集中表达，从而典型地、集中地体现了人类的所有伦理原则。如果人人心中时刻铭记自己的尊严和他人的尊严，如果人人都能做到自尊并尊重他人的尊严，那么，人类之间的残杀将不再重演，人类在相互尊重中自由而和平的生存就不是一句空话。在这里，我想起了本书中所引用的帕斯卡尔的一段名言，帕斯卡尔说：“人只不过是一根苇草，是自然界最脆弱的东西；但他是一根能思想的苇草。用不着整个宇宙都拿起武器来才能毁灭他：一口气、一滴水就足以致他死命了。然而，纵使宇宙毁灭了他，人却仍然要比致他死命的东西更高贵得多；因为他知道自己要死亡，以及宇宙对他所具有的优势。而宇宙对此却一无所知。因而，我们的全部尊严在于思想。”① 帕斯卡尔在此处谈到了人的脆弱性与人的尊严。当然，我们并不完全同意帕斯卡尔的观点，人的尊严不仅仅在于人的思想，更准确地说，在于人的精神，即道德精神。这种道德精神也就是康德所说的纯粹实践理性。人的脆弱性与人的尊严的对照是如此鲜明，这让我们明白，人的高贵在于人的尊严，人的伟大在于人的尊严。如此脆弱的生命如果没有尊严的护

① ［法］帕斯卡尔：《思想录》，何兆武译，商务印书馆1985年版，164页。

卫，人将不复成为人。尊严护卫着人的安宁，尊严护卫着社会的安宁——尊严就如同雅典的雅典娜。尊严为我们带来安宁，带来自由，尊严就处在社会精神的中心带。

尊严对于人类的重要性毋庸置疑，康德对此有着清醒的认识和高度的重视，他从形而上学的层面对该问题进行了深刻的揭示。可以说，任何一个力图研究尊严问题的人都不可能忽视他的存在，康德是一座绕不过去的高山。作为现当代以来最为重要的伦理思想家，康德的尊严思想有着承前启后的重要作用。由此可见，对康德尊严思想进行深入的研究势在必行，这一研究有助于推进和深化我们对人类尊严的认识。当前学界对康德尊严思想的理解集中在“人性公式”上，学者们普遍认为，“人性公式”就是康德意义上的“尊严原理”，将人视为目的而不仅仅是手段就是尊重人之尊严的表现。然而，通读全书，我们就会发现，事实上，康德的尊严观包含着更加丰富的内涵。本书作者虽然初入学术门道，但她对康德尊严思想的把握却是准确的。就目前而言，该书可以说是国内最为深入而全面研究康德尊严思想的佳作。

本书的亮点之一，作者将康德哲学中尊严与价值的关系进行了探索性的研究。在国内外康德学术界，尊严与价值的关系问题一直是学者们探讨的一个难题。作者通过对中西方语境中价值概念的分析，以及价值概念在康德哲学中的地位的分析，将内在价值和绝对价值视为尊严的价值属性而非定义。可以说，作者对康德哲学中价值概念以及尊严与价值关系的把握是准确的。

本书的亮点之二，作者对尊严与自律关系进行了深入的剖析。意志自律是康德伦理学的核心，也是康德的尊严思想的基石。作者通过深入剖析自律概念的内涵，指出意志自律从根本上来讲就是人作为理性存在者的自立法自守法的能力，这一能力构成了康德尊严观的内在根据。与此同时，作者在国外研究成果的基础上对自律与德性的关系进行了细致的研究，进而凸显了康德尊严思想的两大主题，即拥有尊严与配享尊严的问题。作者分别将意志自律视为拥有尊严的根据，将德性视为配享尊严的根据。理性存在者由于其先天的自律能力而拥有平等的尊严，同时，他也通过不断获得德性使自己配享尊严。事实上，康德尊严思想的这两大主题也正是康德尊严思想的特色所在。

本书的亮点之三，作者在吸收国外最新研究成果的基础上与国外康德学界的学者们展开了有价值的对话。在区分了康德哲学中两种意义上的尊严后，作者指出，虽然康德强调“实现了的尊严”，强调道德的至上性，但他并没有因此而忽视“源始的尊严”，恰恰是后者成为连接康德尊严思想与现代尊严思想的桥梁。在“为什么要尊重人”的问题上，作者与国外学者们的对话深刻而丰富，其论据也有很强的说服力，这对于我们思考现当代社会生活中的尊严问题富有启发。

本书的亮点之四，作者对康德哲学中尊严与权利的关系进行了探索性的研究。在目前国内学术界，康德哲学中尊严与权利的关系问题可以说是一个空白。在对这一问题的探讨中，作者坚持了康德哲学中义务优先于权利的原则，通过对法权及其义务的分析，挖掘出康德哲学中所蕴含的“尊严是一项基本的权利”，以及“尊严是权利的根据”的思想。表面上来看，二者似乎不能同时成立，但作者依然通过强有力的文本依据分别论证了上述观点。

值得指出的是，本书对康德尊严思想中自律概念所进行的深入细致的研究具有重要的意义，大大深化或拓展了我们对康德尊严思想的理解。作者反复强调，意志自律才是人的本质，才是人性的根本。我们看到，人类历史上的无数罪恶恰恰是人类自身意志的结果。罪恶并非人类自由的彰显，而是人类堕落的表现。因此，康德提出，真正的自由在于人的自立法和自守法的能力，即人的道德性或人格性禀赋。道德不是外在的强制，而是内在人性的要求，是自由的彰显。尊严与自由同在，尊严与道德相映成彰。康德的尊严观推进了人类对尊严问题的认知。尊严不仅护卫着人类的安宁与和平，更是自由的体现。人不仅因为脆弱而需要尊严的护卫，更因为自由而需要彰显尊严。

康德的尊严思想是人类的精神财富。今天，当我们通过斗争来捍卫人类的尊严，并享有这来之不易的尊严时，首先应当感激那些在现代性到来之时就为我们指出了尊严的意义与价值的思想深邃的先人。因此，对康德尊严思想的研究是当代人责无旁贷的使命。王福玲博士在武汉大学博士毕业后，来到中国人民大学哲学院做博士后研究工作。她在这里勤勉努力，继续推进和深化对康德尊严思想的研究。她的学术专著《康德尊严思想研究》在原博士论文基础上深入加工，即将出版发行。我很高兴能够在此书出版时写点什么。这是目前我所知的国内学术界第一部比较完整而深入地研究康德尊严思想的论著，也希望这本书的出版能够进一步推进我国对康德尊严思想以及一般意义上的尊严问题的研究。

龚群
于中国人民大学
2013 年 9 月 6 日

凡例

下面是本书所涉及的部分参考文献的简称：

1. 康德：《纯粹理性批判》，邓晓芒译，杨祖陶校，人民出版社2004年版。

简称《纯批》Ax/By

2. 康德：《康德著作全集》1—9卷，李秋零主编，中国人民大学出版社。所引文献一律只注明：（第n卷：德文边码x）

如（第四卷：边码424）简称（4：424）

3. 康德：《康德著作全集·道德形而上学奠基》第4卷，李秋零主编，中国人民大学出版社。

简称《奠基》

4. 康德：《康德著作全集·道德形而上学》第6卷，李秋零主编，中国人民大学出版社。

简称《道德形而上学》，论文中涉及该部分的有些引文参照Kant, *Practical Philosophy*, ed. Paul Guyer, Cambridge University Press, 1999，做了相应的修改。

5. 康德：《康德著作全集·纯然理性限度内的宗教》第6卷，李秋零主编，中国人民大学出版社。

简称《宗教》

6. 杨祖陶、邓晓芒：《康德〈纯粹理性批判〉指要》，人民出版社2001年版。

简称《指要》

7. 本文中涉及的国外哲学家和一些研究学者的名字，除了国内已经公认的译名外，其余直接采用原名，未作另译。

目　录

Content

导论

一　选题意义

在当今社会，尊严已经成为一个核心的价值理念，并渗透到社会生活的各个领域。自从第二次世界大战以来，尊严概念开始进入法律建构期，并逐渐成为人权理论研究中一项不可或缺的内容。正如当代康德研究专家 Oliver Sensen 教授所指出的："最近六十年来，在讨论人权问题的政治话语中，人的尊严的观念越来越具有日益显著的地位。"① 人们普遍认为，尊严概念已经深深镶嵌于现代人的生活实践中。1945 年的《联合国宪章》和 1948 年的《世界人权宣言》都凸显了尊严对于人类生活的极端重要性。《联合国宪章》在开篇的《序言》中写道："我联合国人民同兹决心，欲免后世再遭当代人类两度身历惨不堪言之战祸，重申基本人权、人格尊严与价值，以及男女与大小各国平等权利之信念。"②《世界人权宣言》在序言的开头写道："对所有人类家庭成员的内在尊严和平等的、不可剥夺的权利的承认，是世界自由、正义和和平的基础。"③ 并在第一款中肯定了"所有人类存在者生而自由，拥有平等的尊严和权利"④。人人平等享有神圣不可侵犯的尊严，这一理念已经成为人类文明的共识。

然而，在社会生活中，尊严并非自古以来就有如此重要的地位。在现当代，人们对尊严问题的高度重视，首先来自于对第二次世界大战给人类造成的灾难的深刻反省。在二战中，以希特勒为首的德国纳粹对犹

---

① Oliver Sensen, "Human Dignity in Historical Perspective: The Contemporary and Traditional Paradigms", *European Journal of Political Theory*, 10 (1) 71, Aug., 2011.

② Jeff Malpas, *Perspectives on Human Dignity: A Conversation*, Springer, 2007: 97.

③ Ibid..

④ Ibid..

太人进行了惨绝人寰的迫害，仅一个奥斯维辛焚化炉就屠杀了四百五十多万犹太人。日本侵略者在南京大屠杀中对中国城市和乡村的狂轰滥炸使得多少无辜生命瞬间化为灰烬，对手无寸铁的中国平民进行的肆无忌惮的残杀，至今都令人不堪回首。这些惨无人道的恶行赤裸裸地向人类宣告：人的尊严与生而为人的生存权利已经被蹂躏、践踏到了不堪忍受的程度。面对战争，生命是如此的脆弱和不堪一击，人的尊严如此轻易地被践踏，权利更是无从谈起。二次世界大战后，面对战争所造成的残酷事实，各国爱好和平的人们开始反思这场反人类、反人性的战争。正是在这一深刻的反省中，人们意识到争取和维护人的尊严和权利已经迫在眉睫。于是，《联合国宪章》和《世界人权宣言》庄严提出，人的尊严与权利神圣不可侵犯。当代政治哲学家汉娜·阿伦特在二次世界大战后，反思犹太人的悲惨命运时指出："反犹主义（不仅仅是仇视犹太人），帝国主义（不仅仅是征服），极权主义（不仅仅是专政）——一个接着一个，一个比一个更野蛮，这说明人类尊严需要一种新的保障。这种保障只有在一种新的政治原则，在一种新的世界法律中才能找到。这一次，它的有效性应该包括整个人类，而它的权力应该受到严格限制，在新界定的地域统一体中扎根，并且受到控制。"[①]《联合国宪章》和《世界人权宣言》的宗旨和目的就是建立一种超越各国地域界限，适用于普遍人类生活的新原则，确保所有人的尊严和权利真正得到尊重。由此，尊严理念逐渐深入人心，并成为社会秩序和法律规范的价值基准。

从中国历史文化的语境来看，几千年来的传统儒家伦理深深地把尊严观念包含于其中。儒家强调"三军可夺帅，匹夫不可夺其志"、"士可杀、不可辱"，等等，其实质就是强调人的尊严高于一切，甚至于生命。因此，尊严观念早已在中国传统伦理精神中扎根。在经历了第二次世界大战的惨痛灾难后，中华人民共和国成立，毛泽东主席在天安门城楼庄严地向全世界宣告："中华人民共和国成立了"，中国人民站起来了。这也是在向全世界宣告：经过一百多年求翻身、求解放，艰苦卓绝的奋斗，中国人民最终摆脱了封建主义、帝国主义和官僚买办资本主义这三座大山的

---

① ［美］汉娜·阿伦特：《极权主义的起源》，林骧华译，生活·读书·新知三联书店2008年版，初版序，第3页，

剥削和压迫，摆脱了过去受凌辱和任人宰割而没有尊严的生活，从此翻身当家作主人，开始了有尊严的生活。中华人民共和国宪法规定，“中华人民共和国的一切权力属于人民”①，宪法第三十八条还明确规定：“中华人民共和国公民的人格尊严不受侵犯。”② 人民的权利和尊严获得了法律的保护。中华人民共和国成立以来，全国人民尤其是劳动人民的地位有了空前提高，但同时也要看到，由于我国封建社会的历史时期比较长，封建意识在不少人的头脑中时有表现。封建思想在尊严问题上的表现之一就是把人区分为高贵与卑贱，甚至不把人当人看，这些观念在社会主义社会条件下仍然有所表现。邓小平同志在谈到腐败问题时指出：“不少地方和单位，都有家长制式的人物，他们的权力不受限制，别人都要惟命是从，甚至形成了对他们的人身依附关系。”③ 人身依附关系就是主人与仆人的关系，这种关系中的后者并不可能感受到真正的尊严。现实生活中，封建思想中的等级制观念还很浓厚，官僚主义、做官当老爷的意识还在不少党和国家干部中存在，这些都严重阻碍着广大人民群众平等尊严地位的真正实现。由此可见，传统伦理思想中的尊严观念与现实生活中对尊严的侵犯和扼杀之间始终存在矛盾和冲突。

改革开放以来，我国人民的生活水平日益提高。随着经济的不断发展，人们的社会地位也在不断提升，广大人民群众的主体意识也在不断增强，随之，尊严意识也逐渐强化。然而，在市场经济体制下的经济活动中，盲目追求经济效益，忽视甚至侵犯人的尊严的事件时有发生。以多年来一直存在着的拖欠农民工工资的事件为例，农民工在外打工，辛辛苦苦干了一年，回家过年却只得到一张白条。这是对农民工劳动的极不尊重，也是对农民工人格尊严的不尊重。更有甚者，有些企业和公司完全无视劳动保护条例的法律要求，让工人在缺乏健康保障的生产条件下进行生产作业，从而导致工人的生命健康受到严重损害，且这种损害也往往得不到应有的赔偿。2004 年 8 月，河南省新密市工人张海超得知自己因工作得了肺病，且在后来的几年中，相继被北京多家医院确诊为“尘肺”。然而，这一诊断结果却不被所在单位认可，理由是那些医

① 《中华人民共和国宪法》，法律出版社 1999 年版，第 5 页。

② 同上书，第 15 页。

③ 《邓小平文选》第二卷，人民出版社 1994 年版，第 331 页。

院不被认为是法定的职业病检查医院。而单位所指定的郑州市职业病防治所的诊断结果却是“无尘肺”。为了争取自己的合法权益，张海超被迫于2009年做出开胸验肺这样有损其尊严的事情。随之，劳动尊严的问题逐渐开始引起人们的重视。如何确保我们的基层劳动者能够体面而有尊严的劳动，是我们社会主义新时期的一个重要问题。2010年十一届全国人大三次会议上，时任总理温家宝同志在作政府工作报告时指出：“我们所做的一切都是要让人民生活得更加幸福、更有尊严，让社会更加公正、更加和谐。”[①] 2010年，胡锦涛同志在五一劳动者表彰大会时提出，要实现全面建设小康社会、进而基本实现现代化的宏伟目标，必须依靠全体人民热爱劳动、勤奋劳动，必须依靠全社会尊重劳动、保护劳动，必须使通过诚实劳动创造美好生活成为亿万人民的共同追求。胡锦涛主席在讲话时强调，“要切实发展和谐劳动关系，建立健全劳动关系协调机制，完善劳动保护机制，让广大劳动群众实现体面劳动”[②]。在社会主义市场经济条件下，实现体面劳动，就要保证劳动者在“自由、公正、安全和具备人格尊严的条件下，获得体面的、有适当报酬的、生产性的工作机会”[③]。这就要求我们反对一切形形色色的不顾劳动者尊严与生存条件，而只顾企业效益最大化的非人性行为，杜绝出现类似于“开胸验肺”这样的残忍事件，使劳动者能够有尊严地劳动，有尊严的生活。[④]

实践需要理论的指导，哲学理论更应该体现并引领时代精神。在社会主义市场经济条件下，我国理论界对于尊严问题的研究也越来越深入。然而，学者们在研究这一问题时更多的是关注人民的物质利益、政治权利等，从形而上学层面上研究的成果并不多。综观国外国内对尊严问题的研究，我们认为有必要从形而上学的层面上对有关尊严的一些基本问题，如什么是尊严？为什么要尊重人？如何尊重人？等问题进行深入研究，为尊严寻找更为牢固的哲学根基，也为尊严作为现代社会生活

---

① http：//www.chinanews.com/gn/news/2010/03－05/2153932.shtml.

② http：//www.chinanews.com/gn/news/2010/04－27/2250550.shtml.

③ http：//info.cec－ceda.org.cn/glxz/pages/20070810_ 9469_ 2_ .html.

④ 1999年6月，国际劳工组织新任局长胡安·索马维亚在第87届国际劳工大会上首次提出了“体面劳动”的新概念，在这次大会上，国际劳工组织制定并施行了《体面劳动议程》，2002年5月15—17日，劳动和社会保障部和国际劳工局在上海共同召开了《体面劳动的衡量标准研讨会》。

的基本原则打下坚实的基础。

当我们从形而上学层面对尊严问题进行反思时就不得不将目光转向被人们誉为“尊严大师”的康德。康德是自柏拉图、亚里士多德以来至他那个时代的西方哲学史上最伟大的哲学家，也是现当代最伟大的哲学家之一。康德在尊严问题上的深邃思考，引发了后代无数的哲学讨论。康德在其批判哲学的大背景下对尊严问题的深刻理解使他成为从传统尊严观向现代尊严观①转换的关键性人物。当从二次世界大战灾难的噩梦中醒来的人们把目光转向尊严，强调人的尊严神圣不可侵犯的时候，人们自然想到了康德，这位在18世纪就提出尊严是人所具有的绝对的内在价值的伟大哲学家，这位把人性看得无比崇高的伟人。他的墓志铭，他所崇敬的两种东西：位我心中的道德律和头顶的星空——写尽了人的尊严与崇高的无穷蕴义。

对康德尊严思想研究的迫切性还在于，社会生活再次向我们提出了对尊严问题进行深入研究的诉求。进入和平时期，飞速发展的高新科技为人类带来福利的同时也带来了困惑，当克隆技术已经发展到可以成功克隆人的时候，当商业代孕悄然走进人们的生活时，当性交易屡禁不止且成蔓延趋势时，当安乐死问题摆在患者与医生之间时……人的尊严再次受到挑战。到底何种抉择才能真正体现对人类尊严的尊重和捍卫？在新科技和现代化的推动下，尊严概念再次成为法学、应用伦理学、医学，生命科学等领域的热点话题。尊严的价值和地位在各个领域中通过其相关的法律法规得以确立。如，《欧洲生物伦理委员会公约》（Council of Europe's Bioethics Convention，1997）和《联合国教科文组织关于基因组和人权的公约》（Unesco's Universal Declaration on the Genome and Human Rights，1997）中明确规定“人类基因组的研究应该完全尊重人的尊严、自由和人权”。② 瑞典的《健康和医疗服务法案》（Health and Medical Services Act，1997）声称“应该带着对所有人类的平等价值和个人的尊严的尊重给予他们治疗”。③ 尊严在现代社会各个领域中的地

① 关于传统和现代尊严观的比较，我们在第七章第一节论述“康德尊严思想的历史地位”时给予了较为详细的阐述。

② Lennart Nordenfelt，“The Varieties of Dignity”，*Health Care Analysis*，Vol. 12，No. 2，June 2004：70－81.

③ Ibid..

位如日中天，有关尊严问题的研究成果可谓汗牛充栋。尽管如此，关于尊严思想的研究却始终存在着两个重要问题：1. 尊严概念模糊不清。一些国际性的法律和国家宪法中都确立了尊严的神圣不可侵犯性，然而任何一部法律都没有对尊严的具体含义给予明确说明，这就为人们对尊严的解释留下了很大的空间。2. 尊严的根据不牢固。虽然尊严概念广泛应用于社会各个领域，但由于其根据没有牢固确立起来，人们就可以从不同的立场和价值角度来理解尊严。如，支持安乐死的观点以当事人自主意志的尊严为根据——自主性原则；反对安乐死的观点以人的生命尊严的崇高性为根据——生命尊严至上原则；支持治疗性克隆的观点以挽救病人的尊严为理由；反对者则以胚胎的尊严为根据。由此可见，面对同一个问题，无论是支持者还是反对者都希望能够从道德上获得辩护理由，而他们论证的出发点往往都诉诸人的尊严的神圣不可侵犯性。尊严变成了一个万能的词汇，既能为正方辩护亦能为反方辩护。

然而，荒谬的是"当尊严成为一个威力无比的论辩利器之时，人们就可以将任何一种需求都视为尊严的需求，将任何一种不悦都看作是一项对尊严的冒犯"。[①] 因此，德国著名法学家和伦理学家 Norbert Hoerster 甚至建议将尊严这个没有任何描述性内容的空洞概念从当代伦理学词汇中剔除。[②] Ruth Macklin 也认为，尊严是一个没有意义的模糊概念，它仅仅意味着对他人人格或自律的尊重，没有任何标准能够规定尊严是否受到侵犯。[③] 由此可见，尊严概念在当代社会生活中面临着一个极为尴尬的处境。无论是在伦理学领域还是法学领域或医学领域等，尊严概念的内涵及其根据始终是模糊不清的，由此也导致了尊严概念滥用的现象普遍而严重。正如康德所说："所有的东西，包括最崇高的东西，只要人们把他们的理念用来满足自己的需要，就会在人们的手下变得渺小。"（6：7—8）正是在这样一种理论困境之下，当代哲学家们将康德的尊严思想视为理解现当代尊严问题的钥匙和活水源头。回到康德，这正是本论著所要做的一项艰难而有意义的工作。

---

① 甘绍平：《人权伦理学》，中国发展出版社 2009 年版，第 140 页。

② 参见甘绍平《作为一项权利的人的尊严》，《哲学研究》2008 年第 6 期。

③ Hans Morten Haugen, "Inclusive and relevant language: The Use of the Concepts of Autonomy, Dignity and Vulnerability in Different Contexts", *Medicine, Health Care and Philosophy*, August 2010, Volume 13, Issue 3, pp. 203 – 213.

二 康德尊严思想的研究现状

人的尊严神圣不可侵犯的观点已经成为当今世界文明的核心要素。随着尊严概念之法律地位的上升，人们对尊严问题的研究也逐渐成为当今学术界讨论的热点。历史上，康德被称为“尊严大师”，他的“人性公式”也被很多学者直接视为“尊严原理”。[①] 事实上，康德的尊严思想在尊严理念的发展史上确实起到了沟通传统和现代的“蓄水池”的作用。

在国内，有关尊严问题的研究成果并不少，但真正从形而上学的角度来讨论的还不多，而直接对康德尊严思想进行研究的则更是稀少，学者们往往是在讨论尊严问题时或者通过引证康德关于尊严的论述来论证自己的观点，或者是在自己的理解模式基础上对康德的尊严观表示质疑。

翟振明先生认为，康德所谈的人格就是人的普遍立法意志，也就是人的自由意志。正是这种自由意志使人成为区别于万物的对等主体，而这种意义上的对等性则成为人之尊严的内容。因此，人的尊严就在于这种作为自由意志主体的对等性。任何人对这种对等性的侵犯都是对人的尊严的侵犯。[②] 同时，作者还认为，康德的绝对命令可以保证这种对等性的实现，即维护尊严。在此，翟振明先生准确地揭示了康德尊严思想的一个核心，即尊严的根据在于意志自律。

汪堂家先生在论文《人的尊严原理的再思辨——目的与手段的辩证法》中直接将康德的“人性公式”视为人类尊严原理。这一评价是非常中肯的，作者同样抓住了“人性公式”的本质要求，即尊重人。然而，作者认为，把人当目的意味着不能无视人的情感、人的意识、人的理性、人的喜怒哀乐、思维方式和生活方式，等等。[③] 这一观点虽然符合日常直觉，但却与康德尊严思想本身存在一些分歧，值得商榷。

甘绍平先生在《作为一项权利的人的尊严》一文中将康德的尊严思

---

① John Laird, “The Ethics of Dignity”, *Philosophy*, Vol. 15, No. 58 (Apr. 1940), pp. 131 –146.

② 参见翟振明、刘慧《论克隆人的尊严问题》，《哲学研究》2007 年第 11 期。

③ 参见汪家堂《人的尊严原理的再思辨——目的与手段的辩证法》，《云南大学学报》（社会科学版）2004 年第 3 期。

想概括为“自我目的—尊严说”。他认为，这一模式的核心思想是：作为自我目的的人不允许被纯粹工具化，其实质就是将“使人工具化”等同于“侵犯其尊严”。在此基础上，作者主张，并非任何一种使人工具化的行为都侵害其尊严。[①] 事实上，作者误解了康德的意思，他在解读“人性公式”时忽视了“绝不仅仅”这几个关键的限定词。康德并不反对将自己和他人作为工具来使用，相反，他还认为对世界的有用性是人性价值的一部分，他强调的只是不能将自己和他人“纯粹”作为工具来使用。另外，在作者看来，康德将尊严与人的理性能力过于紧密的联系在一起，就不可避免地会产生一个问题：那些不具备理性能力的人，如精神病患者、婴儿是否也有尊严？据此，甘绍平先生认为，康德的理论不可避免地会将这些人的尊严排除在外。在此，我们认为，这一评价有待商榷，对此，我们将在本书第三章第二节和第六章第二节部分具体讨论。尽管如此，甘绍平先生在文中对尊严问题的敏锐分析和相关讨论为我们反思康德尊严思想提供了有益的启发。如他在考察了历史上的几种尊严模式后提出，尊严并不是一个崇高的理想目标，而只是代表着一种根植于人的自我或个体性的最基本的需求。人的尊严来自于一种对人际间基本的相互尊重的普遍需求。尊严与自我和侮辱两个概念相关：从肯定的方面讲，尊严意味着维护自我；从否定的方面讲，尊严意味着避免侮辱。因为自我具有脆弱性、易受伤害性，由此，产生了对尊严的价值诉求。作者的这些观点值得我们回味和思考。

张容南女士将历史上的尊严理念划分为古典尊严理念和现代尊严理念，前者是一种赞赏性的尊严理念，后者是一种承认性的尊严理念。古典尊严理念奠基于对人性的理解之上，从人性的实现尤其是人类卓越性的实现上来讨论尊严，因此是一种赞赏性的尊严观，尊严是对人类的卓越或德性的赞赏和肯定。现代道德哲学中的尊严或自尊概念不仅改变了对人性的要求，而且更注重于社会对人的尊重和承认。一个人是否享有尊严的标准也相应地发生了变化，它不再是社会公认的美德或理性认可的公共道德法则，而体现为一个人自己理解和选择的好生活以及社会对这种生活计划和个人选择的承认和尊重。在此基础上，作者将康德的尊严观视为古典尊严模式。我们认为，这一评价并不完全正确。诚然，康

---

① 甘绍平：《作为一项权利的人的尊严》，《哲学研究》2008 年第 6 期。

德确实强调道德性的尊严，强调道德自律。但通过研读康德的相关著作，我们就会发现，康德在强调人通过道德性而变得卓越，进而享有道德性尊严的同时，也强调每个人平等地享有尊严这一现代尊严理念，因为在他看来，即便是罪犯和恶棍都依然拥有意志自律的潜能。因此，康德同样表达了对个人选择的承认和尊重，前提是只要这种选择不损害他人同样的自由。作者看到了康德自律概念与现代自主概念之间存在的差异，但对康德自律概念的理解并不完善。

与此相反，范志均先生则充分挖掘出了康德尊严思想中蕴含着的承认道德的内涵。作者指出："事实是能够认识的，而价值却需要承认。"① 具有道德价值的行为需要符合行为准则能够普遍化的条件，这就意味着该行为不仅为行为者本身认可，同时也得到了他人的承认。敬重作为一种理性情感，它不仅表达了理性存在者对法则规定意志的意识，同时也表达了对法则所具有的绝对价值的肯定和认可，也就是对法则之尊严的承认。"康德价值论的道德就是一种承认论的道德，是建立在对义务、责任、价值和尊严的认识和承认的基础之上的……因此，把敬重理解为一种承认更契合康德尊严论的道德哲学之要义。"② 作者还指出，康德在义务论中不仅强调主体的自我承认和尊重，同时也呼吁他人的承认和尊重，但康德对后者并未给出更多的论述。尽管如此，作者认为，承认应当是康德尊严思想的前提，否则，康德的论证就无法成立。作者的这种理解是比较深刻的。在此，我们推测，康德之所以没有对后者进行更多阐述概源于他所坚持的"义务优先于权利"的思考方式。作者对康德哲学中价值承认理论的挖掘为我们理解康德尊严思想提供了一个新的视角，富有启发性。但作者将康德道德论还原为价值论的理解模式与康德哲学的整体思路存在冲突，因为价值在康德哲学中并非最高级的概念，康德反复强调，价值是由道德法则来规定的。当康德说，立法本身因此具有无与伦比的价值时，价值在此是对立法或法则尊严的一种描述，其暗含的意思是我们应该敬重法则或立法本身，但这并不意味着价值概念就因此成为康德道德哲学的核心概念。

---

① 范志均：《尊严与承认：康德尊严论道德的承认前提》，《道德与文明》2012 年第 3 期。

② 同上。

除此之外，还有不少学者虽然没有直接讨论康德的尊严思想，但他们对尊严问题的探索为我们理解和研究康德的尊严理论提供了不少启发。如任丑先生提出应该建构以尊严为形式，人权为质料的伦理学，并将尊严视为人们对追求高贵扬弃低微所做出的肯定和嘉许。[①] 他对平等的法律尊严和差异的道德尊严的区分有助于我们思考康德尊严理论的缺陷和不足。韩跃红女士和孙书行先生在《人的尊严和生命的尊严释义》一文中分别从生物学意义上的生命尊严，心理学意义上的人的自尊意识和自尊心理，社会学意义上的社会尊严——针对个人的社会评价和社会承认三个层面上对尊严的内涵进行了细致的分析。[②] 韩德强先生分别从尊严所具有的社会属性、自然属性和道德属性三个层面来探讨，并原创性地提出了秩序性尊严的概念，主张将表达人的内在价值和本质的人性尊严、人格尊严与表达人外在价值和特征的秩序性尊严区分开来。[③] 王泽应先生则区分了人性尊严、人道尊严、人格尊严、人品尊严和人权尊严五种不同的内涵。另外，还有学者对尊严与权利、尊严与幸福以及法律尊严问题进行了有价值的探索，这些学者们从不同层面对尊严问题的探讨扩展了我国学术界对尊严问题的研究视角。

综合观之，国内对康德尊严问题的讨论主要存在如下问题：1. 关于价值问题：价值概念在康德哲学中处于什么样的地位或承担什么样的角色？如何理解康德对价值概念的运用？尊严与价值之间到底是什么关系？这些问题并没有得到很好的回答。2. 关于自律概念：对康德尊严思想的把握是以对自律概念的理解为前提的，那么如何正确理解康德哲学中的自律概念？自律作为尊严的根据这一论断暗示了差异性的德性尊严还是每个人生而具有的平等尊严？康德的自律概念与现代自主概念之间存在哪些区别和联系？3. 在尊严概念的发展史上，康德尊严思想具有何种历史地位？有的学者将其视为传统或古典尊严观的代表，有的学者将其视为现代尊严观的代表，学界对此并无统一的说法。4. 对康德哲学中“人性公式”存在不同程度的误解。5. 关于康德哲学中尊严与权利的问题缺乏专门的研究。

---

① 参见任丑《人权视域的尊严理念》，《哲学动态》2009 年第 1 期。

② 参见韩跃红、孙书行《人的尊严和生命的尊严释义》，《哲学研究》2006 年第 3 期。

③ 参见韩德强《人的秩序性尊严之构成》，《文史哲》2008 年第 3 期。

尊严问题在国外研究中相对较为深入，所涉及的领域也较为广泛。然而，直接讨论康德尊严思想的成果也并不多。尊严概念在康德哲学中显然占有重要的地位，然而，康德本人并没有用足够的篇幅来讨论。但由于尊严概念与康德哲学的其他问题有着千丝万缕的联系，因此，学者们在讨论其他诸如自由、自律、人性、德性等问题时也经常涉及尊严概念。

国外学者 Oliver Sensen 对康德的尊严思想进行了深入的研究。他首先考察了尊严概念的三种模式：古代尊严观，传统尊严观和当代尊严观。古代尊严观主要指古罗马早期人们对尊严概念的理解，在当时，尊严被视为社会地位的象征。传统尊严观是以西塞罗为代表的模式，尊严被理解为人类与其他自然物相比的一种优越性。当代尊严观将尊严视为人所拥有的一种本体论意义上的绝对价值，并主张这种绝对价值是我们应该尊重他人的根据。Sensen 认为，学者们常常将康德视为当代尊严观的代表，这是对康德尊严思想的一种误解。相反，他主张我们应该在传统尊严观的意义上来理解康德的尊严思想。他的论证思路如下：在康德哲学中，（1）不存在本体论意义上的绝对价值或内在价值的概念，（2）价值不能成为道德法则的根据，因此，（3）人所拥有的绝对价值或内在价值不可能构成尊重人的根据。由此推论，如果将尊严视为一种价值，那么，（4）人拥有尊严这一命题显然不能构成我们应该尊重人的根据。在此基础上，作者主张：（1）康德是在传统优越性的意义上来运用尊严概念的，（2）根据康德的理论，价值是由道德法则来规定的，因此，（3）道德法则要求我们无条件地尊重人，正因此，人才享有尊严。此外，Sensen 也意识到，康德是在两种意义上来运用尊严概念的，即源始意义上的尊严（initial dignity）和实现了的意义上的尊严（realized dignity）。前者是指人因其理性和自由而优越于其他自然物，因而拥有了原始意义上的尊严；后者是人由于正确运用理性而具有的实现了意义上的尊严，或者说是现实的尊严，在 Sensen 看来，康德道德哲学强调实现了的尊严。Sensen 的这种解读是正确的，因为康德在运用尊严概念时确实存在这种层次性。总体而言，Sensen 的观点为我们理解康德的尊严思想提供了一个新的视角。然而，我们认为，Sensen 过于强调道德法则在康德哲学中的优先地位，由此导致他的理解不可避免的带有片面性。例如，他认为，康德在《奠基》第二章（4：434—440）集中讨论尊严概念时所指全都是实现了的尊严，并进而将康德在此处对尊严概念的讨论都视为对“自律公式”和“目的王国”的补充。在Sensen看来，价值、目的、人性、尊严这些概念在康德道德哲学中都是次一级的概念，只有道德法则、定言命令才是最高级的概念。很多人认为康德是为解决“为什么要尊重他人”的问题而提出尊严的，作者在此坚决反对这一观点，他主张：“为什么要尊重他人”不是因为他人具有绝对价值，而是定言命令要求我们这么做的，且正因为定言命令无条件地要求我们尊重人，人才享有尊严。我们将在本书第三章第二节“尊严与尊重”部分就该问题与Sensen展开对话。

康德将尊严视为一种绝对的内在价值，因此，对康德哲学中价值理论的研究显然也是探讨其尊严思想不可或缺的内容。国外学者Allen W. Wood和Christine M. Korsgaard比较重视康德哲学中的价值概念。Allen W. Wood为我们指出了一种研究康德哲学的正确态度，他说：“读康德，最重要的不是康德说了什么，而是要在此基础之上正确理解他所提供的原则，以及如何从这条原则出发，做合理的推论。”① 他认为，康德伦理学的实质性意义在于对理性本性和人格性尊严的尊重，这就要求我们不仅要尊重个人权利和每个人的平等价值，而且还要求集体追求世界共同体，在这个共同体中，所有理性存在者的目的必须形成一个整体。可以说，Wood对康德尊严思想的整体把握是准确的，尽管如此，他对“人性公式”中人性概念的理解却显得有些片面。我们在本书第四章具体讨论“人性公式”时将给予具体说明。另外，康德在其文本中同时将尊严视为绝对价值和内在价值，Wood对绝对价值和内在价值的区分有助于我们更好地理解尊严在康德哲学中的具体内涵。Korsgaard提出了著名的“价值回溯法”，这一理解模式在康德学术界影响甚广。在她看来，如果某物的价值是有条件的，那么，对其条件的追溯就能发现无条件者。人性作为自在目的，是其他目的之所以为善的条件，正是人性及其评价事物的能力赋予世界万物以价值，因此，人性具有绝对价值。“人性公式”要求我们将自己和他人视为目的，就是要尊重他人设定目的的能力，至于别人将设定什么样的目的则无关紧要，可以是感性

---

① 参见Allen W. Wood，“Kant on Duties Regarding Nonrational Nature”，*Proceedings of the Aristotelian Society*，Supplementary Volumes，Vol. 72（1998），pp. 189 – 228。

的，也可以是理性的。尊重自己和他人的人性也就是尊重人之尊严的表现。[①]

Thomes E. Hill, Jr. 虽然著有《尊严与实践理性》（*Dignity and Practical Reason*）一书，但他在书中也并未对康德的尊严概念进行详细的论述。尽管如此，他对康德哲学中其他概念的分析却有助于我们正确把握康德的尊严思想。在"The Kantian Conception of Autonomy"一文中Hill对康德的自律概念进行了深入的探讨。归纳如下：1. 自律作为一种能力，被赋予每一个理性存在者，是先天的，不可丧失的，即便罪犯也拥有自律。2. 自律是理性存在者意志的一种属性，这种属性暗示了拥有理性意志的人对理性法则的认可。对于那些按照法则的表象去行动的人，他们在行动中表达了自律，对于那些违背法则而行动的人，自律暗示他们本应当是一个有道德的行为者。3. 既然自律这种属性不是专属于完善的理性存在者，而是被赋予所有理性存在者，那么它就与消极自由的含义不可分割。自律首先是一种消极意义上的自由，即作为一个理性行为者，其选择可以独立于外在影响，完全取决于其自身。Hill 提醒我们注意，这种消极自由也不是基于经验层面上的心理上的特征——自由感，而是先天的。积极意义上的自律就是指自立法自守法，理性存在者拥有这种先天的能力并不意味着他必定会完全按照理性的法则去行动。另外，Hill 对人性概念的理解也有助于我们理解尊严概念。在关于"人性公式"的讨论中，他指出，人性在康德那里是广义上的含义，包括按照准则（假言命令或定言命令）行动的能力或倾向，设定任何目的的能力。理性包括理论的和实践的理性，因此，人性包括理解世界的能力和抽象推理的能力。理性在人身上还不完善，因此，他不可能总是按照法则的表象去行动。他主张，"人性公式"要求尊重他人人格中的人性、设定目的的能力、自由选择的能力，这是普遍意义上的人性，是人的类性，康德在此告诉我们，他所尊重的正是这种类意义上的人性，而非人的个体性。作者强调，康德将尊严视为"无条件的、无与伦比的价值"包含两层含义：首先，尊严作为无条件的价值，即内在价值，并不是说人们认为某物有价值是因其自身就拥有尊严。只有用于人身上

---

① 参见 Christine M. Korsgaard, *Creating the Kingdom of Ends*, Cambridge University Press, 1996。

时，才可以这么说。其次，尊严作为无与伦比的价值意味着尊严没有任何等价物。作者对此提出疑问：无与伦比是否就意味着不可替代？也就是说，是否就意味着不存在拥有尊严的事物之间的合法交易？Hill认为，康德在不许侵犯人的尊严这一观点上确实是一个严格主义者的立场，但在人性拥有无与伦比的价值，不容有任何等价物这一点上，康德并未采取如此严格的立场，即在必要情况下可以牺牲尊严较小的存在者。人格中的人性拥有无条件的、无与伦比的价值，意味着我们任何时候都不应该损害自己和他人的理性能力（包括其载体——身体），而且应该发展和完善自己和他人的这种能力，并尽可能地运用这种能力，当我们意识到别人犯了错误，想给予纠正时也应该诉诸于别人的理性，即通过唤起他的理性意识，让他运用自己的理性发现错误，而非通过一些非理性的强制性措施，这才是尊重他人的表现。Hill认为，每个人的尊严是平等的，因此，在人与人的尊严之间进行比较是不恰当的，但这并不意味着不可以在必要的时候结束某人的生命（牺牲某人的尊严）。在Hill看来，康德伦理学的基础是理性行为者的概念，由这一概念引出一个基本的事实：每个理性行为者都拥有绝对的、无与伦比的价值，即尊严。康德伦理学的核心是理性行为者作为目的自身的价值。人格性的价值——尊严，独立于他们行动的道德价值或其性格的善恶。自律是尊严的唯一根据，由此，尊严是平等的，且不可丧失的。同时，自律也是一个人责任可归咎性的根据。①

Paul Guyer虽然没有对尊严概念本身进行分析，但他关于自由内涵的讨论也是我们理解尊严概念的必要前提。Paul Guyer在考察了康德写《奠基》之前的讲义后得出结论：1. 自由与道德法则的关系：自由是康德伦理学中最基本的，也是最高的价值，它为定言命令奠定基础。对法则的遵从只是实现自由的手段或途径，只有自由才具有内在价值，与法则的一致本身不具有内在价值，它只是人类自由得以保存、强化和实现的手段。道德法则在完全不受损害地保全人的自由上是必需的，它将人的所有意图和目标统一成一个整体，正是对道德法则的遵从使得自己和他人的自由得以保存和发展。道德性要求我们的并不是克制一切欲望和偏好，而是要求基于欲望和偏好的行动应该与自由的前后一致性和自由

---

① 参见Thomes E. Hill, Jr.，*Dignity and Practical Reason*，Cornell University Press，1992。

的最大化原则保持一致，因此，道德性并没有隔断与幸福的联系，相反，它只是告诉我们应该在道德法则的约束下追求幸福。2. 自由与理性：对自由的心理上的渴望本身不具有无条件的价值，它需要被理性控制，而这一控制的目的是为了保证自由能前后一贯地使用，且不损害他人对自由的运用。因此，在 Guyer 看来，自由是具有绝对优先性的，理性则只是处于次一级的地位。理性的基本要求是合法性和统一性。3. 自由的内涵：（1）自由（选择和行动）是最基本的价值，（2）个人的自由必须保证前后一贯性，同时保证个人的自由不违背他人对自由的运用，（3）自由的合法使用应该带来人类幸福，其结果就是最大的德性与最大的幸福相容。Guyer 指出自由的上述内涵在《奠基》中也有所体现：（1）自由的终极价值隐含在“人性公式”中——将自己和他人不仅仅视为手段，而是同时视为目的，（2）自由的前后一贯性，即只有通过按照自身一致的法则行动才能被保存和发展，这在普遍公式FUL——按照可以成为普遍法则的准则行动中有所体现，（3）目的王国可以说就是自由的合法使用带来的结果。[①] 另外，Guyer 在“The Possibility of the Categorical Imperative”一文中还认为自律的尊严使得理性本身的保存和提升成为绝对目的，自律是解释为何理性存在者不仅在自身且在他人那里可以成为目的的关键。理性存在者通过自律彰显了自己的本体存在。人类通过道德行为不断完善自身的终极目的就是实现自由。Guyer 对自由内涵的理解有很大的启发性，但他为了抬高自由的地位而将理性、道德法则视为实现自由的手段或途径的观点也存在一些问题。因为康德在《奠基》和《实践理性批判》中明确表达了自律是积极自由的含义，或者说，自律、理性、道德性正是自由的核心，将这些核心贬低为次一级的价值势必会导致自由含义显得更为空洞和形式化。

Dietmar von der Pfordten 首先提出了这样一个问题：人的尊严（human dignity）在《奠基》中不是与“人性公式”联系在一起讨论的，而是康德在讨论“自律公式”和“目的王国”时提到的。然而，康德在《道德形而上学·德性论》中却又将尊严是与“人性公式”联系在一起讨论，这是否意味着康德在《奠基》和《道德形而上学》中对尊严的

① 参见 Paul Guyer, *Kant's Groundwork for the Metaphysics of Morals: A Reader's Guide*, Continuum, 2007。

理解有所改变呢？作者认为，既然，康德说三个公式其实只是一个定言命令的不同变形，而自律是最完整的表达。那么，将尊严与“人性公式”还是“自律公式”联系起来讨论其实质是一样的，只因后者更完整。由此可见，康德在前后两部著作中对尊严的看法是一致的。另外，作者认为，既然目的王国中不仅有成员，也有首脑——God，那么，康德就不可能将尊严仅仅赋予人类，而是指所有理性存在者，包括上帝。除此之外，作者还注意到一个现象，即尊严在康德政治哲学的相关著作中并没有被提及。作者认为，这是因为，在康德看来，法学或政治学的核心是外在自由，而尊严只与内在自由及其义务相关。①

John Laird 将康德哲学中的“人性公式”视为尊严原理，他认为康德实际上是将尊严原理作为构建其义务法则的一种方式或途径。“人性公式”如果能够普遍化，也就意味着尊严具有普遍性。康德学说是一种宇宙论的道德学说，对于康德来说，理性似乎构成了宇宙的基础和整体，由此，纯粹出于理性的道德法则就有能力成为普遍立法。② 同时，John Laird 也批评康德的尊严理论过于狭隘，他认为，尊严不应该仅仅以理性为根据，还应该包括其他方面的品质，如勇气、大度、同情等。

Dan - Cohen Meir 将其文章标题定为“一种尊严的概念”而非“尊严的概念”，作者说，这种提法本身就体现了对他人观点的尊重。作者认为，尊严在康德那里是一种先验的价值，即为了使其他价值有效而必须预设的一种价值。价格表达了事物对于我们的价值，尊严则表达了我们自身的价值。我们一旦承认某物有价值就已经将自己视为最高价值的存在，是价值的源泉，价值的权威所在，因为我们是有能力赋予事物以价值的主体。③ Dan - Cohen Meir 的这一理解显然受到 Christine M. Korsgaard 所提出的“价值回溯法”的影响。

Willard Gaylin 对人类的尊严提出质疑。他说，在传统意义上，尊严意指人的高贵性和价值。然而，伴随现代化的进程，人类的这种价值不断受到挑战。我们是环境的污染者，动物的杀戮者，战争的制造者，星球的

---

① 参见 Dietmar von der Pfordten，“On the Dignity of Man in Kant”，*Philosophy* 84，2009。

② 参见 John Laird，“The Ethics of Dignity”，*Philosophy*，Vol. 15，No. 58（Apr. 1940），pp. 131 - 146。

③ 参见 Dan - Cohen Meir，“A Concept of Dignity”，*Boalt Working Papers in Public Law*，Boalt Hall，UC Berkeley，2009，1。

毁灭者等等，那么，人类所具有的独特价值是否依然如故呢？纵观尊严概念的发展历程，Gaylin 认为，在现代，尊严概念已不再仅仅用来彰显人类这样一个物种的独特性，而是用来强调每个成员。人的尊严的问题不再是人类与其他物种之间的关系问题，而是每个个体的尊严与商业贸易、经济发展以及个人自我意识之间的紧张关系。Gaylin 对康德尊严思想给与较多关注，在他看来，康德对尊严的理解影响最久远，现代人们对尊严的理解大多源自康德的自律概念。他正确地指出了康德尊严思想的最大特点，即将人类独特的价值或尊严追溯到人的道德自律上，而不是一般的理性推理能力。然而，作者并不认为我们可以将对尊严的理解等同于对康德哲学中自律概念的理解。相反，我们应该重新思考尊严与自律的关系，因为有些个体的自律能力是有限的、不成熟的，如婴儿和精神病患者等。最后作者主张，除了自律之外，还有一些人类的特征凸显了自己的独特价值，如概念性思维、技术能力、人类情感、基因等等。①

另外，还有些学者们在讨论尊严问题时虽然没有谈及对康德尊严思想的理解，但他们从不同的视角对尊严问题的审视有助于我们反思康德尊严思想的意义和局限。

Lennart Nordenfelt 和 Andrew Edgar 对尊严的分类及其根据展开了对话。Lennart Nordenfelt 区分了四种类型的尊严并试图为它们寻找客观性的根据。在他看来，成就的尊严（dignity of merit）取决于社会地位，因此在人与人之间呈现出较大的差异性。德性尊严（dignity of moral or existential stature）则取决于个人德性的完善，同样也是因人而异的。身份尊严（dignity of identity）的根据是主体的完整性和自主性以及社会关系。由于个体生命的脆弱性，身份尊严经常会受到一些外来事故的影响，因此，身份尊严也会随着客观因素的变化而变化。相比之下，普遍的人类尊严（the universal human dignity）（Menschenwurde）对于所有人来说则都是平等的，不可丧失、不容侵犯的。只要他活着，他就有人的尊严。那么，到底是什么赋予了人类这种平等的尊严？或者说尊严的根据是什么？作者追溯了历史上的几种模式：（1）基督教认为人类因模仿了上帝形象而享有了尊严；（2）传统理性主义者主张，人的理性思考能

① Willard Gaylin, "In Defense of the Dignity of Being Human", *The Hastings Center Report*, Vol. 14, No. 4 (Aug., 1984), pp. 18-22.

力赋予了人尊严；（3）皮科认为，人的尊严在于人是没有被先天确定的，他拥有自由发展的空间；（4）人类是规范和价值的创造者，因此，是人的自主性赋予了人尊严。[①] Andrew Edgar 对 Lennart Nordenfelt 的观点做出回应。在 Andrew Edgar 看来，尽管 Nordenfelt 的观点符合我们的日常直觉，但他为尊严寻找客观根据的努力是失败的，其最终结果还是导致了尊严的相对性。另外，这四种类型的尊严之间界限模糊，不易区分。在人为什么享有尊严的问题上，作者指出，尊严的根据不能是某种现实的能力，如自主性，而应该是一种潜能，如像运动员那样控制自己身体的潜能，发展一种综合的社会能力的潜能等。

Michael S. Pritchard 探讨了与尊严密切相关的两个概念，一个是尊严感的问题，一个是完整性（integrity）的概念。在他看来，任何人在试图建构正义的实质原则时都必须为尊严保留一个显著的位置。否则，正义就会缺乏道德因素。然而，几乎所有人都不同程度的拥有正义感和尊严感，而只有少部分人拥有完善的正义原则和尊严原则。事实上，我们有时候确实很难说清楚尊严感意味着什么。尊严与人格的完整密切相关，人格的完整是享有尊严的前提条件，而人格的完整又必然地要求主体的自主不受限制。Thomas De Koninck 提出人的尊严包括身体和灵魂两个不可分割的部分。作者认为，人的尊严貌似属于灵魂。但事实上却不可能离开身体而单独存在。灵魂与身体构成统一的人格，因此，人的尊严是始终如一的。[②] Oscar Schachter 深刻揭示了尊严与权利的内在关系，他认为，从历史上来看，权利概念比尊严概念出现的早，然而从哲学的视角来看，坚持权利源自尊严却有着重要的意义，它暗示权利并非来源于外在权威。[③] 也有学者对尊严概念本身及其意义提出质疑，如 Ruth Macklin 认为，dignity 是一个没有意义的概念，它仅仅意味着对他人人格或自律的尊重。尊严是一个模糊的概念，没有任何标准能够规定尊严是否受到侵犯。至于为什么尊严这一术语的运用如此广泛，Macklin 认

---

① Lennart Nordenfelt, "The Varieties of Dignity", *Health Care Analysis*, Vol. 12, No. 2, June 2004, pp. 70 – 81.

② Thomas De Koninck, "Protecting Human Dignity in Research Involving Humans", *J Acad Ethics* (2009) 7, pp. 17 – 25.

③ 参见 Oscar Schachter, "Human Dignity as a Normative Concept", *The American Journal of International Law*, Vol. 77, No. 4 (Oct. 1983), pp. 848 – 854。

为，这是源于与尊严相关的宗教背景和人权背景。[①] 而 Daniel P. Sulmasy 则进一步声称，如果尊严概念的含义混乱，那么它就不能被用来解决任何伦理冲突。[②]

综合观之，国外学术界对康德伦理学中的具体概念，如自律、人性、自由等研究的较为细致和深入，这对于理解康德尊严思想大有裨益。因为在康德哲学中，尊严与上述概念密不可分，只有在康德哲学的大背景下理解康德的尊严思想才能够真正把握其精髓所在。然而，国外学术界对康德尊严思想的研究也存在如下问题：（1）在尊严与价值的关系上，国外学界有不同的观点。一种观点认为，价值在康德哲学中是次一级的概念，人拥有价值不能构成尊重人的理由；另一种观点主张，价值是康德哲学的核心概念，我们可以对康德哲学做价值论的解释。那么，尊严与价值到底是什么关系？康德是否在用价值来定义尊严？对此，国外康德学界并没有定论。（2）在为什么要尊重人的问题上，学者们形成了针锋相对的两派观点，一种观点认为，人拥有尊严，因此，我们应该尊重人；另一种观点认为，道德法则无条件地要求我们尊重人，因此，人享有尊严。前者以 Wood 为代表，后者以 Sensen 为代表。这两派观点都从康德的文本中找到强有力的文本依据，可谓旗鼓相当。那么，康德到底是如何回答这个问题的呢？（3）康德哲学中尊严与权利的关系没有得到足够的重视，研究成果甚少。（4）在康德尊严思想的历史定位问题上，国外学界也存在分歧，一种观点认为康德是现代尊严思想的典型代表，一种观点主张我们应该在传统尊严思想的意义上来理解康德的尊严思想，对此，学界依然没有定论。

上述国内外学者们对康德尊严思想的研究成果是本书研究的基础。针对康德尊严思想的研究现状和问题，本书力图在以下几个方面做一些探索性和推进性的工作：一、对康德尊严思想的背景做一个较为细致的考察，使我们能够立足于西方尊严概念发展史的大背景下来探讨康德尊严思想，也正是在这种观念史考察的基础上我们才能正确合理地评价康

① 转引自 Hans Morten Haugen，"Inclusive and Relevant Language：The Use of the Concepts of Autonomy，Dignity and Vulnerability in Different Contexts"，*Med Health Care and Philos*（2010）13：203－213。

② Daniel P. Sulmasy，"The Varieties of Human Dignity：A Logical and Conceptual Analysis"，*Med health Care and Philos*，DOI 10.1007/S11019－012－9400－1.

德尊严思想的历史地位。二、价值是我们在探讨康德尊严思想时无法回避的一个概念，本书力图在考察中西方语境中价值概念的基础上，探讨康德哲学中尊严与价值的关系问题，并主张，康德并没有用价值来定义尊严。相反，在康德看来，无论是绝对价值还是内在价值都是对尊严之价值属性的描述。三、自律概念是康德尊严思想的基石，也是康德回答为什么要尊重人这一问题的关键。本书将在当前研究成果的基础上，对自律概念进行更加深入的剖析，进而凸显康德尊严思想的贡献，即将尊严牢固地奠定在自律概念上，并因此而强调了人人平等享有尊严的现代理念。四、本书将在尊严与权利的关系问题上进行一些探索性的研究，凸显康德哲学中义务优先于权利的观点，并主张在康德哲学中，尊严既可以被视为一项基本的权利，同时也可以构成其他一切权利的基础和根据。五、康德虽然没有明确提到尊严的实现的问题，但本书在对尊严与权利的关系，尊严与德性关系的分析基础上，认为康德事实上已经意识到尊严的维护既需要内在的个人努力，同时也需要外在的制度保障，只不过，康德更加强调内在的配享或内在的实现。

三 研究思路和基本结构

本论著从追溯尊严概念的起源与发展出发，进入康德尊严思想提出的时代背景，围绕康德的尊严思想展开讨论。主要探讨康德哲学中尊严概念的内涵，尊严的根据以及尊严的实现问题。在此基础上，阐明康德尊严思想在尊严理念发展史上所处的历史地位及其对现代社会中相关问题的启示。通过对尊严概念发展历程的简要回顾，我们可以看到，康德是在继承传统优越性意义上运用尊严概念的。绝对价值和内在价值是对尊严的价值属性的描述，每个人都平等地享有这种价值。那么，人为什么享有尊严呢？这就需要考察尊严的根据。康德明确地将尊严的根据奠定在自律概念之上。在他看来，意志自律是所有理性存在者先天具有的一种能力，无论这种能力是以潜在的方式还是以现实的方式存在，因此，人人平等的享有尊严。就尊严的维护来讲，它包括两个方面。从外在的角度上看，社会、国家应该致力于保障公民的权利，从法律上保障公民的尊严不受侵犯，这是维护尊严的底线要求；从内在的、个人的方面来讲，如何才能过上有尊严的生活要求个人致力于自身德性的提高，从自身做起，使自己配享尊严，配得他人尊重，这是维护尊严的境界要求。本论著的基本结构如下：

第一章 通过追溯西方尊严概念的起源和发展历程来考察康德尊严思想提出的历史背景。古希腊虽然没有关于尊严概念的直接论述，但是古希腊哲学所开创的理性主义却构成传统尊严思想乃至现代尊严思想的主线，同时，古希腊哲学中对人的理性本质的阐述是后来尊严思想发展的一个重要前提。如果我们将古希腊的尊严思想视为一种前概念的尊严理论，那么，古罗马时期的尊严思想就是一种概念化的尊严理论。可以说，尊严概念最早产生于古罗马时期，最初它是公民社会地位或身份职位的象征。之后，西塞罗将尊严概念的运用范围扩大到所有人类，尊严概念从一种贵族式的尊严向平民式的尊严过渡。中世纪的基督教思想进一步推动了尊严概念的发展。尽管基督教哲学是在上帝的光环下来谈人的尊严，强调人是因为作为上帝的摹本才享有了尊严，但基督教所宣扬的平等观念却在尊严概念的发展史上起到了一个积极的促进作用。在基督教思想中，每个人生而带有原罪，上帝的爱对所有人都是敞开的，因此，每个人都平等地享有尊严。文艺复兴时期的思想家们虽然极力反抗基督教神学，但毕竟受近千年基督教神学的影响。因此，文艺复兴早期的思想家们也只能采取“借神颂人”的模式，通过凸显人在宇宙中的地位来凸显人的价值，借助于上帝的神圣权威来颂扬人的自由意志和理性尊严。在这一思想解放的大背景下，也有一批思想家们通过颂扬人的感性存在来肯定人的尊严。总之，文艺复兴是西方价值观重构的历史时期。思想家们以人道来对抗神道，以人文主义、人道主义为中心，宣扬人的价值、人的权利与人的尊严，最终将人的尊严确立在丰富的人性之上。文艺复兴后期或文艺复兴之后，仍然有人像文艺复兴早期那样在上帝的观照下谈论尊严问题，但更多的是对自由和理性的歌颂，借此来凸显人的尊严。启蒙运动是继文艺复兴之后的又一场思想解放运动。思想家们从不同角度对自由和理性的探讨丰富和深化了人们对自身和社会的理解。虽然这一时期直接讨论人的尊严问题的思想家不多，但他们对人的本质的更深刻的理解却在无形中推进和深化了尊严理论的发展。康德的尊严思想就是在启蒙思想的大背景下形成的，其中以卢梭的影响最大。卢梭对道德自由的强调是康德自律概念的直接来源。卢梭关于公民自我立法的学说被康德转化为道德的、形而上学的自律学说。卢梭对平等的推崇和对现实不平等现象之赤裸裸的批判使康德摆脱了书斋学者的许多成见，使他的思想大众化。

第二章 通过分析尊严与价值的关系来揭示尊严概念的丰富内涵，运用描述性的方法来回答尊严是什么的问题。尊严与价值的关系是康德哲学中最为扑朔迷离的问题，但又是理解康德尊严思想的一个必要前提。因此，本章首先对价值概念在中西方不同语境中的理解做一些概要性介绍。虽然中西方学术界对价值概念有着不同的理解模式，但二者依然有着交融之处。探讨不同模式下价值概念的内涵有助于我们更好地把握康德运用价值概念的背景。理解价值，尤其是亚里士多德和摩尔意义上的价值概念是理解康德尊严与价值理论的前提。在此基础上，我们集中探讨尊严与价值在康德哲学中的关系及其地位。我们主张（1）康德是在传统优越性的意义上来运用尊严概念的，或者说，尊严就是一种优越性或崇高；（2）绝对价值和内在价值是从价值的视角出发对尊严所处地位的一种描述，换言之，这是对尊严在价值序列中的一个定位，绝对价值和内在价值是尊严的价值属性，但不是它的定义；（3）康德是在两种意义上讨论尊严问题的，一种是“源始的尊严”，一种是“实现了的尊严”，后者也就是配享尊严的问题。上述第（3）点虽然与价值关系不甚明显，但却是理解康德哲学中尊严内涵的一个必要组成部分，因此，我们也在本章对其进行论述。

第三章 讨论的主要问题是尊严的根据，即人为什么享有尊严？我们认为，意志自律（简称自律）是康德伦理学的核心概念，更是康德尊严思想的基石。传统理性主义主张，人由于自由和理性而享有尊严，康德继承了这一传统，并在此基础上做了进一步的推进。这就表现在他将尊严的根据奠定在自律概念之上。这一贡献从根本上来说得益于他在对理性进行批判的基础上对自由概念的深刻理解。因此，本章第一节通过展现康德哲学中自由概念的丰富内涵，说明意志自律就是积极意义上的自由，是一种先天的理性能力，其实质就是纯粹实践理性的能力。在此基础上，本章第二节重点论证“自律是尊严的根据”这一论断。康德在《奠基》中既将自律视为道德法则的公式，又将其视为意志的一种属性。正是在对作为道德法则的“自律公式”及“目的王国”的阐述中，康德较为详细地讨论了尊严概念。从表面上来看，康德强调的是法则的尊严或道德性的尊严，但如果我们进一步追问法则的来源或义务的来源时，我们就会发现其根源在于理性存在者或人，确切的说，在于人的纯粹实践理性。因此，康德强调法则的尊严或义务的尊严，从根本上来说还是为了凸显人的尊严。人因为拥有先天的自立法自守法的能力，即纯粹实践理性的能力，而享有尊严，这就是“自律是尊严的根据”这一论断的本质含义。

第四章 通过探讨尊严与人性的关系说明意志自律就是真正意义上的人性。人由于其人性而享有不可剥夺的内在尊严与自律是尊严的根据所表达的意思是一致的。在康德哲学中，“人性”是一个内涵复杂的概念。康德认为，人有两种规定性，一种是自然规定性，其目的是实现幸福；一种是道德规定性，其目的是实现自由。具体而言，作为自然的存在者的人有动物性禀赋、技术性禀赋和实用性禀赋。这三种禀赋是有层次性的，前一种禀赋的发展为后一种禀赋的发展做了准备，后一种禀赋则以前一种禀赋的发展为条件。这三种禀赋发展的最终指向是道德性禀赋，也就是人的道德规定性。道德性禀赋又称人格性禀赋，这是最终将人与其他自然物区别开来的真正意义上的人性，其实质也就是以潜能形式表现出来的意志自律。人正是因为拥有这种道德性或人格性的禀赋才享有了尊严这一崇高的称谓。这种意义上的人性也是我们理解“人性公式”的关键。我们将“人性公式”中的人性视为以人格性为核心的人性。尊重人性也就意味着尊重每个人的这种先天禀赋或能力，尊重人的尊严。将他人视为目的而不仅仅是手段这一思想所表达的正是尊重人的尊严的要求。正因此，学者们往往将“人性公式”视为尊严原理。

第五章 通过探讨康德哲学中尊严与权利的关系，说明维护社会正义原则，捍卫人的权利是实现或维护尊严的外在条件。尊严是人凭借意志自律就生而具有、不可丧失的，但尊严的实现却离不开与他人的交往。因此，从法律上保障公民的权利不受侵犯，这是维护尊严的底线要求。在康德哲学中，意志自律是积极的内在自由，与之相对的还有外在自由。外在自由的权利是生而具有的，康德将其称为内在的法权或人性法权，这种法权不需要通过任何法权行为去获得，相反，它构成了其他一切法权及其义务的前提。反之，外在的法权则需要通过一个法权行为来获得，康德也将其称为获得的法权，类似于我们说的财产权。可以说，（1）外在自由的权利（在此，简称自由权）是尊严的直接表现，我们也可以将其称为尊严权，就此而言，尊严是一项基本的权利；（2）获得的法权是尊严的延伸，就获得的法权而言，我们也可以说，尊严是权利的根据，因为获得的法权是以外在自由的法权为前提和依据的。因此，维护人的权利就是在捍卫人的尊严。在康德看来，内在法权和外在法权是人在自然状态（或非法权状态）下就有的。但是在自然状态中，这些法权是不受保护的，因此只是暂时的，只有在法权状态中，法权才得以维护，成为永久性的。因为在法权状态下，有维护上述法权的制度和权力保障。法权状态的形式标准就是正义原则，因此，进入法权状态，维护社会正义是维护个人的法权和尊严的保障。

第六章 通过探讨尊严与德性的关系，说明提升德性，使自己配享尊严，这是实现或维护尊严的内在条件。在康德看来，人拥有尊严这已经是一个不容争议的理性事实，而个人能否让自己配享尊严，或者说在多大程度上配享尊严这是有差别的。简言之，尊严与德性的关系表现为配享尊严的问题，这是维护尊严的内在要求。具体地说，德性与尊严的关系是通过自律概念联系起来的。康德强调尊严的根据是作为自立法自守法的自律能力，这种能力可以以潜在的或实现了的方式存在于理性存在者身上。同时，他也强调，我们应该将这种能力发挥出来，运用于实践活动中，自律能力的实现就是德性。确切地说，德性作为一种后天获得的品质，是意志自律在不同程度上的实现。它虽然不能构成尊严的存在根据，[①] 却能够充当配享尊严的根据。康德在《道德形而上学·德性论》中主要讨论如何让自己配享尊严的问题。他将德性义务划分为对自己的义务和对他人的义务，前者就是配享尊严的问题，后者是指在道德领域如何尊重他人的问题。事实上，在德性范围内，履行对他人的义务也可以看作是使自己配享尊严的努力。因为尊重他人和爱他人的义务一方面体现了对他人尊严的尊重，另一方面自己在履行这些德性义务的同时也提升了自身德性，使自己更加配享尊严。

第七章 在第一章考察尊严概念发展历程的基础上，我们将尊严概念的演变过程划分为传统尊严思想和现代尊严思想，在此前提下来探讨康德尊严思想在尊严概念发展史上的历史地位。我们认为，诚如康德在哲学史上所具有的“蓄水池”的地位一般，康德的尊严思想在尊严概念的发展历程中同样具有继往开来、承前启后的地位，体现了兼容传统和现代的特点。康德在其尊严思想中所体现出来的伦理原则虽然具有理

---

① 这里指的是“源始的尊严”，我们将在正文第一章中对该概念作进一步的讨论。

想主义和严格主义的色彩，但也正因此才具有了持久的理论魅力。康德尊严思想的丰富内涵为我们思考现当代尊严理论以及社会生活中出现的与尊严相关的社会问题提供了有益的启发。现当代的学者们在讨论尊严问题时经常会提到脆弱性的问题，这为我们反思康德尊严思想提供了一个新的视角。研究尊严理论的现实意义就在于实现人人平等享有尊严的理念，然而，在当今社会，还存在很多阻碍尊严实现的因素。因此，我们在本书结尾处以社会歧视为例，试着探索实现尊严的现实途径。

第一章　康德尊严思想的溯源

人类的尊严是关于人类自身存在的价值意义的观念。自从人类有了自我意识，人类就开始追问自身的意义与价值。正是在这样一种对自身意义的追寻过程中，逐渐浓缩和呈现出了一个观念，这个观念就是尊严。因此，人类尊严观念的形成与发展有着一个源远流长的历史。在西方社会，人类尊严概念经历了从古希腊罗马到中世纪、文艺复兴、启蒙运动直到现当代的发展过程。哲学家们的思想虽然各具特色，但无不是建立在前人思想的基础之上，“尊严大师”康德也不例外。追溯尊严概念在西方思想史上的发展历程有助于我们理解康德尊严思想的时代背景。

第一节　自古希腊以来至文艺复兴时期的尊严思想

作为现代哲学大家和尊严思想的大师，康德的尊严思想决非凭空而起。如同我们需要将康德哲学置于伟大悠久的西方哲学传统之中方能理解康德哲学之“哥白尼式的革命”的意义，我们也只有将康德的尊严思想置于他所属的这一传统背景之中才可以充分理解康德尊严思想的意义与价值。由于篇幅所限，我们只能简要地概述西方尊严概念发展的思想轨迹，以便于我们理解这样一种思想的河流是如何从遥远的历史时空中走来，经过康德，进而流向现当代思想宝库的。

一　尊严概念辨析

汉语“尊严”这一概念表达着西方语言（英语）“Dignity”同样或相类似的思想和内涵。换句话说，我们能够以“尊严”这一概念来翻译“Dignity”这一概念，这本身就已经表明两者在两种语言背景中具有相类似的意义，具有可通约之处。当然，由于我们的主题是关于康德尊严思想的研究，因此，我们主要追寻西方尊严观念的发展。而为了梳理尊严观念发展的脉络，我们有必要先从词源学的意义上对这一概念做些分析。

“尊严”作为一个汉语词汇，是一个双音节、双重语义的复合词，即这两个单字的意义都体现在这一概念之中。现代汉语与古代汉语的重大区别，就在于双音节词的大量出现。古代汉语以单音节词为主，现代汉语以双音节词为主。现代汉语双音节词的大量出现，是一种语言发展的趋势。如今许多古代的单音节词都加了一个词或与其他词合成为一个双音节词。在日常用语中，仅用一个单字作为一个概念的词已经所剩不多，如“善”“恶”等。从语言学上来看，构成现代汉语的双音节词的方式有并列式，如血汗、天地、皮肉；偏正式，如后院、冷风；动宾式，如吃素、按摩；补述式，如揭穿、撑死；主谓式，如眼红、心跳等①。相关研究指出，偏正结构的双音节词所占比例最高。就这种分类而言，在精神领域里的双音节词，如思想、观念、价值以及我们这里讨论的尊严，都只能从并列式或偏正式结构上来看待。在以下的讨论中，我们将会看到，尊严这一复合双音节词应当属于偏正式结构。

“尊”、“严”二字从词源意义上看，起初并不是一个复合词，而是相对独立的两个单音字词。“尊”字从“酋”，即为酒器。《说文解字》段玉裁注曰：“凡酒必实于尊，以待酌者。郑注置酒曰尊，凡酌酒者必资于尊，故引申以为尊卑字，犹贵贱。本谓货物而引申之也。”②“尊”在甲骨文中为会意字，像双手捧着酒器。“尊”最初就是指一种古代的酒器，也作“樽”。“青铜制，鼓腹侈口，高圈足，作圆形或方形，形制较多，用以盛酒。盛行于商代和西周初期，后也泛称一切酒器。”③后来，逐渐演化为地位和辈分的象征，与“卑”相对应。有时用作形容词，表示尊贵、高贵之意，有时也用作动词表示尊重。如《韩非子·有度》记载：“法审则上尊而不侵”，《战国策·赵策四》：“位尊而无

---

① 李慧：《现代汉语双音节词组词汇化基本特征探析》，《语言教学与研究》2007年第2期，第51页。

② ［汉］许慎撰，［清］段玉裁注：《说文解字》，上海古籍出版社1981年版，七五二页上。

③ 转引自《古汉语大词典》，上海辞书出版社2000年版，第332页。

功。”《周易·系辞上》：“天尊地卑，乾坤定矣。”《论语·子张》：“君子尊贤而容众。”又指尊奉，拥戴。《史记·李斯列传》：“竟并天下，尊主为皇帝。”[①] “严”字在古汉语中是一个多义词，其起始义为“急”。《说文解字》许慎解“教命急也”[②]，其为敦促之意。段玉裁注曰：“赵注，孟子曰，事严，丧事急也。”[③]《孟子·公孙丑下》中说道：“事严，虞不敢请。”焦循的《孟子正义》曰：“严为急。急者，谓不暇也。”《礼记·月令》中记载“［季秋之月］申严号令”。由此可见，急迫或紧急是“严”字的起源性意义，再引申为“严峻”、“严厉”，“严格”之意，后来进一步引申为威严，《诗·小雅·六月》记载“有严有翼”[④]。在古代社会，具有威严者一般为有社会地位者，因此，严字又有尊敬之意。“严，敬也。”[⑤] 在“威严”，“严厉”的意义上，“严”字也做限定词使用，如“严父”。

从汉语“尊”与“严”两字复杂的词意来看，尊严两字都有一个词意演变的过程。在其演变的过程中，两字的意义逐渐有重合之意。如中国古代的“九五之尊”，指的就是帝王的尊严或威严。当然，在古代，两者以复合概念的形式出现的并不多。据有关资料记载，它最早出现于《荀子·致士》：“尊严而惮，可以为师。”[⑥] “尊严”在此意指庄重而有威严，使人敬畏，是一种身份、地位的象征。在古代，这一复合概念的意义，也完全可以以“尊”字取代。然而，随着汉语向双音节词普遍化方向的发展，这两个有着重叠意义的单词就发展为固定的双音节词或双音复合概念，即“尊严”了。

“尊严”作为一个复合概念，“尊”与“严”二字虽然有着意义重合或重叠之处，但分析起来，这一概念的主要意义在前者，而不是后者，即因尊而严。“尊”字在这一概念中占主导性地位。“尊”从酒器概念演变为对人的地位的敬称，或有身份地位者才享有的一种指称意义，并进一步演变成“天尊地卑”之尊意，即天之崇高神圣，在这一

---

① 转引自《古代汉语字典》，张双棣、陈涛主编，北京大学出版社 1998 年版，第 1115 页。

② ［汉］许慎撰，［清］段玉裁注：《说文解字》，上海古籍出版社 1981 年版，六二页下。

③ 同上。

④ 转引自《古汉语大词典》，上海辞书出版社 2000 年版，第 2211 页。

⑤ 《汉语大字典》第一卷，四川辞书出版社 1991 年版，第 702 页。

⑥ 转引自《古汉语大词典》，上海辞书出版社 2000 年版，第 332 页。

意义上，一切具有威严和值得崇敬的事物都可以此概念来称谓之。“严”意紧随“尊”意之后，既尊且严，“严”不仅是威严，而且表明的是尊者的不可侵犯性。另外，中国古代语言中的“尊”与“贵”的词义相近，尊贵两词的反义词则是卑贱。与尊相对应的反义词是卑，而贵的反义词是贱。“尊卑贵贱”都是评价词，指的是以一定标准来衡量的事物的价值大小或好坏。尊贵是肯定的价值词，卑贱则是否定的价值词。

中国古代的尊严观念有着一个复杂的内在结构。首先，我们来看中国先人们如何看待宇宙万物之尊卑秩序的。古代中国人把天看成是崇高神圣的，从而以“尊”字来表达。其次，人在万物之中的地位，荀子以“贵”字来表达。荀子说：“水火有气而无生，草木有生而无知，禽兽有知而无义；人有气、有生、有知亦有义，故最为天下贵也。”（《荀子・王制》）可见，中国儒家思想强调在万物的价值秩序中，人是最为贵者。在儒家思想中，人在天地万物中享有一个崇高的地位。在这个意义上，可以说，整个人类个体的生命价值都具有一种卓越的存在意义。再次，“尊卑贵贱”又是对社会中不同等级地位的人的价值评价，尊卑等次即人在社会中的名份。在孔子看来，君子的尊严要比小人的尊严高。儒家强调这种名份，正所谓名正才可言顺，不可混乱。为了维护周礼的尊严，为了贯彻亲亲尊尊的原则，孔子提出了“正名”的主张。他说：“名不正则言不顺，言不顺则事不成，事不成则礼乐不兴，礼乐不兴则刑罚不中，刑罚不中则民无所措手足。”（《论语・子路》）“正名”就是要整顿有些人特别是在位的人与他身份不相符合的言论和行动，进一步来讲，就是要通过整顿，使这些人配享他们的尊严。所以他又说：“君君，臣臣，父父，子子。”（《论语・颜渊》）在“君君”中，第一个“君”字指作为君的个人，第二个“君”字代表君的身份、地位、行为准则等。“君君”就是说凡为君者都要使自己的言论和行为符合于君道。同样，臣要符合于臣道，父要符合父道，子要符合子道。在此，尊严带有明显的等级差异性。荀子也强调：“少事长，贱事贵，不肖可贤，是天下之通义也。”（《荀子・仲尼》）。在荀子看来，社会尊卑等次的价值秩序和社会秩序是不可变更的，因此，尊者才享有社会尊严，并得到贱者的服务与礼待。尊严就意味着地位、身份、权威，以及被指称者的不可侵犯性，或不可侵犯的价值。最后，中国传统的尊严思想又不仅仅是强调人与人之间的尊卑贵贱，同时也强调每个人都有着不容侵犯的内在尊严。在儒家的尊严观中，除了强调地位之尊、年龄之尊（这也就是孟子所说的齿一、爵一）外，更重要的是强调道德之尊，或道德人格之尊。事实上，先秦以来几千年的儒家思想，都强调人能变化气质而成就自己的道德人格。儒家强调上智与下愚不移，是对社会秩序中的价值或地位秩序的肯定，而不是一种人性不变论。儒家强调人皆可以为圣贤，人皆可以为尧舜，或说涂之人为禹。荀子还说："涂之人百姓，积善而全尽谓之圣人。"（《荀子·儒效》）尧舜等圣人是儒家道德人格中居于理想层次最高的人格理想。儒家认为，任何一个人都有着成圣的可能。这也就意味着在道德人格上，每个人都是内在平等的，每个人的人格尊严都应当得到平等的尊重。那么，怎样才能成就自己的人格呢？在儒家看来，人们只有通过自己的后天努力，才可把自己的道德良知找回来，这就是孟子所说的"求放心"。质言之，儒家对于每个人都抱有一种道德期许，因此，不能因为某人当前的道德境界不高而不尊重他的人格。

与汉语"尊严"概念相对应的英语词是"dignity"、德语词"Würde"、法语词" degntie "，这些词语有着共同的起源。在西方，尊严一词来自拉丁语 dignitas，英语的"dignity"从法语的 degntie 而来，法语词 degntie 又从拉丁语 dignitas 而来。拉丁语的这一概念最早出现在古罗马，指称上流社会的贵族以及贵族所具有的优越性，如贵族所拥有的社会地位、特权、名声以及卓越的品德等。其次，我们看到，古罗马时期，斯多亚派在哲学上占主导地位，斯多亚派认为宇宙被理性的自然法所支配，自然法统治着自然界也统治着人类。自然法也可称为万民法，在万民法之下，整个世界的公民都是平等的。这一平等的观念也影响到斯多亚派哲学家对尊严的理解，即人从本性上是平等的。随着罗马帝国的衰亡和社会等级的消亡，原始尊严观念中所包含的身份地位的意义也逐渐褪色，而斯多亚派的普遍平等的含义则在尊严概念中呈现出来，即尊严是人人具有的值得尊重的品格和精神价值。

"尊严"概念在西方经历了几千年的发展，虽然始终没有一个明确的定义，但其内涵在不断丰富。直到今天，尊严作为社会精神生活中一个核心的价值理念已经渗透和体现在社会生活的各个领域。如前所述，中国传统思想尤其是儒家伦理思想包含着丰富的尊严思想。儒家伦理既强调普遍性的人格尊严,[①] 也强调地位、身份以及长者的尊严。需要注意的是，随着封建等级制的加强，后一种意义上的尊严在几千年漫长的封建社会的发展过程中逐渐强化，致使人们产生一种错觉，即中国古代的尊严观仅仅停留在社会地位或等级特权的层面上，类似于西方古罗马时期精英式、贵族式的尊严，而缺少现代化的民主色彩。实际上，如前所述，中国传统尊严思想也有可以转化为适应现代民主社会的积极因素。

二　古希腊时期的尊严思想

从词源学上来看，尊严一词最早出现于古罗马，但这并不意味着位于西方文明之源头的古希腊没有关于人类尊严的思想。实际上，为后来古罗马的尊严概念所表达的内容早就以其他概念或方式的形式在古希腊思想中表达了出来。因此我们说，古希腊文明中已经蕴含了尊严概念所表达的思想，到了古罗马时期，人们才将这些思想浓缩为 dignitas 这一概念。从这一意义上看，我们可以将古希腊时期的尊严思想概括为前概念的尊严观。

为了便于在论述古希腊前概念的尊严思想时有一个可以进行追溯的参照系，我们有必要提前简述一下古罗马尊严概念的基本内涵。[②] 简言之，古罗马的尊严观包括两个层面的含义：一是指称那些高贵者的身份、地位或品格的卓越，二是指人因具有理性而高于其他自然物的优越性，即人生而具有的“源始的尊严”。[③] 人所具有的这种优越性暗示着人应该履行理性所要求的义务，从而将“源始的尊严”实现出来。以古罗马的这种尊严观来反观古希腊的思想，我们就会发现，事实上，这种尊严观念，尤其是第一种意义上的尊严观念从荷马时期起就一直存在于古希腊文明中。

《荷马史诗》描写的是大约公元前 13 世纪到公元前 11 世纪左右希腊本土联军与位于爱琴海对岸的特洛伊之间的战争，战争最终以希腊联军获胜而归。《荷马史诗》被称为一部英雄史诗，史诗描绘了一个英雄

---

① “三军可夺帅，匹夫不可夺其志”，所谓“匹夫”即为普通人，而不是指有地位的将帅。因此，儒家强调人人具有的人格尊严不容侵犯。

② 在下文讨论西塞罗的尊严思想时，我们将给予更详尽的阐述。

③ 在此，我们采用康德的术语，康德在《学科之争》（7：73）中明确运用过这一术语。我们在本书第二章“尊严与价值”部分对这一意义上的尊严做了进一步的说明。

群体，这一英雄群体成员的地位高贵显赫，他们都是神的后裔，同时又具有英雄伦理和英雄品格。他们在战斗中毫不退缩、视死如归。他们对自己的共同体，有着休戚与共的命运感。在希腊联军方面以阿伽门农和阿基里斯为代表，在特洛伊方面以英雄王子赫克托耳为代表，他的神力盖世超群，英勇无畏。这是希腊历史上最早的英雄典范，类似于古罗马早期的尊严典范。在荷马那里，只有这样的英雄人物才配称为人神之子，永远闪耀着其尊严的光辉。荷马对希腊思想史的影响是深远的。无论是苏格拉底，还是柏拉图，抑或是亚里士多德，他们都将勇敢视为希腊人最为崇敬的德性之一，这不仅仅是由于雅典时期战争环境的需要，也是由于自荷马以来，勇敢已经成为最主要的英雄品格。

《荷马史诗》对亚里士多德的思想影响深远。如果说，在亚里士多德那里，勇敢的德性已经从英雄普及到全体士兵，那么，恢弘大度（magnificence）的德性则为上流社会的贵族所专属。这种为社会上层人士所专属的大度与《荷马史诗》中所描绘的那种盖世超群的英雄所表现出来的德性相呼应。亚里士多德说道："一个恢弘大度的人由于他有着巨大的价值，所以也是最高贵的人。较高贵的人也是有较高价值的人。一个具有最巨大价值的人，永远是一个高贵的人。一个真正恢弘大度的人当然应该是一个高贵的人。"[1] 在他看来，一个恢弘大度的人也就是一个有着伟大灵魂的人和享有荣誉的人。[2] 而在即将到来的古罗马那里，这样的人也就是享有尊严的人。与荷马相似，亚里士多德将一切美好的品质德性都赋予这样一类贵族。他说："恢弘大度仿佛是德性中的一颗明珠……因为他必须是美好、高尚、善良、高贵俱全。"[3] 这不就是荷马所描绘的英雄贵族吗？在后来罗马元老院的贵族尊严中，我们将再次见到这样的贵族形象。

如前所述，古罗马尊严观念的另一层内涵在于强调，每个人作为人类的成员，有着超越于其他存在物的卓越之处，这也就是我们所说的本体论意义的尊严，类似于中国儒家所强调的人为天下最贵者的尊严观。

① Aristotle, *Nicomachean Ethics*, 1123B23 – 26, Harvard University Press (Lobe Classical library), 1926, p. 216.

② Ibid..

③ Aristotle, *Nicomachean Ethics*, 112A1 – 5. Harvard University Press (Lobe Classical library), 1926, pp. 216 – 218.

那么，人又为何而享有这一崇高的称谓呢？在古罗马时期，西塞罗将这一问题的回答诉诸于理性。在古希腊时期，虽然还没有出现尊严这一概念，也还没有围绕这个话题的专门讨论。但是，关于人是什么以及人应当追寻什么样的生活却一直是希腊哲学的主题。即使是在希腊七贤时期，他们在探讨自然宇宙的本性的同时，也要追问“人是什么”“人生的幸福是什么”的问题。[①] 没有对这些问题的探索也就不会有尊严思想的产生。下面，我们首先以介于希腊七贤与智者之间的赫拉克利特为例进行讨论。

赫拉克利特是希腊早期最重要的自然哲学家之一。与其他自然哲学家不同，赫拉克利特提出的自然哲学已经深刻地表达了他对人类精神在宇宙中的位置的思考。在赫拉克利特看来，世界是一团永恒的活火，因而万物都在流变之中。然而，世界的变化并非没有规律可循，以赫拉克利特自己的话来说：“这个万物自同的宇宙既不是任何神，也不是任何人所创造的，它过去是、现在是、将来也是一团永恒的活火，按照一定的分寸燃烧，按照一定的分寸熄灭。”[②] 那么，什么是这个世界燃烧变化的那个尺度呢？赫拉克利特的回答——逻各斯（logos）。换言之，这个世界是以逻各斯为尺度来变化的。在他看来，逻各斯永恒存在，万物都依逻各斯而生，遵循着逻各斯而演化发展。逻各斯是事物的本性，也是人的本性。赫拉克利特指出，逻各斯是共同的，“所以，必须遵守这个共同的东西”[③]。我们知道，在荷马那里，奥林匹斯山上的宙斯才是整个宇宙的统治者。正是赫拉克利特将支配世界的力量从神那里转向逻各斯。那么，什么是逻各斯呢？从词源上看，逻各斯就是指话语，进一步引申为理性。也就是说，话语本身就包含或体现着逻各斯。这是因为，语言如果要能够让人们听懂，它就必须有着清晰的结构或逻辑，而其背后起作用的无非就是理性。在赫拉克利特看来，话语所体现的逻各斯或理性不仅支配着我们的语言与行动，而且是整个宇宙内在的规则力量。由此可见，正是从赫拉克利特开始，人的理性才被提升到支配整个宇宙的地位。对理性的强调实际上就是从人的本性出发将人提升到了一

---

① 如梭伦对于人的幸福就提出了自己的看法。参见周辅成编《西方伦理学名著选辑》上卷，商务印书馆1964年版，第35页。

② 苗力田主编：《古希腊哲学》，中国人民大学出版社1989年版，第26—27页。

③ 同上书，第38页。

个前所未有的高度。可以说，赫拉克利特在自然哲学的意义上对世界规律或法则的重新认识，开辟了人们认识自身的新维度。

深感于公元前五六世纪的希腊、波斯世界的习俗文化的差异，赫拉克利特之后的智者派对于在荷马时期形成的统一的宇宙秩序观有着深深的不满，于是提出了相对主义的价值观。在这种相对主义价值观背后，则是智者派们人本主义的立场。人们一般认为，普罗泰哥拉的名言表达了这一相对主义的价值观："人是万物的尺度，对于我来说，事物就是向我所呈现的那个样子，对于你来说，事物就是向你所呈现的那个样子。"[①] 这一名言所强调的是"人"，而不是神或别的生灵。当人们把人自己看成是万物的尺度时，那就意味着一切宗教对世界的解释都已隐退。人是万物的尺度，可以看作是对人之尊严的另一种版本的解读。因为，在这个世界上，只有人才能为万物立法度，因而，也只有人才有尊严。

在智者的相对主义智识环境中生存的苏格拉底则对智者的相对主义深感不满。在苏格拉底看来，智者的相对主义不是获得真知的方法，相反，它会令人误入歧途。苏格拉底继承赫拉克利特开辟的探求道路，寻找在万般变化的世界背后永恒存在的东西，而这个探求就是理性的探求。苏格拉底希望从变化不居中发现那种能够不变的东西，这在他看来就是真理。柏拉图与亚里士多德都是这一探求的继承者。然而，我们要看到，这一探索的前提在于，承认人是理性存在者，这就意味着所有人，只要生而为人，都至少潜在地具有理性。在柏拉图和亚里士多德那里，这一哲学前提以人的灵魂结构的学说展现了出来。柏拉图主张灵魂由三部分构成，即理性、欲望与激情。其中，理性是人的本质。当人的理性支配其他两部分时，人的灵魂就具有内在的和谐与正义。[②] 与柏拉图的灵魂说略有不同，亚里士多德将灵魂分为两个部分：理性部分和非理性部分，进而又将非理性部分分为生命营养部分和欲望、感觉部分。其中，生命营养部分是与植物共有的；欲望、感觉是与其他动物共有的。唯有理性部分是人所独有的，因而代表了人的本质。欲望和感觉在其他动物身上表现为一种自然的冲动，而在人身上则会表现出听从理性

① 苗力田主编：《古希腊哲学》，中国人民大学出版社 1989 年版，第 185 页。
② ［古希腊］柏拉图：《理想国》，郭斌和等译，商务印书馆 1986 年版。

的活动。就此而言，人拥有伦理德性。理智德性则是理性部分所具有的德性。在亚里士多德看来，伦理德性通过习惯养成，理智德性通过教导养成。[①] 由此观之，无论是柏拉图的灵魂说还是亚里士多德的灵魂说，他们都肯定了理性是人的本质。只要是生而为人，他就拥有理性。事实上，正是将理性视为人的本质的思想奠定了人人平等享有尊严的基础。

亚里士多德之后，随着马其顿的征服和独立的希腊城邦国家的消亡，希腊人在城邦国家中作为政治公民的生活意义已经不存在了，地方性的政治从属于一个更大的共同体，亚历山大逝世后，帝国很快被他的部下分割。尽管如此，亚历山大大帝在征服各地的同时也将希腊文明传播到所到之处，远及中东和北非。公元前146年，希腊成为另一个世界强权——罗马的一部分。随着希腊并入罗马的版图，希腊哲学也进入了罗马人的精神世界。

三　古罗马时期的尊严思想

如前所述，尊严概念正式出现于古罗马时期。事实上，在这一时期，尊严概念的发展呈现出一个从差异性尊严向平等性尊严的过渡。起初，尊严被视为一个政治概念，是社会地位的象征，意指个人在社会中的头衔、地位、身份等，因此，只有少部分位于社会上层的人才享有尊严。这种尊严模式是一种精英式、贵族式的尊严，尊严就是社会上层的人对其他人所具有的一种优越性或特权。这是对那个时代奴隶制、等级制的社会现实的真实反映。与此同时，尊严也暗示了这些人需要履行相应的义务来确保自己配享这些特权。在古罗马的法律文件和西塞罗的著作中，我们都可发现“尊严”概念的这一用法。如在古罗马法学的《学说汇纂》第一编第一章中写道：“无论裁判官决定在什么地方执法，只要他们保持自己权力的尊严并遵守地方执法。”[②] 这里使用尊严概念无疑具有一种身份地位和权力的意义。西塞罗也在这一意义上使用过“尊严”概念。他说：“因为他的演说并没有显示出他想展示他的知识

① ［古希腊］亚里士多德：《尼可马科伦理学》，苗力田译，中国社会科学出版社1999年版，第24—26页。

② ［意大利］桑德罗·斯奇巴尼选编：《正义和法》（民法大全选译），黄风译，中国政法大学出版社1992年版，第40页。

和自负，而且那也与一位具有最高尊严的人的性格不相吻合。”① 西塞罗所谈论的是罗马的将军和执政官加卢斯，他是当时权重一时的人物。西塞罗用“最高尊严”来描述他，这一尊严概念无疑也是与身份地位相联系的。在当时，人们的社会地位也不是一层不变的，人们可以通过德性、出身、财富等获得较高的社会地位，因此，尊严也就表现出差异性和不稳定性，个人的尊严也会随着社会地位的变化而变化。那些社会地位优越、德性高、做出杰出贡献的人赢得了较高的尊严，相反，那些社会地位卑微、德性差的人则拥有较少或者说根本就缺乏尊严。在古罗马法典中，我们也可以看到，尊严是个人头衔和社会地位的概括，罗马的公民并不享有平等的尊严。精英式的尊严观将尊严与荣誉、德性、社会地位、身份等概念紧密联系在一起。尊严不是生而具有的，也不是不可丧失的，人们需要通过自身努力获得并保持尊严。这种早期精英式、贵族式的尊严观念经西塞罗后逐渐向平民式、民主式的尊严观过渡。西塞罗在整理、翻译和传播希腊哲学的过程中起了非常重要的作用，而对他影响最深的则是斯多亚派哲学。斯多亚派哲学在罗马共和国时期极为流行，到罗马帝国时期，几乎成了“官方哲学”，盛极一时。西塞罗对尊严概念的理解就深深植根于斯多亚派的哲学世界观。

斯多亚派将世界视为一个受自然法或理性所支配的美好、和谐和完善的整体。在斯多亚派看来，神与世界不可分，他就是世界的灵魂，也可以说是火，因为热而产生和推动万物，创造生命。实际上，这个创造者就是包含着一切生命之种的理性或逻各斯。宇宙是一个有序的统一体，人是宇宙体系中的一员，他的本性与万物的本性是同一的。因此，他要服从世界的意志，遵循宇宙的法则，理解自己在大宇宙中的地位，作为大宇宙的一个成员而尽其责任。从政治上看，人是世界的公民，他要履行作为世界公民的义务。斯多亚派认为，个人生命与宇宙生命在本性上是同一的，这就要求人们遵从自然而生活。梯利说：“遵从自然而生活，就是要使人们的行动符合理性、符合逻各斯，或过好生活。德性是至善和最大的幸福，因为只有有德性的生活才是幸福的生活。过这样的生活就是实现自我，而实现真正的自我，就是为宇宙理性的目的服

---

① ［古罗马］西塞罗：《国家篇　法律篇》，沈叔平等译，商务印书馆 1999 年版，第 25 页。

务，为宇宙的目的而尽力。这意味着一个博大的社会，其中有理性的人类享受平等的权利，因为理性为人所共有，而一切人又同属于宇宙灵魂。"[①] 通过对宇宙的理解，斯多亚派形成了关于人类社会全体成员平等的观念。

人人平等的观念直接影响了这一时期的尊严观。西塞罗在思想史上首次提出"人的尊严"的概念。他说："肉体上的快乐完全有悖于人的尊严，我们应当鄙视并摈弃这种快乐；但是要是有人认为肉体上的满足也有某种价值，那么，他就必须把这种嗜好严格控制在适当的范围内……只要我们没有忘记我们本性的优越性和尊严，我们就会认识到沉湎于穷奢极侈是多么错误。"[②] 在这里，西塞罗表达了他如何看待肉体快乐的价值观，更重要的是，他在思想史上从一般意义上提出了"人的尊严"概念。无疑，这一概念体现了斯多亚派哲学的人性论思想，即只有理性才真正构成了人的本性。正是在这一意义上，西塞罗把尊严看成是人因其本性而内在具有的，我们也可以将这种尊严视为一种本体意义上的尊严。西塞罗说："'自然'似乎赋予我们两种本性：一种是普遍的本性，它起因于这样一个事实：即我们都有理性和那种使我们凌驾于动物之上的优越性。从这种本性衍生出一切道德和恰当，并且依据这种本性才能用合理的方法搞清楚我们的责任。"[③] 在西塞罗看来，人在万千世界中有一个卓越的地位，这一观点类似于中国古代荀子主张的人最为天下贵的思想。在此，我们可以看到，西塞罗事实上是以理性作为尊严的根据，以尊严来凸显人的理性本性。

斯多亚派的这一思想对罗马法也有着深刻影响。罗马法的思想和观念直接来源于斯多亚派对宇宙和人的理解，这首先反映在罗马人的自然法观念上。斯多亚派的自然法观念强调人应该顺应自然而生活，而这种自然是涵盖整个宇宙的理性法则，同时也是支配人类生活的理性，它是法律与正义的基础，制约着世界各地的居民。西塞罗指出："按照自然生活是最高的善。"他认为："法律乃是自然中固有的最高理性，它允许做应该做的事情，禁止相反的行为。当这种理性确立于人的心智并得

① ［美］梯利：《西方哲学史》上卷，葛力译，商务印书馆 1975 年版，第 130 页。

② ［古罗马］西塞罗：《西塞罗三论：老年、友谊、责任》，徐奕春译，商务印书馆 2005 年版，第 139 页。

③ 同上。

到实现，便是法律。”[①] 在自然法与成文法的关系上，西塞罗认为自然法具有高于一切人类社会的法律及其立法的权威性，它是衡量一切成文法的标准，具有永恒的和普遍的意义。他从斯多亚主义的观点出发，把宇宙的最高理性——上帝的理性看成是支配一切（包括国家的成文法）的最高理性，认为它具有约束一切事物的作用，而宇宙间的最高法律即为自然法。在他看来，“最高法律是万世存在的，发生于成文法未制定、国家未成立以前的……法律不是在编制时才发生，乃是和上帝的心意同时发生的”[②]。强调上帝的理性的支配性实际上是在强调普遍理性的支配性。西塞罗还说道：“真正的法律是与本性（nature）相合的正确的理性，它是普遍适用的，不变的和永恒的；它以其指令提出义务，并以其禁令来避免做坏事。”[③] 在西塞罗看来，只有一种法律即正确的理性是与自然法相适应的，它适用于所有的人。人类以成文法来替代这一法律或试图废止其中的某一部分的做法都是不能容许的。同时，西塞罗从自然法的原理中，引出在法律面前人人平等的一系列原则，即只要是身处“世界国家”中，共同服从自然法的人，不论其原来的国别、种族和社会地位有何不同，都是“与上帝共同享有理性”的公民。平等的理念是西塞罗尊严思想中的一个基本内容。

斯多亚派哲学关于人类平等的尊严观念在罗马帝国时期的政治、法理学中占有一席之地。在古希腊，即使是对人有着极为深刻认识的柏拉图和亚里士多德，也深受他们那个时代社会制度的影响，认为奴隶不具备做人的资格。古罗马法学家弗洛伦提努斯说：“奴隶制同自然法是背道而驰的——因为根据这个制度，一个人被迫成了另一个人的财产。”[④] 乌尔皮安也表达了同样的观点：“就民法来说，奴隶没有被认为是人，但是根据自然法，情形就不同了，因为自然法认为所有人都是平等的。”[⑤] 人人平等意味着尊严平等。在此，我们可以看到，在斯多亚派

---

① ［古罗马］西塞罗：《论共和国论法律》，中国政法大学出版社 1997 年版，第 208、109 页。

② 转引自张宏生主编《西方法律思想史》，北京大学出版社 1983 年版，第 59 页。

③ ［古罗马］西塞罗：《国家篇　法律篇》，徐奕春译，商务印书馆 1999 年版，第 101 页。

④ 转引自［美］博登海默《法理学——法哲学及其方法》，邓正来、姬敬武译，华夏出版社 1987 年版，第 18 页。

⑤ ［美］博登海默：《法理学——法哲学及其方法》，邓正来、姬敬武译，华夏出版社 1987 年版，第 18 页。

哲学的影响下，古罗马思想家们确实取得了巨大的进步。正是在自然法思想的影响下，奴隶的地位才有了改变，这也是罗马法律制度改革的一个根本因素。古罗马的《法学阶梯》指出："解放奴隶也属于万民法。解放奴隶就是使奴隶从拘束中解放出来，即给予自由。因为，一个人在整个受奴役期间都被控制在主人的手下和支配权下，解放奴隶就是使他摆脱这种支配权。这起源于万民法，而根据自然法，所有的人都是生来自由的。"① 有的皇帝也对与奴隶相关的法律进行了改革，从而使他们的社会地位得到改善。如皇帝克劳迪亚斯（Clauduius）决定，因年迈或患病而得到释放的奴隶可以成为自由人。皇帝哈德良（Hadrian）禁止奴隶主不经过地方法官的判决就处死奴隶。他还禁止在没有事实证明被指控者有罪的情况下对奴隶刑讯逼供，禁止私人监禁奴隶。皇帝安东尼奥斯·皮亚斯（Antoninus pius）规定，受到奴隶主虐待的奴隶可以向地方法官提出申诉。

自然法的平等观念和尊严平等的观念也同样见诸于罗马家庭法律制度的发展之中。在早期的罗马法中，妻子在家庭中并不享有与丈夫平等的地位，妻子必须服从丈夫的专制统治。丈夫对于妻子具有生杀予夺之大权，可以将其出售甚至贬为奴隶，其地位实际上与家奴不相上下。在罗马共和国早期，夫权婚姻是婚姻的基本形式，而在罗马共和国的后期和帝国时期，婚姻形式以及有关妇女的法律地位都发生了变化，自由婚姻占了主要地位。在这种形式下，妻子可以保有其人格和财产的独立。尽管此时夫权婚姻还存在，但已不为世人所看重。奥古斯都颁布的法律明确取消了夫权婚姻中的丈夫对妻子的生杀权。到了查士丁尼时期（公元5世纪至6世纪）夫权婚姻已经消亡，而且也不再为法律所承认。"在帝国时期，罗马已婚妇女实际上已独立于其丈夫，丈夫已很少或完全不能控制其妻子的行为了。当时的妇女要比当今大多数文明国家法律下的妇女更解放。"② 在这个意义上，尊严平等的观念也已经体现在家庭生活领域。

---

① ［意大利］桑德罗·斯奇巴尼选编：《正义和法》（民法大全选译），黄风译，中国政法大学出版社1992年版，第36页。

② ［美］博登海默：《法理学——法哲学及其方法》，邓正来、姬敬武译，华夏出版社1987年版，第20页（原译文中的"斯多葛"一词一律改为"斯多亚"）。

四 中世纪的尊严思想

随着西罗马帝国的灭亡，西方社会进入以基督教为信仰和精神生活中心的中世纪。在长达一千年的中世纪，基督教对于尊严的理解模式占了主导地位。基督教虽然产生于中东的以色列地区，但却盛行于罗马帝国时期，并被罗马皇帝宣布为国教。在罗马帝国，尊严概念已经成为人们的政治生活和法律生活的一个基本用语，在这样一个背景下，基督教也在以自己的方式回答人的尊严问题。

基督教重构了斯多亚派的尊严理论。在基督教看来，不是因为人有理性，而是因为所有遍布大地的人都是亚当夏娃的子孙，而亚当夏娃则是上帝所造之人。因此，我们都是上帝的子民，在上帝面前人人平等，即无论你在世俗世界如何显赫或卑微，如何富有或贫穷，都是平等的。因此，人的尊严来自于上帝而不是理性，因为人是上帝以自己的形象创造出来的。《圣经·创世记》载：上帝在创造完了日月天地，山河大地以及飞禽走兽之后说："我们要按照我们的样式造人，使他们管理海里的鱼、空中的鸟、地上的牲畜，和全地、还有地上所爬行的一切昆虫。上帝就照着自己的形象造人。"① 神学家们由此主张，每个人因为是上帝的摹本，所以都应该被爱，都值得被爱，并拥有了不朽的灵魂。

罗马教皇利奥一世（440—461 年在位，Pope Leo I，or St Leo the Great）被认为是在基督教意义上首次表达了拉丁语尊严（dignitas）概念的内涵："基督徒们，实现你的尊严，一旦你成为神圣自然的参与者，就不要再返回到你先前那种没有尊严的卑下生活。"② 利奥教皇号召教徒们成为神圣自然的参与者，实际上是要教徒们能够自觉意识到自己的使命，因为人是上帝以自己的形象所创造。利奥教皇说："醒来吧，朋友，承认你自己本性的尊严。回忆你是依据上帝的形象所造的。"③

基督教的尊严观是在上帝的光环下的尊严观。这一尊严观的深层内涵在于把上帝置于一个崇高的地位，人则处于一个消极和被贬低的地

① 《圣经·创世记》第一章。

② 转引自 Oliver Sensen，"Human Dignity in Historical Perspective：the Contemporary and Traditional Paradigms"，*European Journal of Political Theory*，2011，10：71，p. 78。

③ 转引自 Oliver Sensen，"Human Dignity in Historical Perspective：the Contemporary and Traditional Paradigms"，*European Journal of Political Theory*，2011，10：71，p. 78。

位。人类的始祖亚当夏娃在上帝的伊甸园里犯下了原罪，从而被永罚出上帝的天国，人只有借助于上帝的恩典才能得救。得救并非意味着重返天国，而是得到上帝的宽恕。在基督教看来，上帝是全知全能全善的，人虽然是上帝以他的形象所造，但却由于其始祖所犯的原罪而永远不可能达到像上帝那样的完善和完美。中世纪早期也是泛柏拉图主义流行的历史时期，柏拉图的灵魂与肉体对立的学说在早期基督教哲学那里得到加强。教父哲学家们强调灵魂与肉体的对立，意味着人必须贬低肉体的欲望。他们认同柏拉图的观点，认为肉体是灵魂的监牢，趋向上帝就必须贬低和克制肉体的欲望，进而使精神得以飞升。在基督教看来，人生就是趋向上帝的旅途，人永远也不可能完结这一旅程，而只能无限地接近全知全能全善的上帝。罗马被野蛮人侵占后，人们一度陷入恐慌和不解。于是，奥古斯丁（公元354—430年）写了传世名作《上帝之城》，借此说明野蛮人虽然能够侵占罗马，摧毁罗马，但基督的城不在世间，而在教徒们的心灵之中，上帝之城是野蛮人永远也不可能企及的。奥古斯丁在《上帝之城》中系统地阐述了基督教的原罪说。在他看来，人间的一切社会灾难和罪恶都是上帝对人的惩罚。生活在世俗之城中的人选择追求感性肉欲的生活，无论是多么富足，无论享受多少荣华，他们都是悲惨的，都注定要被上帝所抛弃的，都要遭受恶魔的统治。而生活在上帝之城的人们选择的是精神生活，是由注定得救的基督徒所组成，他们心中有信、有爱，具有各种美德，因而不可能为野蛮人所战胜或击败，从而生活永远幸福。基督教认为人都是以上帝的形象造的，那么，如何理解人间如此多的罪恶呢？是否可以因此而断言上帝是有意为之？奥古斯丁认为，上帝是全知全能全善的，因此不可能故意造出有罪恶或有缺陷的人。相反，恶来自于人类自身，人由于误用了自由意志才犯下了原罪。由于原罪，人不可能靠自己得救，而必须借着上帝的恩典才能得救。

与奥古斯丁同时期的另一位教父神学家佩拉纠（公元360—420年）则反对奥古斯丁的原罪说。佩拉纠认为，上帝造人时就已经使人类拥有意志自由，即拥有选择善恶的能力，“它是理性的灵魂难能可贵之处，也是人性的尊严和价值所在”[①]。在佩拉纠看来，人的意志自由是人的理性能力的体现，它并不因亚当的堕落而丧失。它存在于亚当身上，也存在

① ［美］G. F. 穆尔：《基督教简史》，商务印书馆1996年版，第105页。

于亚当的子孙身上。人类犯罪是因为误用了自由意志，但这并不意味着本性的败坏。事实上，原罪根本就不存在。佩拉纠的可贵之处在于，他强调意志自由是人性尊严之所在，而不是人的败坏的根源。自由意志不是恶，而恰恰是人的本性。佩拉纠与奥古斯丁的争论在于：一、自愿犯罪是否就是本性的败坏？这种自愿（意志自由的体现）犯罪是否还会遗传给后代？奥古斯丁认为，上帝造亚当时使他具有善良的自由意志，如果他听从上帝的指引，他就会继续拥有善良意志，并且他的子子孙孙都会享有天使们的幸福。然而，他却违背了上帝的意愿，滥用自由意志而自愿犯罪，因此他要对自己的罪负责。并且，在奥古斯丁看来，作为亚当后代的人类或任何一个婴儿，他们在出生时就已带着原罪。[①] 奥古斯丁以《圣经》的权威来反驳佩拉纠，这使得他的原罪说成为了基督教哲学的一个理论原点，获得了不可动摇的地位。从原罪的观点看，基督教理解的尊严是一种负罪的尊严观。当然，即使是奥古斯丁也认为，人的尊严是平等的。在他看来，人与人在上帝创造的“存在大链条”上是处于同一等级的，上帝的恩典向一切人敞开，因此，每个人的尊严和价值都是平等的。

托马斯·阿奎那是中世纪晚期也是整个中世纪最重要的哲学家和伦理学家，是经院哲学的集大成者。他重新阐释了亚里士多德的哲学和伦理学，因此，阿奎那的哲学与伦理学不仅是神学的，更是亚里士多德式的。阿奎那的尊严观与他对人性的探索内在的联系在一起。阿奎那对人性的理解体现在他对人的能力的考察上。在阿奎那看来，人的能力即灵魂的能力主要有五种：植物营养的能力、感性能力、运动能力、欲望（包括意志）能力和理智能力。我们看到，阿奎那对人的能力即人性的理解实际上是对亚里士多德的灵魂说的扩展。在阿奎那看来，人类存在者的上述能力构成了人性的重要特征，他说：“物质与非物质的能力（力量）一起在人这里。”[②] 人因这些能力而构成了神圣与世俗事物之间的桥梁，所以人具有理智与物质性的特征。阿奎那指出，人类存在者是惟一具有理智与物质的实体，除人之外，没有一个理智的存在者有物质的躯体，没有一个物质的实体具有理智。因此，人类存在者优越于其他一切物质存在者，人有着其他一切物质或生命存在者没有的尊严。人类

---

① 见《圣经·罗马书》，第五章第12节。

② St. Thomas Aquinas, *Summa Theologiae*, La77 - 2.

存在者之所以要有多种能力，既是为了实现人的幸福，也是为了实现与上帝同在的最终目标。这些能力使我们能够认识到对人而言什么是可能的，对我们的生活而言什么是实际上可欲求的，以及怎样的欲求将给我们带来幸福。在阿奎那看来，石头或其他非理性的存在物没有理智，虽然它们在上帝所创造的世界中有其位置，但他们不能认识上帝，也不知道如何爱上帝。但人类因为具有理性，所以能够认识上帝，能够爱上帝。不过，阿奎那认为，人类虽有这些能力，但人类还没有成熟到能够像天使那样与上帝同在，人类还需要努力实现自己的最终目标。不过，阿奎那认为，就人类与上帝同在和实现人的兴盛而言，上述五种能力中，人的理智能力和意志力是最重要的，这一看法与亚里士多德伦理学的思想是一致的。理性能力不仅指导着其他能力，而且也优越于其他能力。并且，只有通过我们的理智或理性，我们才能认识和爱上帝。在阿奎那看来，爱上帝是人类的最终目标——幸福的最主要的部分。正是在这个意义上，阿奎那用基督教神学改造了亚里士多德伦理学。他认为，我们理智的适当目标就是认知和热爱上帝。上帝在本质上是一个完善的普遍存在。

在阿奎那看来，在实在中，存在与善是一，只是概念的不同。存在基本上是善，上帝的存在是完全实现了的善。上帝是绝对的存在和绝对的善。从创世论的观点看，世上万物的存在都来自上帝，并且就它来自上帝而言，它是善的。任何被创造物的存在都有着它的特殊的目的和特殊的本性。正是在这个意义上，一事物是善的，不仅在于它的存在，而且在于它内在地实现着上帝意图中的目的。人的卓越就在于能够实现其本性功能所体现的能力，即理性能力，从而享有尊严。一个人过着展现其理性的生活就是善的，也是富有尊严的，这不仅在于他能够很好地履行他的功能，而且在于实现上帝设置人性的意图。

从阿奎那这种人性观看，他没有奥古斯丁那样关于人性的阴郁的看法。阿奎那更多强调的是人的本性是上帝意图之所在。他不是没有看到罪的问题，在他看来，善的缺乏在于没有实现本性的能力，而这个能力就在他的本质之中，道德的恶在于人们没有充分实现他们的理智与意志的能力。从本性上看，上帝设置这种能力就是为了让它追求善。他认为，当人们犯下罪恶时，尊严也就丧失了，因为此时他作为一个理性的存在者却占取了一个非理性存在的野兽的身份。阿奎那强调人的理性能力的实现是享有尊严的前提，尊严因此具有了规范性的特征，它要求人信仰上帝，通过获取功德使自己配享上帝的爱、配享尊严，任何否定自身尊严的行为都是对上帝的亵渎。

基督教的尊严思想可以概述为：上帝是所有生命的源泉，因此，所有生命都是神圣的。人类是上帝按照自己的形象创造的，因此也就分享着上帝神圣的本性，拥有上帝所拥有的价值和尊严。在基督教神学那里，上帝的爱是一切价值的源泉，因此，上帝对所有人平等的、无条件的爱赋予了每个人平等的、无条件的价值。由于这种价值或尊严有着神圣的根源，因此是不能被否定的，任何对尊严的侵犯都是对神的不敬，是一种亵渎。由此，人的尊严也就是不可丧失的。此外，基督教的博爱思想也暗示了我们应该平等地对待他人的尊严，因为人人都是上帝的摹本。① 不过，中世纪的尊严观始终是在崇拜上帝的前提下来讨论的。基督教将人从世俗权力中解放出来而置于上帝的掌控之中，人始终依附于神。

五 文艺复兴时期的尊严思想

当西方社会发展到文艺复兴时期，人们开始反思这种神观照下的尊严观。所谓“文艺复兴”是意大利人通过发现古希腊、古罗马的文化艺术，并且力图复兴古希腊、古罗马文化艺术的活动。然而，这场运动的精神旨向却是反抗基督教神学。文艺复兴是西方思想、精神和意识的大觉醒，被世人称为是以人文主义（人本主义）反抗基督教的神权，以人道主义反抗神道，从而彰显人的尊严、人的价值、人的权利的思想解放运动。随着文艺复兴的到来，西方社会告别了中世纪而进入近现代。如前所述，中世纪的精神生活是以神或上帝为中心的。上帝是人的精神信念和精神寄托之所在，生命的意义就在于追随上帝。虽然说基督教有着在上帝观照下的尊严平等的观念，但是，人必须顶礼上帝，在精神上臣服上帝。因此，上帝有着最崇高、最神圣的尊严。文艺复兴时期的思想家和文艺家们，高扬人的价值，肯定人的尊严，就是要反抗上帝的权威，把以神为中心的精神生活转换到以人为中心上来。然而，由于近千年基督教思想的影响之大，文艺复兴时期的思想家们也只能采取

---

① 参见 Jeff Malpas, *Perspectives on Human Dignity: A Conversation*, Springer, 2007, pp. 93—94；周伟驰：《奥古斯丁的基督教思想》，中国社会科学出版社 2005 年版；甘绍平：《作为一项权利的人的尊严》，《哲学研究》2008 年第 6 期。

“借神颂人”的模式，通过凸显人在宇宙中的地位来彰显人的价值，借助于上帝的神圣权威来颂扬人的自由意志和理性尊严。

但丁（1265—1321）认为，人之所以高贵，之所以拥有尊严就在于他拥有自由意志，这是上帝“最为他自己珍爱的恩赐”。[①] 他说：“人的高贵，就其许许多多的成果而言，超过了天使的高贵。”[②] 但丁把人看得比天使还高贵。在那个年代，家族与门第仍然是社会地位的重要标志。然而，但丁却说：“不要这样说，‘因为我属于这一家族，我就高贵’，因为神圣的种子不落在家族，而落在个人身上……并非家族使个人高贵，而是个人使家族高贵。”[③] 在他看来，个人的尊严并非来自于家庭或家族，而是来自于个人自己的品格。借此，人就可以依靠自己的意志来判断和行动，进而成为世界的主宰。“人文主义之父”彼得拉克通过对人在宇宙中的地位的阐释高扬了人的尊严。他指出：宇宙是上帝为了人类的世俗生活而造就的东西，人是宇宙的中心，拥有行动和思想的自由。这种自由比生命更高贵，是人的尊严所在。[④] 曼内蒂（Giannozzo Manetti，1396—1459）也是文艺复兴时期的一位重要思想家，他于1454年撰写了《论人的美德与尊严》。在书中，他宣扬上帝将人塑造成最美丽、最诚实、最富有、最有力量的创造物，因此上帝既赋予了人类以巨大的力量，也赋予了人类伟大的本性——美德与尊严，这是人最美的也是最为高贵的东西。[⑤] 由此可见，这些思想家们普遍认为，人类的本性分有上帝的神圣性，因此，人类高于其他被造物。

皮科·德拉·米兰多拉（Pico della Mirandola，1463—1494）虽然英年早逝，著作不多，但他关于人的尊严的思想却对后世影响极其深

---

① 转引自孟广林《欧洲文艺复兴史》（哲学卷），人民出版社2008年版，第39—40页。

② 转引自北京大学西语系资料室编《从文艺复兴到十九世纪资产阶级文学家艺术家有关人道主义人性论言论选辑》，商务印书馆1971年版，第3页。

③ 北京大学西语系资料室编：《从文艺复兴到十九世纪资产阶级文学家艺术家有关人道主义人性论言论选辑》，商务印书馆1971年版，第4页。

④ 参见［美］保罗·奥斯卡·克利斯特勒《意大利文艺复兴时期八个哲学家》，姚鹏、陶建平译，孟庆时校，上海译文出版社1987；［苏］B. B. 索柯洛夫：《文艺复兴时期哲学概论》，汤侠生译，北京大学出版社1983年版；陈日华：《人性的回归：文艺复兴》，长春出版社2010年版。

⑤ 转引自陈日华《人性的回归：文艺复兴》，长春出版社2010版，第36页。

远。皮科在其著作《论人的尊严》[①] 中同样采取了“借神颂人”的模式，强调人的尊严和高贵。他以上帝在《创世记》中的口吻说：“亚当，我们没有给你固定的位置或专属的形式，也没有给你独有的禀赋。这样，任何你选择的位子、形式、禀赋，你都是照你自己的欲求和判断拥有掌控的。其他造物的自然一旦被规定，就都为我们定的法则所约束。但你不受任何限制的约束，可以按照你的自由抉择决定你的自然，我们已把你交给你的自由抉择。我们已将你置于世界的中心，在那里你更容易凝视世间万物。我们使你既非属天也不属地，既非可朽亦非不朽；这样一样，你就是自己尊贵而自由的形塑者，可以把自己塑造成任何你偏爱的形式。”[②] 这段话是在“上帝对人说”的标题下写的。实际上，皮科是在以上帝的权威来宣传他的人文主义思想和观念。在此，他大胆提出，世间其他一切存在物，所服从的是上帝为自然所颁布的法则，而人则是“可以按照你的自由来决定你的自然”，这里的“自然”实际上也就是本性。皮科的这两层意思，实际上也就是后来康德提出的，外在的自然界服从的是自然因果律，而人则服从自由因果律。上帝赋予人自由意志，他可以自己决定自己的本性。皮科说：“你能堕落为更低等的野兽，也能照你灵魂的决断，在神圣的更高等级中重生。”[③] 因此，皮科强调人的一切都是后天所形成的，这类似于 20 世纪的萨特的观点，即存在先于本质，人先来到这个世界上，本质则是后天自我选择的结果。皮科强调，上帝在人身上已经布下了向不同方向发展的种子，人们“培育其植物性种子，他就变成植物，培育其感觉的种子，他就变成野兽；培育其理性的种子，他就成为天使和神子。并且，如果他对任何其他造物的命运都不满意，他会将自己收拢到自身统一体的中心，变成唯一与上帝同在的灵。在父独有的幽暗中，曾被置于万物之上

---

① 1486 年，皮科提出了 900 条论题，对“一切可认识者”加以说明。他曾准备邀请欧洲全体哲学家来罗马参加一场哲学大赛，并试图在所有哲学家面前为这些论题作辩护。然而，罗马教皇英诺森八世在派人对这些论题进行调查后将其指认为异端，于是也就禁止了这场辩论会的举行。《论人的尊严》就是皮科准备在辩论会开幕式上发表的演说词。许多学者认为，《论人的尊严》这个题目只适用于这篇演讲的第一部分。这部著作最初的题目就是《演讲》。而第二部分是那场争论的实际大纲，并没有涉及人的尊严。

② ［意大利］皮科·米兰多拉：《论人的尊严》，顾超一、樊虹谷译，吴功青校，北京大学出版社 2010 年版，第 21 页。

③ 同上书，第 25 页。

的他将超越万物”[①]。人既可以下降到低级的动物本性，也可以通过理性上升到高级的神圣性。什么是人的尊严？在皮科看来，人的尊严就在于人的自由意志，以及人遵从理性的引导使自己超越万物而上升到天使般崇高的地位，甚至与上帝同在。皮科认为，除了人之外的其他被造物都遵循上帝的法则，而人则服从自己的法则。人的尊严来自于人的形象并未被先天地规定下来，而是可以通过道德自律、不断进取而实现自己的完善。简言之，尊严就在于人可以超越有限，走向无限。事实上，皮科将尊严视为人的一种内在的能力，借助这种能力，人就可以去追求道德上的高尚，这正是人的高贵之所在。与其他被造物相比，人的尊严或高贵就在于人拥有自由意志，借此，人可以超越有限，上升到神圣的行列，进而成为世界的主宰。

西班牙人文主义思想家斐微斯（Juan Luis Vives，1492—1540）也借神的权威来颂扬人。斐微斯在《人的寓言》一书中指出人因有自由意志而具有巨大的可塑性，他可以扮演千种野兽，也可以扮演种种具有道德特性的人，奉公守法、维护公共秩序，使得天神们都叹为观止。同时，人还可扮演成天使族类的一员，超越人的本性。他说：“一切都只依靠一个极为聪明的心灵……人跑出来，昂昂然好一个伟大的天帝，俨然是天神中最值得尊敬的一位，他学着他父亲的样，一举一动都妙不可言。人已超越了低等天神的性格，正在突入万神之王、万王之王所居住的、让黑暗包围得难以到达的光明之中。”[②] 斐微斯以天神、上帝的形象来说明人能够达到像上帝那样有尊严的地位，当然人也可能像野兽那样不被尊重。斐微斯通过形象的比喻说明，人能够通过遵循道德与法律，维护公共秩序，从而拥有像天神一样富有尊严的地位。

文艺复兴之所以成为一场文艺复兴运动，还在于文艺复兴时期出现了大批有着人文主义精神的文学家、艺术家、画家和雕塑家，如写作《十日谈》的薄伽丘，不朽画作《蒙娜丽莎》的作者达·芬奇，以及大雕塑家米开朗基罗，等等，他们的创作都体现了一个主题，即讴歌感性

---

① ［意大利］皮科·米兰多拉：《论人的尊严》，顾超一、樊虹谷译，吴功青校，北京大学出版社2010年版，第29页。

② ［西班牙］斐微斯（Juan Luis Vives）：《人的寓言》，转引自周辅成编《从文艺复兴到十九世纪资产阶级哲学家政治思想家有关人道主义人性论言论选辑》，商务印书馆1966年版，第66页。

的人，讴歌爱情，讴歌人性和肯定人的感性存在的合理性。文艺复兴时期的文学家、艺术家以及思想家从人的感性方面来肯定人，高扬人的尊严。我们虽然可以从文学家和艺术家工作的性质来解释这一现象，但一个重要方面还在于，中世纪以来的基督教神学宣扬人的精神与肉体的对立，强调只有禁欲、苦行、压抑或克制自己生理的或肉体的欲望，才能使得精神摆脱肉体，从而使自己得救。文艺复兴时期的文艺家、思想家们则反中世纪的精神趋向和价值追求而行之，强调人的感性存在、感性需求的合理性，从而肯定人的尊严不在于与人的躯体相脱离的精神，而在于与人的精神为一体的生命和生命的需求。薄伽丘说："凡是有理性的人都会说；我爱你们，就跟别的男人爱你们一样，是出之于天性。谁要想阻遏人类的天性，那可得好好儿拿点本领出来呢。如果你非要跟它作对不可，那只怕不但枉费心机，到头来还要弄得头破血流。"① 薄伽丘这里所讲的天性就是人人都有追求男女之情的爱的需要。在他看来，人的这种天性是不可能从根本上消除的，也是不应该被扼杀的。我们知道，在基督教教会的修道院里，修女唯一能够得到的爱的慰藉是将自己想像成上帝的新娘，将修女房中的那一缕从天国照射而来的阳光看成是上帝对她的亲吻。然而，这样扭曲的爱，实际上是对青春女子的爱的扼杀。在薄伽丘看来，即使是满嘴都在宣扬基督教禁欲苦行主义的所谓"圣徒"，实际上一刻也少不了人间的爱情。他在《十日谈》中讲述了很多诸如此类的故事。文艺复兴时期的另一位重要的思想家爱拉斯谟（Desiderius Erasmus，1466？—1536）也表达了与薄伽丘同样的观点。他指出，人生的目的，首先就是寻求快乐。他批评斯多亚派的哲学说："哲学家们自己也喜爱欢乐，他们不憎恨欢乐。他们徒然遮遮掩掩，徒然想在凡夫俗子面前诽谤肉欲享乐，最恶毒地咒骂它，纯粹是装腔作势！他们设法使别人远离肉欲享乐，为了自己更痛快享受。但是，神明在上，请他们告诉我，如果没有欢乐，也就是说，没有疯狂来调剂，生活中哪时哪刻不是悲哀的，烦闷的，不愉快的，无聊的，不可忍受的？"② 英国文学家、戏剧家莎士比亚（1564—1616），被认为是文艺复

① ［意大利］薄伽丘：《十日谈》，转引自周辅成编《从文艺复兴到十九世纪资产阶级文学家艺术家有关人道主义人性论言论选辑》，商务印书馆1971年版，第16页。

② ［荷兰］爱拉斯谟：《疯狂颂》，转引自周辅成编《从文艺复兴到十九世纪资产阶级文学家艺术家有关人道主义人性论言论选辑》，商务印书馆1971年版，第29页。

兴时期最有成就的文学家和戏剧家。他也强调人有追求幸福的权利，个人幸福是人生的目的。他的早期作品以爱情为主题，争取爱情与个性解放是其作品的中心旨趣。《罗密欧与朱丽叶》的悲剧将这一主题展现得淋漓尽致，这一戏剧旨在向人们宣示，只有在爱情中才有生命的意义与价值，爱情就是人生的最高价值。而世俗的荣耀，家族的利益往往是惨杀人的尊严与价值的刽子手。人生最宝贵的爱情之所以会被家族的利益和世俗的偏见所扼杀，就在于整个世界没有意识到爱情所具有的宝贵价值，同时，也表明人们还没有摆脱偏见与世俗权力（封建权力）的压迫，因此说，爱情与自由都是莎士比亚戏剧的主题。其次，莎士比亚强调人的尊严是平等的。他说："人是多么了不起的一件作品！理性是多么高贵，力量是多么无穷！仪表和举止是多么端正、多么出色，论行动，多么像天使！论了解，多么像天神！宇宙的精华，万物的灵长！"① 文艺复兴时期的文学家、艺术家和思想家们在当时的时代背景下，试图在神权面前争人权，争人的尊严，然而，他们往往通过凸显人的感性存在的意义与价值来诉说。因此，在他们看来，人的尊严不在于与肉体对立的精神之中，而在于与精神不可分离的肉体生命之中。达·芬奇说："灵魂想要住在肉体里，因为如果没有肉体的各部分，灵魂就不能动作，也不能感觉。"② 因此，在他们看来，作为精神载体的肉体是不可能被贬低的。达·芬奇还对那些宣扬基督教肉体与精神对立的人们批评道："你这个人从我们这些劳动成果看到大自然的神奇的作品，如果你认为把这些作品毁掉就是一种残暴的行为，那么就请你想一想，杀害人命就是一种远较残暴的行为。因为你应该想到，不管这样组合起来的东西是多么神奇精妙，比起住在这种构造内部的那灵魂来，毕竟是渺乎其小的。说实话，不管这是什么，这是一种神圣的东西，它出于自愿地住在它的作品里，不愿让你的狂怒或恶意把这种生命毁灭掉，说实话，谁若是不珍重这种生活就不配享有这种生命。"③ 达·芬奇不仅以他不朽的

① ［英国］莎士比亚：《哈姆雷特》，转引自周辅成编《从文艺复兴到十九世纪资产阶级文学家艺术家有关人道主义人性论言论选辑》，商务印书馆1971年版，第58页。

② ［意大利］达·芬奇：《笔记》，转引自周辅成编《从文艺复兴到十九世纪资产阶级文学家艺术家有关人道主义人性论言论选辑》，商务印书馆1971年版，第21页。

③ ［意大利］达·芬奇：《笔记》，转引自周辅成编《从文艺复兴到十九世纪资产阶级文学家艺术家有关人道主义人性论言论选辑》，商务印书馆1971年版，第22—23页。

天才画笔为人类留下了宝贵的精神财富——伟大的名画作，而且他那深邃的思考反映出他在思想上是那个时代的产儿。当然，我们更可以说，正是他对人性的深刻思考使他的作品得以展现出那样深刻的人性内涵。大雕塑家米开朗基罗的雕塑《摩西》以天才的构思刻画了《圣经》中的传奇人物摩西。他对人的力量、威严与尊严的刻画，使任何能够见到其作品或甚至是作品照片的人都为之震撼。可以说，文艺复兴时期的文学家、艺术家们通过自己的作品，重新确立了人的尊严，人的感性存在的尊严。

概言之，在文艺复兴时期，一方面，有像皮科那样的思想家们，以“借神颂人”的方式为人争得专属人的尊严和地位，另一方面，也有一些文学家、艺术家和思想家们认为，人的尊严并不在于其精神飞升到天国。相反，人的感性存在的躯体就是世间最美的事物，就体现了人的尊严、高贵、力与美。总之，文艺复兴是西方价值观重构的历史时期。思想家们突破了中世纪基督教所宣扬的以上帝为中心的价值观和尊严观，他们以人道来对抗神道，以人文主义、人道主义为中心，宣扬人的价值、人的权利与人的尊严。最终将人的尊严确立在具有丰富内涵的人性之上。

第二节　文艺复兴以来的自由精神

文艺复兴时期的文学家、艺术家和思想家们关于人的尊严的观点，尤其是早期关于人的尊严的思想，是通过与神权争人权、与上帝的尊严争人的尊严中体现出来的。文艺复兴后期或文艺复兴之后，仍然有人在上帝的观照下谈论尊严问题，但更多的是通过对自由和理性的歌颂凸显人的尊严。启蒙运动是继文艺复兴之后的又一场思想解放运动。思想家们从不同角度对自由和理性的探讨丰富和深化了人们对自身和社会的理解。虽然这一时期直接讨论人的尊严问题的思想家不多，但他们对人的本质的更深刻的理解却在无形中推进和深化了人们对尊严的理解。康德的尊严思想就是在启蒙思想的大背景下形成的，其中以卢梭的影响最大。因此，在这一小节，我们将分两部分来讨论这一时期的思想背景，第一部分讨论卢梭之前的启蒙思想，第二部分专门讨论卢梭自由和平等思想对康德尊严思想的影响。

一 卢梭之前的启蒙思想

笛卡尔（1593—1650）是近代哲学的开启者。他的著名命题“我思故我在”是其哲学的原点，也是整个近代哲学的出发点或中心点。即因为我思，所以我存在；思想若停止，存在也就停止了。我思原点的确立，在于笛卡尔将我的存在直接诉诸于我的思想活动，即我的存在并不是依赖于他人，并非是他人决定我的存在，而是我自己的思维决定了我的存在。因此，这就从原点上否定了上帝对我的存在的决定意义。其次，“我思故我在”也说明了我的存在从本性上看是一个自由的本体，即不是由外在的存在来规定我的存在，而是我自己的思维规定了我的存在。笛卡尔的这一思想在帕斯卡[①]那里得到进一步的拓展。帕斯卡认为，人的尊严在于思想和理性。他说：“在已经证明了人的卑贱和伟大之后——现在就让人尊重自己的价值吧。让他热爱自己吧，因为在他身上有一种足以美好的天性；可是让他不要因此也爱自己身上的卑贱。”[②]人的伟大也就是人的尊严，那么，这种伟大或尊严何在呢？帕斯卡指出，是人的思想。他说：“思想——人的全部尊严就在于思想。因此，思想由于它的本性，就是一种可惊叹的、无与伦比的东西。”[③] 与伟大相对照的是人的脆弱性，人虽然是脆弱的，但却因为思想而变得伟大。帕斯卡说：“人只不过是一根苇草，是自然界最脆弱的东西；但他是一根能思想的苇草。用不着整个宇宙都拿起武器来才能毁灭他：一口气、一滴水就足以致他死命了。然而，纵使宇宙毁灭了他，人却仍然要比致他死命的东西更高贵得多；因为他知道自己要死亡，以及宇宙对他所具有的优势。而宇宙对此却一无所知。因而，我们的全部尊严在于思想。”[④] 帕斯卡将笛卡尔“我思故我在”的思想进一步拓展，得出了人的尊严在于思想的结论。实际上，这一观点与古希腊传统理性主义所主张的理性是人的本质的观点是一脉相承的。斯宾诺莎（1632 - 1677）

---

① 十七世纪法国的科学家、思想家帕斯卡（Blaise Pascal，1623—1662）。何兆武先生将其译为帕斯卡尔，学界较为常用的译语则是帕斯卡，因此，我们在正文中讨论时采用“帕斯卡”，在脚注中提到何兆武先生的译著《思想录》时依然忠实于“帕斯卡尔”的译名。

② ［法］帕斯卡尔：《思想录》，何兆武译，商务印书馆 1985 年版，第 182 页。

③ 同上书，第 164 页。

④ ［法］帕斯卡尔：《思想录》，何兆武译，商务印书馆 1985 年版，第 158 页。

也强调人的理性，强调人的思想。思想也就是人的理性能力，人的思维活动也就是人的理性活动。强调“我思”，也就是强调人的理性。斯宾诺莎说：“自由人，亦即纯理性的指导而生活的人……他不受畏死的恐惧情绪所支配……他要求根据寻求自己的利益的原则，去行动、生活，并保持自己的存在。所以他绝少想到死，而他的智慧乃是生的沉思。”①他还说：“我曾说只依照理性的指导的人是自由的，所以一个生来就自由并能保持其自由的人，只会具有正确的观念。”② 斯宾诺莎非常熟悉笛卡尔的哲学，他于1663年出版过《笛卡尔哲学原理》。从理性的存在到自由的存在，在概念上是内在相通的。麦金太尔指出：“斯宾诺莎是第一个这样的哲学家，他将两个概念置于伦理学的中心位置，这两个概念表达了现代社会的颇具特色的新价值观，即自由和理性。”③

文艺复兴以来的另一个突出的主题是个人概念。如前所述，文艺复兴时期对人的尊严的强调也体现在对作为感性的人的权利、价值与尊严的强调。经过几百年的发展，个人观念更为成熟。麦金太尔指出：“我已经提到，在此前的那个时期，‘个人’这一概念变得愈来愈重要。个人已在舞台上叱咤风云了。《鲁宾逊漂流记》成了包括卢梭和亚当·斯密在内的那一代人的圣经。这部小说强调个人的经验及其价值，将成为主要的文学形式。社会生活实质上将成为个人意志斗争与冲突的场所。所有这些个人的始祖可能是密尔顿④的撒旦，撒旦说服布莱克参加了魔鬼党，人们把撒旦看作是第一个辉格党党员。撒旦的箴言，‘不做奴隶’，不仅意味着是个人对上帝的反叛，而且意味着对命中注定的和不能变更的等级制度观念的反叛。撒旦的复杂性和重要性在于，他不得不摈弃，但又不能摈弃这种等级制度；侍奉上帝的唯一替代物是君主政体；但君主政体必然包含着反叛所摈弃的等级制度。”⑤ 因此，当个人逐渐成为社会舞台的中心时也就意味着自由成为了这个时代的最强音。史学家们指出，个人成为社会舞台的中心是传统与现代的一个重要区

① ［荷兰］斯宾诺莎：《伦理学》，贺麟译，商务印书馆1983年版，第222页。

② 同上。

③ ［美］麦金太尔：《伦理学简史》，龚群译，商务印书馆2003年版，第200页。

④ 密尔顿：（Milton，1608—1674），英国诗人，政治家，拥护共和政体，主张主权在民。撒旦为密尔顿《失乐园》中反叛上帝的英雄。

⑤ ［美］麦金太尔：《伦理学简史》，龚群译，商务印书馆2003年版，第207—208页。

别。现代个人观念的出现，一方面是因为资本主义新经济秩序的产生和文艺复兴对人的充分肯定已经将个人推到了历史的前台；另一方面，宗教改革运动对于现代个人观念的出现也起了重要作用。路德全凭自己的信仰和内心信念的力量来对抗整个罗马教廷。1517 年 10 月 31 日，路德宣布《95 条论纲》，将罗马教皇以及整个罗马教廷押上历史审判台。因此，有人认为，现代性就诞生于这一天。在路德看来，作为一个基督徒的自由就在于自己内心有信，即对上帝的信仰，而不是依靠和仰仗教会的权威。路德说："这个信既然在里面的人之内作主，如同《罗马书》十章所说，'心里相信就可以称义'；而且又只有信可使人称义，这一里面的人就显然不能因什么外表的行为或其他方法得称为义、得自由、得救。"① 人们评论道："马丁·路德尽管并不是一个自由主义者，甚至在他的晚年还一再的表现出反自由的强烈意识。然而，在他的宗教改革中，因信称义被人们真正的接受起来。所谓因信称义就是内心真诚，不论外在形式，只要内心信仰上帝，无论具体的外在特征都可以得到上帝的救赎。在内心真诚的基础上，西方政治思想开始进入自由主义时代。"② 由此可见，路德以来的西方思想家们对个人观念的理解离不开对自由概念的思考，事实上，这也是从不同视角对人的尊严的思考。

文艺复兴以来，思想家们在高扬自由和理性的同时还将其运用到社会制度层面，其实质就是在探索实现和维护人的尊严的途径。从霍布斯开始，这一时期的思想家们不是以君权神授，而是以人的眼光来看待国家。霍布斯通过自然法的契约论，提出了建构国家的契约论，即，由于人们的契约同意才有了国家政府，因此，国家权力的合法性就在于人民的同意。人民同意建立政府是因为所有立约者希望通过建立一个至上的权力机构而结束自然状态下的战争状态，从而确保人民自己生命财产的安全。不过，霍布斯理论的内在矛盾使他没有将自己的理论贯穿到底。霍布斯认为，当人民立约把相关权利转让给了一个至上的权威之后就不能收回，即使是那个至上的权威者要他们的生命，他们也不能反抗。因为臣民相互之间订立契约将权力交付给了主权者，而主权者并没有与臣

---

① ［德］路德：《马丁·路德文选》，中国社会科学出版社 2003 年版，第 5 页。

② 转引自"马丁·路德"词条，《百度百科》网页 http：//baike. baidu. com/link？url = zyji_Ik1APt7fECOvRYcCv21_TIK7 - fSG4SwIRfdROu8vfdEHZFaIDWZHuF8vAfmqAgY0WXQMHn1Ku - t9JQxq。

民订约，因此，主权者便不存在违反信约的问题。但他的臣民不能以取消主权为借口解除对他的服从。由此，臣民对于主权者有绝对服从的义务，而“如果主人由于他拒绝服从而杀死他，或以刑具锁禁起来，或以其他方式加以惩罚，这一切也都是由他自己授权的，不能控告主人侵害了他”①。在一个国家中，臣民可以而且往往根据主权者的命令被处死，即使他是一个无辜者，而主权者也不会因此而被视为做了不义之事。显然，霍布斯的国家理论走到了他的逻辑起点——保全生命——的反面，该理论也由于其自身的内在矛盾而不攻自破了。尽管如此，霍布斯的契约论开启了理解人类社会的一种新模式。洛克正是以契约论来解释国家起源的出色代表。洛克同意霍布斯的理论假设，认为在人类的政治社会之前有一个自然状态。洛克认为，如果不是为了保护人的生命、权利和财产，那些同意进入政治社会的人就不会舍弃自然状态的自由而加入社会并甘愿受其约束。他说：“对于一个专制君主的臣民或不如说是奴隶来说，只有这个可悲的区别：在通常的自然状态中，他享有判断自己权利并尽力加以维护的自由，而现在呢，当他的财产受到他的君主的意志和命令的侵犯时，他非但不像处在社会中的人们所应享有的那样享有申诉的权力，而且，好像他已从理性动物的共同状态中贬降下去似的，被剥夺了裁判或保卫他的权利的自由。”② 在洛克看来，为了保障人人与生俱来的自由与权利，人们通过契约进入政治社会，但这并不意味着人们就因此而放弃了保护自己的权利。如果经过人民授权的政府不能保护人民，人民有理由推翻他们，重新授权。他说：“作为被胁迫受制于一个政府的人们的权利，使自己从人们用武力强加于他们的篡夺或暴政中解放出来，直到他们的统治者使他们处在他们自愿自择地同意的政治机构之下为止。”③ 在洛克看来，政府的合法性来自于人民的授权，而那些未能保护人民自由和权利的政府则因此丧失了合法性。洛克将人民权利放在政治合法性的基础性地位上，正是在这一意义上，他被视为自由主义的始祖。也正是从洛克开始，自由成为政治哲学的中心话题，倘若失去了自由，尊严则无从谈起。

---

① ［英］霍布斯：《利维坦》，黎思复等译，商务印书馆 1986 年版，第 157 页。

② ［英］洛克：《政府论》下篇，叶启芳、瞿菊农译，商务印书馆 1986 年版，第 56 页。

③ ［英］洛克：《政府论》下篇，叶启芳、瞿菊农译，商务印书馆 1986 年版，第 117 页。

欧洲18世纪是一个启蒙的世纪，启蒙时代的原则和观念成为人类文明中永久的遗产。鲁道夫·菲尔豪斯说："'启蒙'这个术语是人们经常以一种广泛的、不精确的方式使用乃至滥用的一个术语，即使它的信徒们一再加以声明。从历史上说，'启蒙'规划一场具有实践意义的思想和道德运动……我们之所以还把十八世纪称之为'启蒙的时代'，是因为在它的整个进程中某些原则，某种特殊的思想的论证方法成为欧洲文明的一个永恒部分，而且即使存在着各种各样的反潮流，那些东西在'启蒙'这个术语下仍然延续到我们自己的时代。"① 启蒙针对蒙昧而言，启蒙运动的矛头指向封建的和君主神权的专制主义。鲁道夫·菲尔豪斯说："在其社会构成和社会政治纲领上，启蒙运动压倒性地是一场'中产阶级'的运动，它把矛头指向封建领主的特权社会，指向君主神权的专制主义。"② 反专制主义就是追求自由，可以说，启蒙运动就是以追求自由为中心的运动。在启蒙运动的热潮中爆发的法国大革命，就是以自由和平等为核心理念的大革命，而平等之所以重要就在于没有平等也就没有自由。

法国启蒙思想家伏尔泰（Voltaire，1694—1778）认为，他那个时代是一个理性日益成熟的时代。伏尔泰说："我们正生活在一个理性日益成为王公大人的宫殿和公民、商人的小店中的常客的时代。这种进步是不可抗拒的；理性的果实将会完全成熟。对往昔的尊崇决不应妨碍我们去摘取这些果实。因为精神世界的一条根本规律是，只有我们每天都重新创造这一世界，它才能存在和持续。'以往各个时代仿佛从未存在超额完成。必须永远从人们已站立于其上的、从各民族已达到的高度出发。"③ 在此，伏尔泰时确地指出了这一时代的精神趋向。理性的时代也就是运用理性进行批判的时代，启蒙的方法就是进行理性的批判。理性既是启蒙的口号，也是启蒙的工具，只有敢于运用理性才能真正实现启蒙。伏尔泰激烈地批判了基督教教会和法国的封建专制制度。在他看来，教会的职业就在于把诚实的人变成恶棍，而他们自己则习惯于撒

① ［德］鲁道夫·菲尔豪斯：《进步：观念、怀疑论和批评——启蒙运动的遗产》，参见［美］詹姆斯·施密特编《启蒙运动与现代性》，上海人民出版社2005年版，第346页。

② ［美］詹姆斯·施密特编：《启蒙运动与现代性》，上海人民出版社2005年版，第346页。

③ ［德］卡西尔：《启蒙哲学》，顾伟铭译，山东人民出版社1996年版，第163页。

谎。专制制度的不平等使人不成为人。伏尔泰反对奥古斯丁将自由意志理解为使人堕落的因素。他说："自由只是、并且只能是做人想做的事的能力。"① 同时，伏尔泰还强调了平等的观念，他说："一切享有各种天然能力的人，显然都是平等的；当他们发挥各种动物机能的时候，以及运用他们的理智的时候，他们是平等的。"② 在伏尔泰看来，人与人的从属性是人类灾难的根源。他说："使一个人从属于另一个人的，是与我们人类分不开的贫困：真正的不幸并不是不平等，而是从属。这一个人称为皇上，那一个人称为圣上，并没有多大关系，难以忍受的却是服待这个人或那个人。"③ 一部人对另一部分人的从属性使一部人失去尊严，而这种从属就来源于人与人之间的不平等。伏尔泰不仅持有一般哲学意义上的自由概念，而且在政治意义上，提出自由与人权概念不可分割的内在联系。他说："自由实际上意味着什么呢？意味着认识人权，因为认识人权就是捍卫人权。"④ 卡西尔认为，伏尔泰关于自由与人权的思想犹如释发出一股思潮，在法国大革命的文献中产生了不可抗拒的影响。卡西尔说："人们普遍认为，只有宣告不可转让的权利、宣告人身安全、财产享受自由权、法律面前人人平等权、所有公民参与政府事务权、才能迈向自由的第一步，并真正在思想上形成新的国家秩序。"⑤ 我们认为，卡西尔对伏尔泰自由思想的评价有些过高，因为他自己也说到，伏尔泰作为一个以自由为论题的理论哲学家和形而上学家，他的言论是不充分、不明确、甚至是不一贯的。⑥ 卢梭关于自由与平等的讨论对于法国大革命以及后来的思想家们包括康德在内，都具有不可磨灭的影响。在康德那里，自由和平等是其道德哲学的核心，康德将尊严的根据严格地追溯到自律概念上，并主张人人平等享有尊严，这一思想深受卢梭思想的影响。

---

① ［法］伏尔泰：《论人》，见周辅成编《从文艺复兴到十九世纪资产阶级哲学有政治思想家有关人道主义人性论言论选辑》，商务印书馆 1966 年版，第 363 页。

② ［法］伏尔泰：《平等》，见周辅成编《从文艺复兴到十九世纪资产阶级哲学有政治思想家有关人道主义人性论言论选辑》，商务印书馆 1966 年版，第 372 页。

③ 同上书，第 273 页。

④ 转引自［德］卡西尔《启蒙哲学》，顾伟铭译，山东人民出版社 1996 年版，第 245 页。

⑤ ［德］卡西尔：《启蒙哲学》，顾伟铭译，山东人民出版社 1996 年版，第 245 页。

⑥ ［德］卡西尔：《启蒙哲学》，顾伟铭译，山东人民出版社 1996 年版，第 245 页。

二　卢梭的自由思想

康德的尊严思想是在启蒙思想的大背景下形成的，其中以卢梭的影响最大。卢梭对康德的影响主要表现在两个方面：强调自由和追求平等。卢梭在《社会契约论》中说道："如果我们努力探索全体人民的最大幸福——这是一切立法体系的最终目的——究竟是什么，那么，我们将发现它可以归结为两个主要的目标，即自由和平等。为什么要自由？这是因为一个人如果依附于他人了，则国家共同体就会少去这个人的力量。为什么要平等？这是因为没有平等，自由就不可能存在。"① 由此可见，在卢梭看来，自由和平等是紧密联系的。康德尊严思想的第一个特色是将尊严的根据严格地追溯到自律概念上，而他对自律的理解则得益于卢梭的自由思想；第二个特点是在对待人的尊严的问题上，康德坚持绝对的平等主义，这一观点也显然深受卢梭平等思想的影响。

同近代以来的很多哲学家一样，卢梭主张自由是人的天性，"自由主动者的资格"是将人和动物区别开来的主要特点。自然支配一切动物，动物只能服从；人虽然也受自然的支配，但人有反抗和服从的自由且能意识到这一点，这正是人的本质、尊严和价值之所在。他说："放弃自己的自由，就是放弃自己做人的资格，就是放弃做人的权利，甚至就是放弃自己的义务。对于一个放弃一切的人来说，是无须给予什么补偿的。这样一种放弃，是同人的天性不相容的。剥夺了一个人行使自己意志的自由，就等于是剥夺了他的行为的道德性。"② 在卢梭看来，自由是一个人与生俱来的本质规定，是人之为人的根本特性，是人的一切社会行为和社会属性的出发点。剥夺了人的自由也就剥夺了人之存在的道德性。由此可见，自由构成了卢梭哲学思想的核心。

在《社会契约论》中，卢梭提出了三种自由：天然的自由、政治（社会或公民）的自由和道德的自由。天然的自由是人在自然状态下享有的自由，这也是卢梭在《论人类不平等的起源和基础》一书中所强调的。在这种状态下，他们拥有着"企图取得和能够取得的一切东西的

① ［法］卢梭：《社会契约论》，李平沤译，商务印书馆2011年版，第58页。

② 同上书，第12—13页

无限权利”。[①] 天然的自由以个人的体力为界限，人们按照自己的强力或最先占有权而拥有财产，这种自由并不暗含彼此之间的义务。当人们从自然状态进入社会状态之后，他们便丧失了这种天然的自由。卢梭在《论人类不平等的起源与基础》中指出，人类进入社会状态实际上是进入了不平等的状态，也就是使人们失去自由的状态。在《社会契约论》中，卢梭则直接从自然状态过渡到契约条件下的政治社会状态，即自由状态。实际上，在讨论由契约所建构的政治社会之前，卢梭关于奴隶制的讨论已经暗含了人生而自由，却无往不在枷锁中的思想。在卢梭看来，人们要摆脱不平等社会条件下的奴役与专制就必须建构一个真正自由平等的共同体，这个共同体是为公民们的一致同意而结成的，只有在这种状态下，才有公民的社会自由，或政治自由。与这种政治自由相联系的权利不再是依靠强力获得，而是根据个人的身份合法拥有的，这就暗示了人们彼此之间的义务。个人的社会自由也不再受体力的限制，而是受他人同样的政治自由的限制。除此之外，卢梭认为，人们在社会状态中还获得了另一种自由——道德的自由，借此，人才真正成为了自己的主人。进一步来讲，道德的自由就是指人们主动服从自己为自己制定的法律。在卢梭看来，道德的自由是公民政治自由的内在保障。如果没有道德自由，也就不可能真正实现政治自由。由此可见，卢梭对于人类社会有着这样一个进步发展的图景构想：自然人（拥有天然自由与平等）——社会人（不平等社会中失去平等与自由）——政治人（在平等的共同体中，通过政治自由与道德自由实现真正的人类自由）。卢梭关于自由的这三种状态在康德哲学中都能找到相应的表述，它们分别是：野蛮的自由（自由的偏好）、外在自由和道德自律（道德自由）。在此，我们主要讨论后两种自由，因为它们与康德尊严思想的关系更为紧密。

在卢梭看来，政治自由与道德自由都与公意[②]相关。因此，我们先

---

① 卢梭：《社会契约论》，李平沤译，商务印书馆 2011 年版，第 24 页

② “公意”概念并非卢梭首创，早在中世纪，奥古斯丁就认为，公意是被上帝的爱所指引的所有人的共同意志。西班牙神学家和哲学家苏亚雷斯（Suarez, Francisco）在他的《形而上学论文集》（1597）一书中认为共同体中的公意具有立法的权利。斯宾诺莎认为，理想的国家就是服从理性命令的意志所治理的国家。狄德罗将公意世俗化，在他看来，公意总是好的，因此，个人必须诉诸于公意才能知道如何成为一个人、一个公民、一个臣民、一个父亲等以及自己生死的适当时机。

来分析一下公意的概念。公意是一种理性的意志，它使人在受偏好刺激的时候也能够听从理性的指导，因此，它也就是内在于每个人心中的“善良意志”，是不可摧毁、不可改变的。公意的实质就是每个人善良意志的集合，就是人的良心。卢梭对良心大加赞誉，他认为，良心是人与生俱来的、最纯粹的美德，其他一切社会美德都从这个品质中派生出来。[①] 在社会状态下，良心可能处于沉睡状态，但绝不可能被摧毁，它是人格的属性。然而，卢梭并没有进一步追溯良心的本质，在此，良心更多的带有一种情感的和直觉的色彩。康德继承并发展了卢梭的这一思想，他在《道德形而上学》中专门对良心做了分析。事实上，在康德那里，良心就是内在于人心的纯粹实践理性，这是人先天具有的。将卢梭的公意、良心概念和康德的纯粹实践理性的概念结合起来能够帮助我们更好地理解卢梭的自由思想。在卢梭看来，公意是每个人内在的最崇高的部分，其实质就是内在于每个人的良心，而良心对于每个人而言都是相同的，那么，公意就必然体现所有人的意愿。它来自于所有公民，同时也适用于所有公民，以公共的福利为宗旨，因此，公意永远都是公正的。然而，我们却不能由此推论，人民的意见也永远是公正的。因为“每个人都希望得到幸福，但总是不知道如何得到幸福。人民永远不会被败坏，但人民往往会受欺骗”[②]。

政治自由是人进入社会状态后享有的自由。由于在社会状态下，个人不再是孤立的个体，彼此的交往必然会导致自由的相互限制，因此政

① 卢梭在《论人与人之间不平等的起源和基础》一文中对良心称赞道：“人天生就有一种不愿意看见自己同类受苦的厌恶心理，使他不至于过于为了谋求自己的幸福而损害他人，因而可以在某种情况下克制他的强烈的自尊心，或者在自尊心产生之前克制他的自爱心。我认为这是人类唯一具有的天然的美德……我认为怜悯心是我们这样柔弱和最容易遭受苦难折磨的人最应具备的禀性，是最普遍的和最有用的美德；人类在开始运用头脑思考以前就有怜悯心了；它是那样的合乎自然，甚至动物有时候也有明显的怜悯之心的表现。……曼德维尔已经很清楚地认识到：如果大自然不赋予人类以怜悯心来支持他的理性，那么，人类尽管有种种美德，也终归会成为怪物。但是，曼德维尔没有看到的是，人类的种种社会美德（曼德维尔否认人类有这种美德）全都是从这个品质中派生出来的。”卢梭：《论人与人之间不平等的起因和基础》，李平沤译，商务印书馆 2007 年版，第 73 页。“在自然状态下，怜悯心不仅可以代替法律、良风美俗和道德，而且还有这样一个优点：它能让每一个人都不可能对它温柔的声音充耳不闻。它能使每一个身强力壮的野蛮人宁可到别处去寻找食物，也不去抢夺身体柔弱的孩子或老人费了许多辛苦才获得的东西。”卢梭：《论人与人之间不平等的起因和基础》，李平沤译，商务印书馆 2007 年版，第 75 页。

② 卢梭：《社会契约论》，李平沤译，商务印书馆 2011 年版，第 32 页。

治自由便以他人同样的自由为限。在卢梭看来，公意与政治自由是一致的。因为，国家的任务就是保护人的政治自由，而国家成立的条件又是公意，那么在社会状态下，人只要遵循公意就能够获得政治自由。换句话说，公意正是公民之政治自由的集中体现。卢梭确信，服从公意能够确保人们获得他们的真正利益。公意保证公民享有平等的自由，这种平等的自由暗示了个人的自由需以他人的自由为限制，即每个人的自由是相容的，这也就确保了每个人的意志不屈从于他人的意志。

最为重要的是，卢梭在天然的自由和政治自由之外还强调道德的自由。真正说来，道德的自由才是人的自由本质，借此，人才能真正成为自己的主人。他说："只有这种自由才能使人真正成为他自己的主人，因为，单有贪欲的冲动，那是奴隶的表现，服从人们为自己所制定的法律，才能自由。"① 一个自由的存在者必须超越自身感性冲动的束缚，进而为自己进行道德的立法。卢梭认为，道德自由可以在社会状态下实现。事实上，道德自由的实现就是理想的"公意"的贯彻。道德自由如自然的独立一般，完全取决于人们自身，就此而言，人与人都是平等的。然而，人在进入社会状态后就失去了那种自然的独立，取而代之的是道德的力量，而这种力量就是人民自我立法的力量。当全体公民都将这一力量运用到参与立法中时，理想的公意也便得以实现。个人服从公意也就是在服从自己的意志。自由产生于人们之间的相互关系，在卢梭看来，只有在公民通过自愿订立契约而结合的共同体中才有政治自由；而政治自由的实现还有赖于公民以自己的理性来服从公意，即有道德的自由才可真正实现政治自由。与社会政治自由相比，道德的自由是相对内在的自由，尽管卢梭始终还是将这种内在的道德自由限制在社会政治生活中。简言之，卢梭的道德自由就是"对所有任意的克服和清除，同时又是对自己所立的严格的、不容侵犯的法律的服从"②。康德的自律概念正是源自卢梭的这一启发。贝克指出了卢梭与康德在这一问题上的联系。他认为，卢梭在政治上看到自由与法律（法则）之间的本质联系，主张自由就在于服从自己制定的法律，而同时代的其他人则将法则

---

① 卢梭：《社会契约论》，李平沤译，商务印书馆 2011 年版，第 25 页。

② 转引自 Alexander Kaufman，"Reason，Self – Legislation and Legitimacy：Conceptions of Freedom in the Political Thought of Rousseau and Kant"，*The Review of Politics*，p. 34。

仅仅视为对自由的限制。卢梭关于公民自我立法的学说被康德转化为道德的、形而上学的自律学说。[①]

康德坚持了卢梭的观点“唯有服从人们自己为自己所规定的法律，才是自由。”[②] 康德认为，自律是意志的一种属性，借此，它可以独立于一切外来原因的规定。卢梭和康德都将自由奠定在自我立法的能力上。卢梭虽然认为自由要求自我立法，但自我立法并不必然地排除诸如偏好之类的外因。换句话说，道德的自由与偏好是相容的，而只有在偏好单独成为规定行为的原因时才与自由相悖。真正说来，康德的自律概念与卢梭的思想是一脉相承的，自律在康德那里也并非与偏好水火不相容。相反，有些学者在误解康德自律学说的前提下将其视为卢梭与康德自由思想的区别。[③] 康德与卢梭都认为自律只能通过自立法来实现，区别只在于：卢梭将这种自立法的道德自由运用于社会政治领域，因此真正说来还是外在的自由，而康德则将其内化为一种个人内在的先天能力，并进一步将其确立为尊严的根据。

由此观之，卢梭虽然也强调自由是人之尊严的基础，但他重点讨论的是政治领域的、外在的自由，而没有对自由本身及其与道德性的内在关系进行探讨。康德接过这一任务，将自由确立为道德的基础、尊严的根据，进一步来说，自由甚至就是道德本身。由此，人类的使命就在于使自己不完善的意志上升到一种纯粹的、道德的、善良的意志，进而彰显人的尊严。

追求平等是卢梭自由思想的又一重要特征，他在讴歌自然状态的基础上，对现实社会中的不平等现象进行了鞭辟入里的分析和批判。卢梭认为，自然状态下的人们是绝对平等的，这种平等是与人的自由本质相一致的“应然”的关系。现实的不平等是人们在走向文明化的过程中对自然状态下人之自由和平等的腐蚀，对“本真的人”的背离，是应该被否定的。卢梭的平等观深刻地影响了康德，正因此，康德在如何对待人的尊严的问题上坚持严格主义的立场，即每个人的尊严都是绝对平

---

① 参见 Beck, Lewis White, *A commentary on Kant's Critique of practical reason*, University of Chicago Press, 1963, p. 200。

② 卢梭：《社会契约论》，李平沤译，商务印书馆 2011 年版，第 25 页。

③ 如卡西尔认为，卢梭并没有像康德那样主张自由必须单独地基于理性。参见卡西尔《卢梭·康德·歌德》，刘东译，生活·读书·新知三联书店 1992 年版。

等的。与卢梭一样，康德并非没有意识到现实尊严的差异性，他将这种差异视为一种“异化”或扭曲。追根溯源，问题在于，在现实生活中人们并未将尊严的根据牢牢奠定在自律之上，而是将其与诸如名誉、德性、个人成就等具有相对价值的品质联系在一起。而人们在这些方面的差距则是由科学和技术带来的，是文明化的副产品，是人类应该克服的。

首先，我们来看卢梭对自然状态的描述。在自然状态下，人们彼此之间都是绝对孤立的，这是一种自然的独立性。人们的欲望仅限于维持生存所需的食物和本能的性欲，这些欲望与他们的能力之间没有太大的差距，因此很容易满足。“他只能感知他真正的需要，他只注意与他有关的事物；他的虚荣心不发达，他的智慧也不发达。”[①] 自然状态下的人们不需要通过交往来相互满足其需要，因此也不会出现比较的观念，卢梭说：“建立在才能和容貌等观念上的这种感情，野蛮人[②]是没有的；他们也不会把这个对象与另一个对象进行比较。”[③] 卢梭对自然状态的讴歌引起了当时很多哲学家的批评，他们纷纷指责卢梭的倒退思想，[④] 伏尔泰就曾尖酸辛辣地猜疑过卢梭的自然状态。康德则很敏锐地看出了卢梭的用意，他在《人类学演讲》中声称：“完全没有理由把卢梭对那些胆敢放弃自然状态的人类的申斥，看作一种对返回森林之原始状态的赞许。他的著作……其实并没有提出人们应该返回自然状态去，而只认为人们应该从他们目前所达到的水准去回顾它。”[⑤] 康德认为，卢梭的自然状态并非对真实历史的描述，而是作为一条调节性原理，对未来景象的展望。事实上，卢梭的思路是：通过对自然状态的描述寻找不平等现象的根源，在此基础上致力于为现实社会寻找维护人之自由和平等的

---

① 卢梭：《社会契约论》，李平沤译，商务印书馆 2011 年版，第 79 页

② 卢梭将自然状态下的人称为野蛮人。

③ 卢梭：《论人与人之间不平等的起因和基础》，李平沤译，商务印书馆 2007 年版，第 77 页。

④ 事实上，卢梭在《论人与人之间不平等的起源和基础》时就曾明确说道：“切莫把我们在这个问题上阐述的论点看作是历史的真实，而只能把它们看作是假设的和有条件的推论，是用来阐明事物的性质，而不是用来陈述它们真实的来源，这和我们的物理学家在宇宙的形成方面每天所作的推论是相似的。”卢梭：《论人与人之间不平等的起因和基础》，李平沤译，商务印书馆 2007 年版，第 47 页。

⑤ 转引自卡西尔：《卢梭·康德·歌德》，刘东译，生活·读书·新知三联书店 1992 年版，第 11 页。

社会制度。

其次，我们来看卢梭对现实之不平等现象的批判。卢梭认为，人类中存在着两种不平等，一种是由于年龄、健康状况、体力、智力或心灵的素质的差异而产生的自然的不平等。另一种是由于习俗和社会制度等产生的精神上或政治上的不平等，表现为在富有、尊荣、权势等方面的差异。① 前一种差别是不可避免的，然而，卢梭却进一步指出，在社会状态下，即便是这种自然的不平等也会受到社会和政治制度的影响。他说："在区分人的那些差别中，有些被看作是自然的差别，实际上乃纯粹是由人们在社会中养成的习惯和采取的各种生活方式造成的……教育不仅使受过教育的人与没有受过教育的人之间产生差别，而且还随着教育的程度的不同，使前一种人内部的差别也将随之扩大。……自然状态下的人与人之间的差别，比社会状态下的人与人之间的差别小得多，同时也可以看出：自然的不平等将因人的教育程度的不平等而扩大。"②

人们在进入社会状态后需要交往，而在交往过程中就必然会出现比较。当人有了比较的概念，懂得在两个事物之间进行比较时就产生了获得对他人之优越性的欲望，这种欲望一方面有助于人发挥自身潜能、自我完善；另一方面也造成了社会的不平等，因为，一个人要想获得那种优越性就必然会利用一切便利条件，提升自己的身份和地位。由此，"人与人之间就不可避免地会出现威望和权力的不平等……这些差异有好几种，但通常是财富、身份或地位、权势和个人的才能这四者是主要的差异。人们根据这些差异来衡量自己在社会中的地位"③。在比较了野蛮人和文明人的生活状况之后，卢梭说："所有一切差别的真正原因在于：野蛮人自己过自己的生活，而终日惶惶不安的文明人的生活价值，是看别人的评论而定，这就是说，他对自己的生活的感受，是以别人的看法作自己看法的依据的。"④ 自尊心就是在社会状态下产生的一种人为的情感，它促使每个人都把自己看得比他人为重，这就导致人们之间相互的斗争。由此可见，现实的不平等是文明化的产物。准确地

① 卢梭：《论人与人之间不平等的起因和基础》，李平沤译，商务印书馆2007年版，第45页。

② 同上书，第80页。

③ 同上书，第114页。

④ 同上书，第119页

讲，卢梭所指的正是当时社会的私有制制度。他说："谁第一个把一块土地圈起来并想到说：这是我的，并且找到了一些头脑简单的人居然相信了他的话，谁就是文明社会的真正奠基者。"① 正是私欲导致了种种不平等和罪恶的产生。

在描绘了自然状态，分析了不平等的起源后，卢梭在他的成熟著作《社会契约论》中试图建立一种能够真正维护人的自由和平等的社会制度。他认为，真正体现公意的社会制度能够保证人们的自由和平等。他说："只有公意才能按照国家成立的目的即共同的福祉来指导国家的各种力量。……既然主权是公意的运用，那它就永远是不可转让的……个别意志由于其本性总是倾向于偏私，而公意总是倾向于平等。"② 在卢梭看来，公意能够保证人民平等的自由，健全的法律正是公意的表达。公意是内在于每个人心中的，每个人必然意愿公意，公意的本质就是公正和平等。由此可见，公意事实上是一个理念，社会制度的改革和完善就是不断接近和实现公意的过程。康德在《道德形而上学·法权论》中对外在自由的权利和公共意志的观点可以说是直接得益于卢梭的公意理论。

卢梭对平等的推崇和对现实不平等现象之赤裸裸的批判使康德摆脱了书斋学者的许多成见，使他的思想大众化。康德说："我生性是一个探索者，渴望知识，不断地要前进，有所发明才快乐。曾经，我一度坚信这就是人性的尊严所在，而且我鄙视那些一无所知的人们。卢梭改变了我的这一观点，这种盲目的偏见消失了。我开始学会了尊重人。如果我的哲学不能对他人确立其人性的权利有丝毫帮助的话，我甚至觉得自己的价值还不如普通劳动者。"③ 人们总是倾向于依据出身、财富、荣誉、权力、知识等因素来评价人的价值，康德认为，这些判断无论以什么为根据，都是一些错误的偏见。人人具有平等价值的思想渗透在康德整个伦理思想中，仅此就足以说明，康德的思想在他那个年代并不保守。这种平等性也体现在他的政治学说中，如他认为，公民状态仅仅作

---

① 卢梭：《论人与人之间不平等的起因和基础》，李平沤译，商务印书馆2007年版，第85页。

② 卢梭：《社会契约论》，李平沤译，商务印书馆2011年版，第29页。

③ 转引自Allen W. Wood，*Kant's ethical thought*，Cambridge University Press，1999：5（《康德全集》AK20：44）。

为有法权的状态来看，建立在如下的先天原则之上：1. 社会中作为人的每个成员的自由；2. 社会中作为臣民的每个成员与每个他人的平等；3. 一个共同体中作为公民的每个成员的独立（8：290）。

在继承卢梭思想的基础上，康德发展了他的尊严学说。康德主张，从类的角度来看，人类享有尊严是因为人类拥有区别于动物的自然禀赋，拥有理性能力、自律能力，因此每个人的尊严是平等的。但是从个体来讲，每个人现实的尊严似乎又会有差异，这是因为文化、文明、道德化所导致的人与人之间的不平等。平等是一个理念，但这一理念在个体的人身上是不可能实现的，只有通过人类整体不断地发展和完善自身才能期待最终的实现。康德也看到了现实的不平等，人类要实现自己的规定性就必须运用理性，这就必然导致竞争、对抗，进而形成文化、文明等，而恰恰是这些造成了人们之间现实的不平等。尽管如此，康德认为，创世的目的是人类，确切地说，是人类的道德和自由。创世目的的最终实现必然带来人类的平等，这也是人类努力的方向。不平等是在实现平等的过程中不可避免地带来的。所以，当康德说，人的尊严是平等的，我们应该平等地尊重每个人的尊严时，他是着眼于创世的终极目的的。换句话说，人的尊严应该是平等的，这是一个必要的预设和前提，是一个理性事实。

第二章　尊严与价值

康德被后人称为“尊严大师”，他的尊严思想对现当代的尊严理论产生了多方面的影响。学者们在探讨尊严问题时也总会回到康德，试图从康德那里为自己寻找辩护理由。在研究这一问题时，国内外学者们基本上都意识到一个棘手的问题，那就是“尊严是什么”的问题。在当今社会，人人享有不可侵犯的尊严这一理念已经成为人类文明的共识，尊严概念也已经成为一个核心的价值理念，其地位如日中天。然而，令人尴尬的是，人们在尊严是什么的问题上却始终未能达成共识。当我们再次试图回到“尊严大师”康德那里寻找答案时，却发现，康德也没有赋予尊严一个明确的定义。在《奠基》和《道德形而上学》中，康德多处将尊严与绝对价值或内在价值等量齐观。有学者因此主张，绝对价值或内在价值就是康德对尊严的定义。那么，这种观点是否能站得住脚呢？事实上，尊严与价值的关系可以说是康德哲学中最为扑朔迷离的问题。如何理解康德哲学中的尊严与价值的关系是理解尊严内涵的关键。那么，在康德哲学中，价值究竟处于一个什么样的地位？为了深入探讨康德的尊严观与价值概念的关系，我们首先从中西方两种不同语境中人们对价值概念的理解入手，然后再来集中讨论康德哲学中的尊严与价值的关系。

第一节　理解价值的两种进路

“价值”这一概念是对人类社会生活中广泛存在的与价值相关，或可以以“价值”来称谓的社会现象的概括。从汉语词源上来看，“价值”这一概念是“价”与“值”两个字所组成的名词。与现代汉语中“价值”一词相对应的德语为 Wert、英语为 Value，法语为 Valeue。现代西方语言中的“价值”一词，与拉丁文的vallo、valeo、valus，即“掩盖、保护”和“加固”有渊源关系，“价值”一词是在前述词义的派生意义——“尊敬、敬仰、喜爱”的基础上形成的。德语“Wert”、英语“Value”、“worth”的词义是“可敬的、有价值的、贵重的、受器重的”,① 这是西方语言中“价值”一词的基本含义。另外，在英语中，“value”一词还可以作动词用，表示看重、珍重、尊重之意。

“价值”一词最初是经济用语，其含义就是指物价，如“使用价值”与“价值”。商品的使用价值是指商品的有用性，是具体劳动所创造的。但一件商品，不仅包含着使用价值，还包含着价值。相对于商品的使用价值，价值是由价格反映出来的社会一般劳动或抽象劳动的量。抽象劳动体现的是不同劳动者之间的关系。商品的价值仅从单个商品本身是难以体现出来的，只有通过该商品与另一个商品的关系才能显现。价值是人类抽象劳动的体现，具体劳动生产使用价值。人类社会分工的种类多种多样，其性质也不同，但凝结在商品中的抽象劳动并没有质的区别，只有数量上的差别。抽象劳动所体现的价值通过商品交换而呈现出来，价格围绕价值波动就是这个道理。② 在市场经济条件下，任何一个生产者所生产的产品，最终总要转化为社会一般劳动，成为商品，通过交换才能实现其价值。然而，随着社会文化的发展，“价值”这一概念已经不仅仅是一个经济领域的概念，而是成为人们日常生活以及众多学科领域中广泛使用的基本概念，如宗教意义上的价值、审美价值、以及政治领域里的民主价值等，真、善、美也都可以用价值这一概念来诉说。康德则将价值概念运用到伦理学领域，用绝对价值和内在价值概念来说明人的尊严。在日常生活中，一个主意、一个想法、一个设计、一件物品、一个计划的好坏，都可以用有无价值来称谓。可以说，价值判断已经成为人们日常生活和思维的一个基本方面。当康德谈到尊严时，有两个价值概念是无法绕过的，这就是绝对价值和内在价值的概念。然而，关于什么是价值？什么是绝对价值？什么是内在价值？康德却没有做进一步的解释。因此，我们有必要首先对中西方两种不同语境中的价值概念做一些分析，在此基础上才能更好地探讨康德是在什么意义上运

---

① 参见《马克思恩格斯全集》第26卷Ⅲ，人民出版社1974年版，第327页。

② 因为价格除了价值这一决定因素外，还受市场供求关系的影响。

用价值、绝对价值、内在价值这些概念的。

一 中国语境下的价值概念

在国内价值哲学的语境中，价值是从主客体关系的维度来理解的。我们把价值看成是人与人、人与其他存在物之间发生关系时的一种关系范畴。换言之，某物或某事只有在处于一定的人与人或人与物的关系中时才能被称为有价值或无价值。因此，价值是一种关系范畴，在这种关系中必然存在主体和客体。下面，我们从主体和客体的角度来具体分析。

哲学上的主体概念可从不同层面来把握，从认识论意义上看，主体表明的是认知世界的主体，从实践意义上看，主体表明的是改造世界的主体，即作为认知者和行动者的人。我们还可从伦理学、宗教、审美等意义上来谈论相关的主体，如道德主体。主体是行为的施行者或意志、欲望的发动者，有主动性的行为和意愿；客体是相对于认知者和行动者而言的客观外部世界，是主体的实践对象和认知对象，或是指行为者在行为关系中的行为对象。因此，在价值意义上所谈论的主体是指人在面对不同事物或从事不同的活动时所呈现的主体特征。就人作为多重意义的主体而言，社会世界与自然世界都是主体所面对的客体。自我也可以把自己作为认知和改造的对象，进而将自己看作客体。因此，自然界中存在的事物，人类社会中的各种社会事物以及作为认知者、行动者的自身，都可以是主体的客体。不过，客体不等同于一般的客观存在物。一切客观存在的事物都是可能的、潜在的客体，只有进入人类活动领域的事物才是现实的客体。

就作为主体的人类而言，我们不仅应当看到，人类具有认知能力和行动能力，具有能动性和创造性，而且应当看到人作为人而存在的本质特征，即，人不仅仅是一个理性存在者，而且是一个道德的存在者，具有人性以及人性的尊严。其次，我们应该不仅将个体的人视为主体，同时也要将个人所组成的团体视为主体，即，把由人所形成的集体或团体看成是一种主体。这是因为，人所结成的团体，具有某种行动的一致性，甚至具有团体的意志，如我们所说的民族的意志、阶级的意志等，在这个意义上，团体也就是一种超级的主体。如在阶级社会中两个对立的阶级，奴隶主阶级与奴隶阶级、资产阶级和无产阶级都可看作是相区别的主体。对立的阶级既对立又统一，即每一方的存在以对方的存在为条件，因而是互为主客体的。另外，主客体关系还可建构为自身内在的关系，即各种不同的社会团体、阶层、社会单位、阶级、民族、国家等，都可以把自身作为主客体，形成自身的主客体关系。那么，有没有超出民族国家这样巨型的团体之上的人类主体呢？我们认为，这就是人类全体。人类面对整个外在的自然界，把外在自然界看成认识、改造或适应的客体，形成主客体关系，同时，人类又与自身形成主客体关系。由此可见，从主客体关系的意义上来看，人与人之间，人类社会内部以及人与自然之间存在着非常复杂的主客关系。当然，这里所说的主客关系中的主体只能是人，无论是作为个体的人还是作为团体的人。人与世界构成主客体关系，不在于各自的存在本身，而在于它们之间所发生的认知和实践的关系。其次，这里所说的客体，也不仅仅是指外在的自然世界，也可以指人自身。当我们将自身视为认知和实践的对象时，自我之间的主客体关系也就建构起来了。

需要强调的是，主体与客体以及主体与客体的关系，是指认知与实践关系中相对应的两个对立而又相互依赖的方面或因素。离开了人类的认知与实践活动，这两者的区分也就不存在。因此，不能离开人们的认知与实践活动来谈论具体的主体与客体；同时，主体与客体两者的区分是相对的，是在关系中建构的，即我们不能设想没有主体的客体，也不能设想没有客体的主体。主体实践活动的领域也就是客体存在的领域。没有主体也就无所谓客体，没有客体，主体也不成立。两者既相互对立，又相互联系和相互依存。

讨论主客体关系以及主体之间的关系是我们理解价值概念的前提。这是因为，在我国价值哲学界，价值概念是从主体与客体的关系意义上进行理解的，其中一个核心的概念就是需求。如前所述，在人类的实践活动中，实践中的认知关系和行为活动的关系使得主客体关系成为一种广泛存在的关系。这种关系又怎么与价值相关呢？这里的关键在于，我们要问主体为什么要与客体发生关系？人类的主体是一种需求主体，主体的需要反映的是主体自身的结构和规定性，体现的是主体自身的尺度。主体以自身的尺度进入到主客关系中，使客体对象成为主体所需的客体。客体在主客关系中也不是无作为的。客体对主体的作用体现在，主体不仅要认知把握客体，而且要根据客体自身的规律来对待客体。如客体是一自然物，那人们就应当认知和把握这一自然物的特性，并且以自然物的特性来对待自然物，也就是说，客体内在的属性是人的实践活动的最终依据。自然界对人类需要的满足并非完全像阳光那样无须人类的劳动，而是往往需要通过人类的劳动生产才能成为人们所需之物。换言之，主体必须研究客体的属性，把握客体发生发展的规律，进而通过人的实践活动使得客体能够满足主体的需要。当然，如果客体没有适用于主体需要的属性或功能，则主体需要的满足或实现也就要落空，如我们不可能使石头上长出庄稼。这也就是哲学上的主客体的互动关系，即价值关系。李德顺先生指出："价值关系，是主体与客体之间一种客观的基本关系。这种关系就是：在主体的实践—认识活动中，客体的存在、属性和合乎规律的变化，具有与主体的生存与发展相一致、符合或接近与否的性质。这种性质，是主体内在尺度作用的结果。它的肯定表现即正价值，是客体不断主体化和主体需要不断得到满足。与之相反的结果，就是负价值。价值，是反映价值关系实质的哲学概念。在主客体相互关系中，客体是否按照主体的尺度满足主体需要，是否对主体的发展具有肯定的作用，这种作用或关系的表现就成为价值。"[①] 在国内价值哲学界，这一定义具有重要意义。主体内在尺度或主体需要是价值发生的前提，客体的属性或与主体需要相一致或符合的属性，是价值发生的外在条件，主客体在实践活动中的关系就表现为价值关系。在这一价值关系中，客体是否以及在多大程度上满足主体的需要是衡量其是否具有价值及其价值大小的标准。

不过，我们看到，主体需求是一个抽象的概念，即这一概念并没有告诉我们什么是主体需求。不同的学科领域对人的基本需求有不同的理解，如心理学家马斯洛提出过人的五种需要：生理需要、安全需要、爱和归属的需要、尊重的需要和自我实现的需要。袁贵仁先生指出，因为人的需要有不同的性质，所以人的需要有不同的价值质。人有正当的合理的需要，也有不正当不合理的需要。属于正当合理的需要是具有正价值的那部分需要，"是那些有利于人和人类的生存、享受和发展的需要。或者说是人和人类的生存、享受和发展所企求的、社会认同并且现实可行的那部分需要。能够满足正当需要的客体就是对主体有价值的，不能

① 李德顺：《价值论》，中国人民大学出版社 1987 年版，第 107—108 页。

满足或者有碍于正当需要满足的客体就是没有价值的"①。袁贵仁先生在这里重点讲了人的生存需要、享受需要和发展需要与价值的关系，即从这样一些需要的角度来看待客体如何满足人的需要。事实上，这是对马克思主义经典作家观点的发挥。马克思和恩格斯将人的需要概括为生存的需要、享受的需要和发展的需要；将人的需要的内容区分为生存资料、享受资料和发展资料；将人的活动区分为为生存而斗争、为享受而斗争和为发展而斗争。② 马克思主义的需要论为我们区分什么是正当合理的需要提供了理论依据，也为我们从主客关系意义上理解价值提供了依据。

以上是我国价值哲学界从主客关系上对价值概念的理解。其特点，一是基于主体需要的概念，二是基于客体的属性。需要是主体与客体两者建立关系的条件，没有人的需要或特定的合理的人的需要，就没有价值关系。然而，客体的属性与主体的需要建构起来的价值关系并没有将价值概念的全部内涵展现出来。这是因为，在上述需求理论中，起关键作用的是客体的有用性和主体的需要所建立起来的价值关系，即有用关系。事实上，这只是一种狭义的价值关系，可以说，是一种工具性的价值关系。价值作为一个关系概念，除了主客关系模式导出的这种价值关系外，是否还可以从其他模式，如主体与主体之间的关系模式中导出价值关系呢？在此，我们认为，价值关系既可从主体与客体的相互作用关系中导出，也可从主体与主体的关系中导出。

马克思主义认为，人类的生产实践活动"立即表现为双重关系：一方面是自然关系，另一方面是社会关系；社会关系的含义是指许多个人的合作"③。在此，马克思指出人类生产活动的双重关系，即人与自然的关系和人与人的关系。马克思所说的社会关系或与他人的合作关系是多种多样的，如家庭关系、亲属关系、私人友谊关系、经济关系、政治关系等。社会关系的特点是不仅具有认知与实践意义上的主客体关系，同时，由于与他人处于合作状态，因此就不仅仅是将他人作为客体看待，而且还存在一种相互对待的问题，龚群先生将其称为"主体与主体

---

① 袁贵仁：《价值学引论》，北京师范大学出版社 1991 年版，第 53—54 页。

② 参见《马克思恩格斯选集》第 3 卷，人民出版社 1972 年版，第 572 页。

③ 《马克思恩格斯选集》第 3 卷，人民出版社 1972 年版，第 34 页。

的关系”。[①] 如在家庭关系中，父母与子女之间并非仅仅是一种认知与实践意义上的主客体关系，更重要的是一种主体之间的关系，即我们应当怎样对待作为道德主体的父辈和子辈的问题。在主客关系中，主体将客体看作一个被动的有待认知、接受或改造的对象。如当我把另一个人看成是一个客体时，我与他就处于一种“你我关系”之中，这个关系是以我为中心的，即我应当如何把握和认知这个客体，从而与他建立一种怎样的关系。但如果我同时还将对方视为与我一样的主体，即建立一种主体与主体的关系，那么，这种关系就不是一种“你我关系”，而是一种相互对等的我们之间的关系，不是以“我”为中心，而是以“我们”为中心。在此，我们也可以将这种相互对等的关系视为一种道德关系，即在道德上，我们应当如何相互对待的关系。在人与自然客体的关系中，一个人可以占有或征服那个自然客体；而在两个相互对等的主体关系中，我把他人看成是与我一样的主体，他有着与我相同的权利与尊严，如果他的权利和尊严被我侵犯，那就意味着我们之间将会出现一种根本性的对立。从这种意义上来看，我们必须尊重他人的尊严，这并非出于我们或他人的需要。相反，“尊重他人”是道德主体对自己的一种要求或命令，当然，这种要求或命令的前提依据是一个理性事实，即每个人都平等地享有尊严。在这种关系中，我将他人视为一个平等的道德主体。

这种主体与主体之间的关系与前述主客关系模式上建立起来的价值关系不同。因为，主体与主体的关系，并非完全建立在一方的需要与另一方的属性这样的前提上，同时还建立在人类成员间的相互合作关系的背景上。当然，由于社会背景条件的不同，合作也必然呈现出不同的形态。如我们可以说劳资合作，甚至也可以把奴隶制条件下的奴隶在奴隶主的命令下的劳动也看成是一种社会合作。但是，那样一种合作，并没有反映出主体的人格特性，即作为主体的人，他是有人格的道德主体，有内在的尊严，同时也需要得到他人的尊重。由此，我们看到，主体与主体的关系，与主客体关系有着重大的区别，它内在蕴含着主体对主体的承认与尊重的要求，其表现形态也就是“价值”。并且，这里所说的主体对主体的承认与尊重是相互的，这种相互承认与尊重的关系又可以

---

① 参见龚群《社会主义核心价值体系重大关系研究》，北京师范大学出版社 2012 年版，第一章中关于价值与价值关系的相关内容。

说是交互主体的关系。

在此，我们也可以将主体与主体之间的这种关系视为一种规范性关系，这种规范性的关系包含着一种相互对待的原理，即承认对方主体的人格与尊严，把有着人格和尊严的主体作为平等的主体来尊重。然而，这种规范会受社会背景的影响，在不同的社会背景下，人们对待这种规范的态度不同。人类社会有着一个从奴隶社会发展到封建社会、资本主义社会，再到社会主义社会的发展过程。总体而言，在人类漫长的历史发展过程中，道德在不断地进步。而道德进步与否的衡量标准就是如何对待人、如何尊重人的问题。在奴隶社会中，奴隶没有自己的意志，只是被视为工具，可以当作牲口拿到市场上标价出卖甚至被人任意杀戮。封建社会改变了纯粹将奴隶视为工具的状况，将奴隶对奴隶主的绝对服从关系改变为人身依附关系，这是人类道德的进步。资本主义社会将封建社会的人身依附关系转变为从人身依附到人对资本的依附，使人摆脱了人对人的依附。相对于封建社会来说，这又是人类道德和自由的一个进步，尽管人依然是资本的奴隶。社会主义社会将人类的生产资料置于自己的掌控之下，从而成为社会的主人，人拥有了更多的自由。改革开放以来，我国社会生活总体上在朝着现代化的方向迈进，人民群众的各项权益逐渐得到尊重和保障，人类道德和自由进入了一个新的发展阶段，尽管还不可避免地存在一些问题。简言之，主体与主体之间的这种关系是一种道德关系，在这种关系中表现出来的价值就是道德价值，正是在这种关系的不断发展和完善中，人类道德也在不断地进步。

综上所述，我们可以从主客关系和主体与主体的关系这样双重关系意义上来理解价值概念。最后，我们引用龚群先生在《社会主义核心价值体系重大关系研究》中对价值概念所做的定义："价值是一个关系范畴，价值是在主客关系和交互主体关系中呈现出来的，是这样两类关系的产物。如果符合其关系原理的，则为正价值，如果不能满足其要求的，则为负价值。并且，如果在某个存在物的关系中，同时存在着主体与客体和主体与主体的关系，其价值意义服从于主体与主体的关系要求。"[①] 可以说，这一定义较为全面地表达了价值关系的双重含义，尤其是基于主体

---

① 龚群：《社会主义核心价值体系重大关系研究》，北京师范大学出版社 2012 年版，第 14 页。

与主体之间的关系意义上的价值概念为我们更好地理解尊严概念的内涵以及尊严与价值的关系提供了有益的启发。

二　西方语境下的价值概念

以上我们考察了中国价值哲学界对价值概念的一般性理解，这一理解主要是建立在主客关系的模式上。在此基础上，我们可以将这一关系模式向前推进到主体与主体关系模式下，但这种推进并没有离开中国哲学界对价值概念理解的基点，即价值是一个关系性概念。相比之下，西方哲学界对价值概念的运用比较宽泛。在他们看来，所有的伦理学概念都可以称为价值概念，如善、恶、好、坏、正当、不正当等伦理学的基本概念都可以称为价值概念。西方伦理学家如史蒂文森、艾耶尔等将伦理学视为价值学，并将价值哲学的基本概念直接等同于伦理学概念。当代西方伦理学家摩尔被公认为西方元伦理学的开山鼻祖。在 1903 年发表的《伦理学原理》中，摩尔提出怎样给善下定义是全部伦理学最根本的问题，同时，他也对内在价值的概念做了一些解释。总体而言，在西方哲学或伦理学论著中很少有关于什么是价值的概念性讨论。尽管如此，西方哲学家们还是有着对价值概念的不同理解模式。这主要表现在两个方面，一是从关系性意义上理解价值，二是从非关系性意义上理解价值。

在西方语境中，关系性意义上的价值概念并非从主客关系的意义上来理解，而是将价值视为事件或行为发生发展的因果性产物，这种意义上的价值就是摩尔所说的“作为手段的善”。[①] 作为手段的善又是与自身的善（本身的善）或因其自身缘故而是善相对应的。就价值学的概念而言，所谓本身的善或自身的善就是“内在价值”。与此相对，作为手段的善就是外在价值。外在价值是从关系性意义上讲的，而内在价值则是从非关系性意义上讲的。

实际上，内在价值与外在价值的这种区分可以追溯到亚里士多德。我们知道，亚里士多德伦理学是一个目的论体系。在亚里士多德看来，“一切技术、一切研究以及一切实践和选择，都以某种善为目标。所以人们说得好，万物都是向善的。但目的的表现却是各不相同，有时候它

---

① ［英］摩尔：《伦理学原理》，长河译，商务印书馆 1983 年版，第 33 页。

就是实践活动本身，有时候它是活动之外的成果"[①]。这段引文表明两层含义：一是所有的人类活动都有目的，二是有些活动的目的就是行为活动本身，即内在的目的，有些则是活动之外的成果，即外在的目的。内在目的是指一种德性行为并不是为了德性之外的目的而是为了德性本身，如在战斗中作战勇敢的士兵，他将勇敢本身视为士兵品格的体现，而不是实现其他目的的条件。外在目的则是活动所要实现的目的，这种目的就是活动的结果，如造船活动是以船舶为目的的。尽管如此，人类的许多活动及其目的并非如此泾渭分明，上述区分只是为了研究的必要。以修鞋为例，该实践活动不仅有着实现某种外在目的，如挣钱的价值，而且作为一种生命实践活动，它本身就富含意义与价值，即生活的意义。事实上，就人类活动作为目的体系而言，一些活动构成了其他活动的目的，这些目的又成为更高一级目的的手段。如在一场战役中，战前的许多活动的目的都从属于这场战斗的目的，在这些准备活动中又有许多不同等级的目的。如申请经费，是为了购置工具；购置工具，是为了修建训练场地；修建训练场地，是为了训练战士；训练战士，是为了提高战士战斗能力；提高战士的战斗能力，是为了能够打胜仗；打胜仗是为了和平；等等。亚里士多德认为，人类的这种实践活动有一个目的等级体系，但不是可以无穷演绎下去的。如果没有一个最高目的，"这样就要陷于无穷后退，一切欲求就变成无益的空忙"[②]。这个最高目的是人类一切实践的目的之所在。在亚里士多德看来，这个最终的目的不是别的，就是幸福。在个人那里，是个人幸福，在城邦那里，是城邦幸福。

那么，这样一个目的的等级体系对我们理解价值概念有何意义呢？首先，我们看看这一目的等级体系中的不同目的在其中的地位与意义。在这样一个等级体系中，总有最初级的目的和最高的目的。那些最初的目的，完全是为着实践活动的结果，它的结果又总是为着实现其他更高一级目的的手段，而最初目的本身则不可能成为其他活动的目的。在这一目的体系的另一端，则是最终的目的，这一目的不可能成为实现其他

---

① ［古希腊］亚里士多德：《尼可马科伦理学》，苗力田译，中国社会科学出版社1999年版，第1页。

② 同上书，第3页。

目的的手段，其他目的则都以它为目的。在这一体系的中间，则是不同等级的目的序列。这些中间状态的目的，一方面，本身既是其他目的的手段，同时又构成低一级目的的目的。摩尔说："在这两种情况下，我们通常都是说'某一事物是善的'。不过，在一种情况下，'善的'将意味着'作为手段是善的'，即仅仅意味着这事物是达到善的手段——它会有一些好的效果。而在另一种情况下，它将意味着'作为目的是善的'。"① 在摩尔看来，如果事物是因其自身就是善的，而不是作为手段而善的，那么，这种善就是事物的内在价值。摩尔认为："决定哪些事物具有和在什么程度上具有内在价值这一伦理学首要的和特殊的任务，根本没有得到适当的处置。并且，在另一方面，由于对手段跟内在价值的问题毫不相干这一真理理解模糊，也大大忽视了对手段作彻底的探讨。"② 依据摩尔的观点，内在价值也就是事物的善，但摩尔关于事物的善的观点，包括事物本身的善与事物效果的善。③ 如建造一座桥梁，这座桥梁本身的质量以及可以通行的车辆量，是其本身的善，它对当地交通状况的改善，是其效果的善。摩尔将内在价值与外在价值做了区分。他说："各行为本身，也可能并不具有任何内在价值，而可以仅仅是（在较远的将来）赢得某种具有这种价值的东西的一种手段。"④ 至此，我们可以将上述理解视为对亚里士多德目的体系意义上的内在价值与手段价值的阐释。也就是说，人类行为的任何目的，除了最高目的和最低目的外，都具有内在善的价值和手段价值的两重性。最高目的仅仅具有纯然绝对的内在价值，而最低级的目的则仅仅是作为手段的善，不具有任何内在价值。

不同于亚里士多德的目的论，在摩尔看来，事物的内在价值是存在差异的，由此，他提出了一个考察内在价值的标准：一、首先仅仅考察事物（包括行为）本身的善，排除事物的后果。二、结合后果的善恶来考察，这里有两种情况。在第一种情况下，如果一个行为的后果虽然恶，但该行为本身所具有的内在价值超过其他可能行为的价值，那么，该行为的内在价值仍然是正价值。以救人为例，如果 A 在救落水的 B

① ［英］摩尔：《伦理学原理》，长河译，商务印书馆 1983 年版，第 30 页。

② 同上书，第 33 页。

③ 同上书，第 31 页。

④ 同上书，第 32 页。

时不幸牺牲，而 B 也未能成功获救。在这一事件或行为中，后果显然是恶的，因为两个人都丧失了生命，然而，A 的行为所具有的内在价值却没有因此而减少，而且，该行为的内在价值远远超过其他可选择的行为的价值。倘若此时 A 没有采取救助的行动，那他至少可以保存自身生命，但这种行为的价值却远远小于救助行为的价值。因此，无论后果如何，救助行为本身始终具有正价值。第二种情况比较容易理解，即，如果一个行为所带来的后果是善的，那么属于该行为本身及其后果所具有的价值量就大于其他可选则的行为的价值量。[①] 由此观之，摩尔关于衡量内在价值的标准是从功利主义的功利总量或内在价值总量意义上讲的。这与亚里士多德依据目的体系的等级秩序来决定其内在价值是不同的。摩尔也提出了“不同事物具有什么等级的内在价值和怎样才能取得这些不同事物”的问题。在他看来，这是两个完全不同的问题。前一个问题是关于确定事物的内在价值的问题，内在包含了“内在价值的等级”的问题；后一个则是手段问题。摩尔运用功利主义的方法而不是亚里士多德的方法来确立事物的内在价值。然而，二者在内在价值就是非手段的价值这一点上依然保持一致。从亚里士多德的目的体系来看，最高价值或终极价值者没有手段价值，只有纯然的内在价值。

20 世纪另一位重要的德国伦理学家，马克斯·舍勒（Max Scheler）在《伦理学中的形式主义与质料的价值伦理学》中从伦理学和价值学的视域对什么是价值、行为价值、意向价值、自身价值、人格价值以及伦常价值等问题进行了全面的探讨。舍勒在这部著作的第一版（1913 年）中以“尤其关注康德的伦理学”为该书的副标题。在该书中，舍勒讨论的“形式主义的伦理学”指的就是康德的伦理学。舍勒批判康德，并提出一种质料的伦理学。然而，在第三版中他又明确表明自己不是要反康德或回到康德，而是要超出康德。[②] 实际上，舍勒是希望在他的价值学说中吸收康德的价值思想，并在此基础上超越康德。在舍勒看来，最重要的价值是人格的价值，人格价值是伦理价值之源。在康德伦

① ［英］摩尔：《伦理学原理》，长河译，商务印书馆 1983 年版，第 31 页。

② ［德］马克斯·舍勒：《伦理学中的形式主义与质料的价值伦理学》，倪梁康译，生活·读书·新知三联书店 2004 年版，第 17 页。

理学中，善恶这种价值属性来自于道德法则，即道德法则决定了行为的善恶性。舍勒认为，康德以行为是否合乎道德法则的要求来决定行为善恶的观点是错误的。那么，善恶的价值是由什么所决定的呢？舍勒说："原初惟一可以称之为'善'与'恶'的东西，即在所有个别行为之前并独立于这些行为而承载着质料价值的东西，乃是'人格'，人格本身的存在，以至于我们从载体的立场出发便可以定义说：'善'与'恶'是人格价值。"[①] 在舍勒看来，最终决定伦理价值的不是康德所说的先行的道德法则，而是人格。舍勒还说："惟有人格才能在伦常上是善的和恶的，所有其他东西的善恶都只能是就人格而言，无论这种'就……而言'是多么间接。"[②] 舍勒认为，人格是一切伦理价值的载体，因此，在此书后来的定版中，他将"为一门伦理学人格主义奠基的新尝试"作为副标题。在舍勒看来，他的价值学是一种人格价值学，因为他强调人格在一切价值中的基础地位。在此，我们认为，舍勒强调人格的重要性显然是受到了康德的"人性公式"和"目的王国"的影响。

那么，如何看待价值序列或价值等级？舍勒的观点与亚里士多德和摩尔都不同。舍勒说："'善'这个价值——在绝对的意义上——就是合本质地在对一个（对于实现着它的本质的认识阶段来说）最高价值的实现行为中显现出来的价值；但'恶'这个价值——在绝对的意义上——则是在对最低价值的实现行为中显现出来的价值。而相对的善与恶则是一种显现朝向一个——从各个价值出发点来看——较高或较低的价值之实现的行为上的价值。"[③] 对于什么是绝对意义上的善，舍勒还做了一个注释。这条注释表明只有在上帝的意义上才有绝对的善。因此，真正意义上的善恶实际上是与"偏好"或"偏恶"相关联的。他说："一个价值的较高存在是在'偏好'行为中被给予我们的，一个价值的较低存在是在'偏恶'行为中被给予我们。"[④] 他还说："一个价值比另一个价值'更高'，这是在特殊的价值认识行为中被把握到的，这

---

① ［德］马克斯·舍勒：《伦理学中的形式主义与质料的价值伦理学》，倪梁康译，生活·读书·新知三联书店 2004 年版，第 31 页。

② 同上书，第 102—103 页。

③ 同上书，第 28 页。

④ 同上。

个行为叫做‘偏好’。”[①] 事实上，舍勒所持的是一种主观主义的价值论，即价值序列没有一个确定的客观标准，也不存在像亚里士多德那样的价值排序。人们主观的偏好与偏恶决定了价值等级的序列，这一观点与他对人格的看法不无关系。人格是什么？在舍勒看来，人格实际上就是人的行为的统一性，他说：“人格既非本身是事物，它也不像对所有价值事物来说是本质性的一样，在自身中承载着事物性的本质。作为所有仅只可能行为的具体统一，人格与可能‘对象’的整个领域……相对立：因此也就更是与作为这个领域的一个部分的总体事物领域相对立。人格仅仅实存于它的行为之实施中。”[②] 与康德强调人格的本质特征在于理性能力，以及道德特性相比，舍勒的定义显然要苍白得多。而这样理解的人格，就其与价值相关而言，无疑就意味着不同的人格有不同的价值偏好，而衡量价值高低等级的客观的标准也就不存在了。

在舍勒的价值论中，善恶以及其他一切伦理价值都具有因人而异的相对性。尽管如此，舍勒主张，人格是一切伦理价值的基础和载体，同时，他也把人格看成是价值。相对于其他伦理价值，他将人格价值视为绝对价值。舍勒说：“所有可能的价值都奠基于一个无限人格精神以及伫立在它面前的‘价值世界’的价值之上。那些把握着价值的行为本身之所以是把握着绝对客观价值的行为，只是因为它们就是在这种精神‘之中’进行的：而这些价值之所以是绝对价值，只是因为它们是在这个王国中显现出来的。”[③] 这里有两层含义：一方面，当我们从人格这一载体和基础上来把握这些价值时，所有这些价值就都获得了某种客观性，从而有了某种客观绝对性；另一方面，因为它们都是在人格这个王国中并且因此而显现出来的，由此，人格作为价值同样或无疑获得了它的客观绝对性。我们认为，理解这样一种人格所具有的绝对价值，无疑应当回到康德。

---

① ［德］马克斯·舍勒：《伦理学中的形式主义与质料的价值伦理学》，倪梁康译，生活·读书·新知三联书店2004年版，第105页。

② 同上书，第33页。

③ 同上书，第116页。

第二节 康德哲学中的尊严与价值

理解价值，尤其是亚里士多德和摩尔意义上的价值概念是理解康德尊严与价值理论的前提。如前所述，在尊严是什么的问题上，国内外学术界至今没有达成共识。因此，对这一问题，我们只能采取描述性的方法对其进行阐释。在现代尊严理论中，尊严与价值的关系密切。康德也经常将尊严与价值概念等同使用，有学者因此主张，康德将尊严定义为一种绝对价值和内在价值。换言之，人拥有尊严与人拥有绝对价值或内在价值的内涵完全等同。进一步推论，人所拥有的这种绝对价值或内在价值是尊重人的根据。这是对康德哲学中尊严概念的传统理解，该观点的主要支持者是 Christine Korsgaard 和 Allen Wood。近年来，也有学者对此提出质疑，主张康德并没有将尊严定义为一种绝对价值或内在价值，相反，康德是在继承传统“优越性”的意义上来运用尊严概念的，该观点的主要代表是 Oliver Sensen。两种观点都从康德著作中找到强有力的文本依据，那么，尊严与价值在康德哲学中到底是什么关系，二者在康德哲学中又处于什么样的地位和角色？厘清二者的关系是研究康德尊严思想的首要问题。在此，我们主张（1）康德是在传统优越性的意义上来运用尊严概念的，或者说，尊严就是一种优越性或崇高；（2）绝对价值和内在价值是从价值的视角出发对尊严所处地位的一种描述，换言之，这是对尊严在价值序列中的一个定位，绝对价值和内在价值是尊严的价值属性，但不是它的定义；（3）康德是在两个层次上来探讨尊严概念的，一是“源始的尊严”，二是“实现了的尊严”。下面，我们分别从这三个方面来讨论。

一 尊严的界定：优越性

如前所述，尊严概念在古罗马早期是一种身份和地位的象征，之后西塞罗将尊严的运用范围扩展到所有人类，由此，尊严就意指人与其他自然物相比的优越性。换言之，在传统尊严思想中，尊严表现为两种意义上的优越性，一种是社会中一部分人由于其德性、地位、荣誉、功勋等对普通大众产生的优越性，这是一种贵族式、精英式的优越性；一种是人类由于自由和理性而高于其他自然物的优越性，这是一种民主式、平民式的优越性。简言之，尊严表现为优越性。康德非常熟悉传统尊严思想，尤其是斯多亚派的哲学思想。[①] 可以说，他的尊严思想更多的是继承了斯多亚派的哲学传统。

首先，康德对尊严概念的运用体现了古罗马早期那种贵族式的优越性。如康德在谈到国家中的三种权力：立法权、司法权、行政权时，他将这三种权力视为职位的象征，并赋予它们尊严。他说："在一个国家中的三种权力，都是高职位[②] dignity 的。此外，由于它们的产生必须来自国家的理念，并一般地构成这个国家的政体（或宪法）基础的主要部分，它们便被看作是政治上的高职位 dignity……考虑到三种权力各自的尊严，也可以作这样的解释：最高立法者的意志，就它有权决定什么是构成外在的'我的和你的'而论，它要被认为是不能代表的（'不容非议的'——李秋零版）；最高统治者的执行职能要被认为是不能违抗的；最高法官的判决要被认为是不能撤销的。"（6：315－316）从这段引文中我们可以看到，尊严在此显然就是高职位和身份的象征，意味着这三种权力在社会生活中所具有的一种特殊地位，一种优越性，这与古罗马早期尊严概念的内涵是相同的。另外，康德在《纯粹理性批判》中还提到"哲学的尊严"、"数学的尊严"、"形而上学的尊严"等，这里的尊严意指这些学科所具有的特殊身份、地位和价值。以形而上学的尊严为例，康德指出，在古希腊，形而上学或哲学是一切学问中最高的学问，哲学家被认为是智慧的化身。形而上学曾经一度被视为一切科学的女王，它有如一个儿孙满堂、在家享有无上权威和荣耀的贵妇人。形而上学的尊严就在于这种至高无上的地位和权威。到了近代，由于受到新兴自然科学的排挤，形而上学的地位逐渐发生了变化，变成了一个"流离失所的可怜老妇"，随着这种地位的变化，形而上学的尊严也遭到挑战。同时，在《实用人类学》中康德还提到"君主的尊严"、"国王的尊严"等。显然，尊严在此就是地位、身份和权威的象征。

---

① 如康德在《单纯理性限度内的宗教》中说道："这些哲学家们从人的本性的尊严，即从自由（作为对偏好的势力的独立性）获取他们的普遍的道德原则。他们也不可能以一种更好、更高贵的原则为基础了。他们是直接从仅仅以这样的方式立法的、并且完全通过这样的方式发布命令的理性中汲取各种道德法则的，从而如果赋予人一种未被败坏的、毫不迟疑地把这些法则纳入自己的准则的意志的话，他们就规则来说在客观上，就动机来说在主观上，完全正确地说明了一切。"（6：57）在此，"这些哲学家"就是指斯多亚派哲学家们。

② 李秋零版的《康德全集》将其译为"身份"。

其次，康德也在人类区别于其他自然物的优越性的意义上来运用尊严概念。康德说："这个存在者自己的超乎一切纯然自然物的尊严（特权），使它必须在任何时候都从他自己的观点，但同时也从其他任何有理性的、作为立法者的存在者（他们因此也叫做人格）的观点出发来采用自己的准则。"（4：438）事实上，尊严是理性存在者超乎一切纯然自然物的特权。也就是说，这个存在者在与其他自然物相比较中产生了一种优越性，这种优越性就使他具有了一种特权——他的尊严。当康德运用"绝对价值"形容尊严时，就已经暗含了这种优越性。从词源学的角度来看，"绝对"absolute，本来有"超出"什么的意思，即从低层次的东西脱离开来的意思。[①] 康德说："人性本身就是一种尊严；因为人不能被任何人（既不能被他人，也甚至不能被自己）纯然当做手段来使用，而是在任何时候都必须同时当做目的来使用，而且他的尊严（人格性）正在于此，由此他使自己高于一切其他不是人，但可能被使用的世间存在者，因而高于一切事物。"（6：462）理性存在者被视为目的自身，即不能仅仅被作为手段来使用，还应该同时被看作目的。而别的东西则可以仅仅作为手段来为它服务，正是在这种关系中，理性存在者具有了一种高于其他一切自然物的优越性——尊严。事实上，另外，康德还经常将尊严与崇高相提并论，崇高是一种高于一切之上的特性，也就是超越于一切之上的优越性。康德说："尽管我们在义务的概念下来设想对法则的一种服从，但我们却由此同时设想履行自己一切义务的人格有某种崇高和尊严。"（4：439—440）自然界的一切事物都服从自然法则，人，作为现象界的存在者同样也服从自然法则。然而，人却不仅仅是一个自然存在物，他更是一个本体的存在者。作为一个本体存在者、道德存在者来说，人服从的是自由法则，是人自己为自己所立的法，这正是人的高贵之处，借此，他可以凌驾于其他自然物之上。这种优越性就使人具有了某种崇高和尊严。

再次，康德强调道德价值拥有高于其他一切价值的优越性，这就是道德性或道德的尊严。在这一语境中，康德还将尊严赋予了义务、法则、人格性等概念。如康德说："以玄想来反对义务的那些严格的法则，怀疑它们的有效性，至少是怀疑它们的纯粹性和严格性，并尽可能使它

① 邓晓芒：《康德〈纯粹理性批判〉句读》，人民出版社 2010 年版，第 821 页。

们顺应我们的愿望和偏好，亦即在根本上败坏它们，使其失去一切尊严；这样的事情，甚至普通的实践理性归根结底也不可能同意的。”（4：405）康德认为，道德价值是由法则来规定的，判断某一行动是否具有道德价值的标准就是看该行为的准则是否与法则或义务的要求一致。如果我们将服从义务视为满足个人偏好或利益的手段，那就损害了义务的尊严。另外，在《奠基》中，当康德在正式开始讨论尊严概念时，他首先提到的也是道德性的尊严。他说：“构成某物惟有在其下才能是目的自身的那个条件的东西，则不仅仅具有一种相对的价值，亦即一种价格，而且具有一种内在的价值，亦即尊严。道德性就是一个理性存在者惟有在其下才能是目的自身的那个条件，因为只有通过它，才有可能在目的王国中是一个立法的成员。因此，道德和能够具有道德的人性是惟一具有尊严的。”（4：435）在此，康德明确强调的就是道德性的尊严。康德强调道德性的尊严是为了彰显道德价值的优先性，并由此暗示人们应该做一个有善良意志的人，过一种道德的生活，在康德看来，这才是人的真正尊严所在。

将尊严视为人与其他人或其他物的比较中显现出来的优越性，这是自古罗马以来尊严概念的内涵特征。综上所述，康德是在传统优越性的意义上来运用尊严概念的，这种优越性体现在以上三个层面。从康德著作的相关文本来看，康德较多强调第三个层面的优越性，即道德性的尊严。因为真正说来，道德才是人的本质，人是作为道德的本体存在者才拥有了在自然界的主导权。康德哲学的使命就是引导有限的人类向无限的神圣存在者迈进，提升人性，做一个有善良意志的人，一个道德的人。

二　尊严的价值属性

对康德尊严思想的传统[①]理解是：人类由于自由和理性而拥有一种绝对价值或内在价值，也称为尊严，这是我们尊重人的根据。传统的康德主义者们大多主张，在康德哲学中，人拥有绝对价值是一个自明前提，正因此，我们才应该尊重每个人的尊严。这种观点的主要支持者有

① 本文在两种意义上运用“传统”一词，一种是指对康德尊严思想的传统理解，主要是以 Christine Korsgaard 和 Allen Wood 为代表的康德主义者的观点；另一种是 Oliver Sensen 所区分的与现代尊严模式相对的传统模式，在行文中，当我们指涉这一意义上的传统时，往往会将“传统”与“优越性”并列使用。

著名的康德主义者 H. J. Paton、Christine Korsgaard、Allen Wood 等。如 Allen Wood 在其著作《康德的伦理思想》（*Kant's Ethical Thought*）和《康德主义伦理学》（*Kantian Ethics*）中将康德意义上的尊严与绝对价值等同使用，并主张尊严或绝对价值是康德伦理学的一个核心概念，康德伦理学正是奠基在尊严或绝对价值这个最基本的价值概念之上的。这种传统的理解模式虽然符合直觉，而且也与现当代人们对尊严的理解基本吻合。然而，这种观点是否真正反映了康德哲学中尊严与价值的内在关系呢？在此，我们主张，当康德将尊严与绝对价值和内在价值等量齐观时，他只是从价值的立场对尊严进行的一种描述。换言之，当我们将整个世界看成一个价值序列的世界时，尊严就处于一种绝对的、无与伦比的地位。绝对价值和内在价值就是对尊严的这种属性的概括。下面，我们通过对绝对价值和内在价值这两个概念的具体分析来阐述尊严的这种价值属性。

（一）尊严与内在价值

康德在《奠基》中 17 次谈及尊严，其中有 8 次集中在关于“自律公式”和“目的王国”的讨论中，而在这一部分的讨论中，有 4 次是在内在价值的意义上来谈尊严的。他说：“在目的王国中，一切东西要么有一种价格，要么有一种尊严。有一种价格的东西，某种别的东西可以作为等价物取而代之；与此相反，超越一切价格、从而不容有等价物的东西，则具有一种尊严。”（4：434）价格，是事物所具有的可以交换的属性，通过价格的比较，我们可以找到某物与之对应的等价物。康德说，在目的王国中，有两类东西，一类是具有这种价格的，可以相互交换的东西，另一类则不同，它由于超越了一切价格，没有任何等价物可以与之交换，这样的东西就具有尊严。在市场上，我们为某一物标价就意味着可以用同等价格的另一物与之交换，这另一物就是它的等价物。康德认为，尊严是没有等价物的。

通过与价格的比较，康德想要表达的意思是：尊严是不可以标价的，我们不可能为它找到相应的等价物来与之交换。这就暗示了尊严的属性之一，即不可量化、不可交换性。进一步来说，我们不可以为了获得其他东西而舍弃自己的尊严。接着，康德说：“与普遍的人类偏好和需要相关的东西，都具有一种市场价格；即使不以一种需要为前提条件、但却合乎某种趣味、亦即合乎对我们的心灵力量的纯然无目的的嬉戏的一种满足的东西，则具有一种情感价格。但是，构成某物惟有在其下才能是目的自身的那个条件的东西，则不仅具有一种相对的价值，亦即一种价格，而且具有一种内在的价值，亦即尊严。”（4：434—435）在前述对价值概念的讨论中，我们已经提到，就市场价格而言，价格围绕价值波动，因此，价格的实质是价值，区别在于，作为一种价格的价值，其存在依赖于他物，而作为内在价值的价值则相反。根据摩尔的观点，作为内在价值的价值就是事物自身具有的价值，即非手段性价值。偏好的对象之所以具有价值是因为人们欲求它，它的存在依赖于人的主观欲求，这也正是中国主流价值哲学的理解模式，即一物之所以有价值，在于其属性符合人们的需要。在西方价值哲学的理解模式下，这种因外在需求而不是因其自身而具有的价值，表现为被给予的价值或手段价值，因此只是外在的价值。鉴赏的对象虽然不以需要为前提，但也只是对于能够且懂得欣赏它的人才拥有价值，如一幅好看的画对于一个瞎子来说并没有什么价值，一首好听的音乐对于一个聋子来说也没有什么价值，因此，这样理解的价值也就是外在的价值。虽然好看的画本身也拥有价值，好听的音乐本身也拥有价值，但是，对于一个瞎子或聋子来说，当主体不存在这些方面的需要时，客体与之相关的属性就谈不上价值了。在这个意义上，客体所具有的那些属性要真正成为一种与人的主体需要相关的价值，就必须进入到主客关系之中，因而它总是依赖于另一物的存在，或等待着需要它的主体的出现。就此而言，康德也将这种外在的价值视为相对价值。通过与市场性的相对价值的比较，康德让我们认识到，尊严所具有的绝不是市场价值，而是非市场性的内在价值。

其次，康德直接以内在价值的概念说明尊严的价值属性，表明尊严是因其自身就具有价值的，不依赖于任何他物。① 在前述讨论摩尔的价值论时，我们已经对内在价值的概念做了一些分析。所谓内在价值，也

---

① Wood在《康德主义伦理学》中对“内在”一词做了解释。他认为，康德在运用“内在”一词时是指“与自身相关”。内感官（其先天形式就是时间）就意味着在其中我们仅仅与自己的主观状态相关，在外感官（其先天形式就是空间）中，我们与我们之外的物体相关。一个人的内在价值仅仅是指那种与自己给予自己的道德法则相比而言的价值。因此，我们不能说某人的内在价值高于另一个他人的内在价值，这种外在的比较只能导致“假谦卑”。进一步来讲，尊严作为一种内在价值不是在比较中产生的，而是人自身就具有的价值，就此而言，似乎可以说康德确实是道德实在论的代表。参见Allen W. Wood，*Kantian Ethics*，Cambridge University Press，2008，p. 330。

就是事物或行为因其自身的善而具有价值，而非手段价值。手段价值就是作为达到其他目的的手段而具有的价值，也可称为外在价值。在康德看来，尊严就是因其自身的善而具有的内在价值。康德说："现在，道德性和能够具有道德性的人性独自（或自身）就具有尊严。"（4：435）在此，康德将道德性与尊严联系起来，即道德性或具有道德性的人性自身就拥有尊严。这里有两层含义，一、当行动与道德法则的要求一致时，该行动就具有道德性，在康德看来，行为所体现的这种道德性本身就具有尊严，而不需要考虑行为的结果。通过尊严这个概念，康德在此强调了道德价值的优先性。二、具有道德性禀赋的人性自身也具有尊严。在康德看来，人性自身就具有价值，具有尊严，因为人性必然内含道德性的禀赋。

在此基础上，康德又通过道德性的尊严与其他具有价格的东西的比较凸显了道德性的崇高。他说："工作中的技巧和勤奋具有一种市场价格；机智、活跃的想象力和情绪具有一种情感价格；与此相反，出自原理（不是出自本能）的信守承诺、仁爱具有一种内在的价值。无论是自然还是艺术，都不包含任何在欠缺这些东西时能够取而代之的东西；因为它们的价值并不在于由此产生的结果，并不在于它们所造成的好处和用途，而是在于意念，也就是说，在于意志的准则，即使成果不利于这些准则，它们也仍然要以这种方式在行为中显露自己。这些行为也不需要任何一种主观的气质或者趣味的推荐，让人以直接的认可和满意去看到它们；它们也不需要对它们的直接癖好或者情感……"（4：434—5）工作中的技巧和勤奋具有价值是因为它们可以带来相应的好处或功效；机智、想象力等具有价值是因为它们能够满足人们情感上的愉悦。相反，出于义务的信守承诺和仁爱则自身就具有价值，这种价值不是通过由此带来的结果来衡量的，而是依据其行为的准则，在于意念的纯粹性。也就是说，即便该准则所带来的结果不如人意，理性存在者仅仅出于对法则的敬重就自愿采纳与法则相一致的准则来行动。正是这种意念的纯粹性使行为获得了道德性，进而享有尊严。在此，康德再次强调，具有内在价值的尊严是不可替代的。倘若尊严消失了，我们将永远不可能在自然界中找到可以填补这一空缺的东西，这也正是它的珍贵之所在。康德在《道德形而上学》中也说"我对别人怀有的，或者一个他人能够要求于我的敬重（对他人表示敬重），就是对其他人身上的一种尊严的承认，亦即对一种无价的、没有可以用价值评估的客体与之交换的等价物的价值的承认”（6：462）。在此，内在价值强调的是尊严的一种独特性，不可替代性。康德在此表达了一种主体与主体关系的原理，即我们之所以要承认和尊重他人的尊严，在于他人的尊严自身就具有价值，而不是因为它对作为主体的我而言有某种有用性，有某种可供我的需要满足的属性。同时，这种承认与尊重是相互性的，即要求我们相互尊重彼此的人格尊严。

（二）尊严与绝对价值

在多数情况下，康德是在同等意义上来运用绝对价值和内在价值这两个概念的。在此，我们先来回顾一下康德之前的思想家们是如何将内在价值与绝对价值联系在一起的。这一回顾有助于我们更好地理解康德运用绝对价值这个概念的历史背景。如前所述，内在价值是相对于外在价值而言的，它不依赖于任何外在的他物，而是事物自身所具有的价值。内在价值是自身善的价值，因而是自有价值。根据亚里士多德的目的论体系，以及摩尔对内在价值的分析，具有内在价值的事物或行为处于目的论体系的不同地位，因此，不同的事物或行为的内在价值有等级的差异。在亚里士多德那里，纯然作为内在价值的目的善即最高的善处于这一目的体系的终极处，处在这一内在价值等级的最高处，因而也可以说是“绝对的内在价值”。舍勒在人格价值的意义上使用了“绝对价值”的概念。虽然他认为，在人格基础或载体上的所有价值都具有绝对性，但纵观他的价值论思想，我们会发现，他事实上主张，除了人格价值之外的其他一切伦理价值都是相对的。由上观之，绝对价值这一概念的适用条件是相当苛刻的。下面，我们来讨论康德是在什么意义上运用绝对价值的？

康德经常将内在价值和绝对价值等同使用。通过分析康德运用绝对价值的语境，我们发现“绝对价值”在康德文本中出现的次数相对较多。概言之，康德不仅以“绝对价值”的概念来描述尊严，而且将“绝对价值”赋予以下概念：善良意志、目的自身和立法本身。这三个概念是相互联系的，对它们的分析有助于我们理解尊严的属性——绝对价值。

首先，善良意志具有绝对价值，这是从无条件善—有条件善的区别的角度说的。康德在《奠基》开头就声称，只有善良意志才是无条件的善，具有绝对价值。关于善良意志到底是什么，以及它在康德伦理学中的地位如何？学界众说纷纭，[①] 没有定论。尽管如此，康德在《奠基》中对善良意志特征的描述倒是清楚明白的。具体来说有以下几个方面的含义：1. 善良意志是其他相对善的条件，因此是无条件的善、绝对的善，具有绝对价值；2. 善良意志的善在于其意愿，而不在于它要达到的目的；3. 善良意志可能会与一些不好的东西联系在一起，如无情自然的苛刻等，但这不影响它的善的绝对性；4. 因为善良意志是绝对善，所以，一切要促成的目的就都被抽象掉了，只剩下自足的目的。因为要促成的目的只会使得意志成为相对的善；5. 因为是绝对善，所以善良意志的准则能成为一条普遍法则。善良意志的最高法则被表述为："在任何时候都要按照你同时能够意欲其作为法则的普遍性的准则去行动。"（4：437）简言之，善良意志在任何条件下都是善的，并且是其他一切善的条件。正因此，康德将绝对价值赋予了善良意志。一个无条件的或在任何条件下都是善的意志，无疑应当配享"绝对价值"之称谓。其次，康德在谈到善良意志时，不仅强调了善良意志所具有的绝对价值，而且指出善良意志不计其外在有用性的内在价值。在此，我们看到，康德将尊严视为绝对价值时，是从其内在的道德性而不是从其有用性意义上来强调的。因此，当康德以绝对价值来肯定善良意志的价值属性时，也就暗示了绝对价值作为尊严的属性所包含的具体内涵，即人的尊严或道德性的尊严在任何条件下都是绝对有效的，因此，我们应该平等地尊重每个人。

其次，目的自身具有绝对价值，这是从目的—手段的角度来谈的。

---

① Wood 认为，善良意志的这一特性在康德道德哲学中并不具有非常重要的地位。善良意志是康德从普通的道德理性知识出发寻找到的一个概念，目的是引出道德性的至上原理，而康德在第二章结尾处再次提到善良意志时也只是为了与第一章衔接起来。Dean 认为，人性作为自在目的就是善良意志。Guyer 认为，善良意志就是自在目的。康德在《奠基》开始时从直觉出发提出了一个具有无条件价值的理念——善良意志，在第二章结尾处又将其修正为自律的、无以伦比的尊严。这样，善良意志的价值就在道德形而上学中得以修正和辩护。Timmermann 在 *Kant's Groundwork of the Metaphysics of Morals：a commentary*（Cambridge University Press，2007）中认为，植根于普通道德知识中的善良意志是《奠基》的核心。Korsgaard 认为，善良意志就是一个完全理性的意志（a perfectly rational will），是价值的源泉。张传有先生认为，善良意志就是出于敬重，并遵循法则的意志，是我们追求的一个理念。在此，我们主张，善良意志是属人的，是人的意志的一种纯粹的、至高的状态，它自愿被法则束缚，因此也就谈不上强制。善良意志也就是自律的意志。

康德认为，人的一切行动都有一个目的，只有那种作为最终的、客观的目的才具有绝对价值。其他目的则只能作为达到最终目的的手段而具有相对价值。在康德看来，目的如果纯粹由理性给予，它就适用于所有理性存在者，就是客观目的，具有普遍必然性；如果这个目的参杂了经验性、主观性的因素，那它就是偶然的、任意的，不具有普遍有效性，被视为主观目的。主观目的，也就是质料性的目的，其价值只是在理性存在者欲求它时才能体现出来，因而只具有相对的价值。与此相反，客观目的则是一种其存在自身就可以充当目的的东西，因此被视为目的自身。目的自身，不是行动要促成的目的，而是已经存在的目的，是自在的目的，其存在本身就具有绝对价值。[①] 需要注意的是，这种“已在”或“自在”并不是现实的存在，而是“应当”或“必然”存在。那么，是否确实存在这样一个可以充当目的自身，进而拥有绝对价值，拥有尊严的东西呢？康德在《奠基》中通过排除法来寻找。首先排除偏好的对象，因为它存在的价值是基于偏好或主体的欲求之上的，欲求一旦取消，对象所具有的价值也就不存在了，[②] 因此它的价值是相对的。其次排除偏好本身，因为偏好是基于感性的，它不可能对所有理性存在者都有效，因此不能充当客观目的，也就不具有绝对价值。毋宁说，完全摆脱它们才是每一个理性存在者的普遍愿望。[③] 再次，排除非理性存在者，因为它们的存在虽然不是基于我们的意志，但也是基于自然的意志，它们只有作为手段时才拥有相对价值，因而被称作事物。排除了以上三类存在之后，就剩下理性存在者了。康德断言，人以及一般而言的每一个理性存在者，都作为目的自身而实存（4：428）。在此，康德将理性存在者视为目的自身，并且认为它具有绝对价值，这是从目的与手段的关系意义上进行论证的。但同时也要看到，在目的与手段的这种关系中，能够具有绝对价值的目的自身又体现了亚里士多德式的对目的论体系的价值理解，即只有那个最终目的才可以被视为具有绝对价值的目

---

① 关于目的自身为什么具有绝对价值的问题，我们将在第四章讨论“人性公式”时具体展开。在此，只是先指出目的自身具有绝对价值。

② 需要注意的是，当“需要”不存在时，对象可能依然还能存在，但它相对于需要的价值就淡然无存了。也就是说，需要决定的是事物的价值而非事物的存在本身。

③ 但这并不意味着康德抵制感性偏好，甚至想要根除它们。它们只是不具有绝对价值，不能作为自在目的，在康德看来，根除偏好是不可能的，我们只能将其限制在与理性不相冲突的范围内，或者是在与理性相冲突时服从理性。

的。拥有尊严的理性存在者具有绝对价值，这是从目的论体系中最高目的的意义上来讲的。这也表明，在康德的道德体系中，作为理性存在者的人具有终极的价值意义。我们知道，中世纪的最终目的和绝对价值是上帝，而在康德的道德哲学体系中，上帝的位置为人所取代，这也体现了康德哲学的启蒙意义。由此可见，当康德运用绝对价值来描述尊严时表达的是尊严所具有的无上价值与意义。

再次，立法本身具有绝对价值是就立法具有赋予价值的能力而言的。康德说："除了法则为之规定的价值之外，没有任何东西具有一种价值。但正是因为这一点，规定一切价值的立法本身必须具有一种尊严，亦即无条件的、无与伦比的价值。"（4：436）在此，无条件的、无与伦比的价值就是指绝对价值。在康德看来，价值或善是由法则规定的，因此法则就具有绝对价值，具有尊严，法则所具有的这种绝对价值构成了其他一切价值的条件。[①] Korsgaard 通过价值回溯法对上述引文做了进一步的引申。理性存在者由于其本性而具有设定目的的能力。将某物设定为行动的目的就意味着将其视为有价值的、值得追求的东西，实际上，也就是一种赋予价值的行为。可以说，设定目的的能力也就是赋予价值的能力。因此，理性存在者或人作为这种能力的主体就具有绝对价值，具有尊严。在此，绝对价值这个概念向我们表明，在一个价值序列中，尊严所具有的价值是至高无上的，它甚至构成其他一切价值的条件。

最后，"绝对的内在价值"这个概念更凸显了尊严在价值序列中的崇高地位。康德说："作为这样一种人（作为本体的人），他不可以仅仅被评价为达成其他人的目的的手段，哪怕是达成他自己的目的的手段，而是应当被评价为目的自身，也就是说，他拥有一种尊严（一种绝对的内在价值），借此他迫使所有其他有理性的世间存在者敬重他，与同类的任何其他人媲美，在平等的基础上评价自己……"（6：435）我们在前面已经阐述了摩尔的价值理论。在摩尔看来，不同事物的内在价值之间是存在等级序列的。从亚里士多德的目的论来看，具有绝对内在价值的那个价值就是具有终极意义的价值。我们在前面分别就康德所说的尊严具有内在价值与绝对价值进行了讨论，而在这里，我们看到康德

① 严格来讲，立法和法则本身是两个概念，在康德看来，这两者都具有尊严，因此人们既尊重立法的行为，也尊重法则本身。

综合运用这两个概念来描述尊严的价值属性——绝对的内在价值。在亚里士多德的目的体系和摩尔的价值等级序列中，具有内在价值的事物并非都可以称为绝对的内在价值，只有那个最终或最高的内在价值才是绝对的内在价值。这是因为，处于中间状态的具有内在价值的事物，都具有相对性，而只有那个最高或具有终极性的内在价值，才是绝对的内在价值。在亚里士多德的体系中，只有最高的自足概念——幸福才可配享这一价值称谓。在中世纪，只有最高的存在者，上帝才有这样的地位。换言之，任何哲学体系或宗教体系中的“绝对的内在价值”者，决非可以等闲视之者，在康德的体系也是如此，尊严在康德的道德体系中具有如此崇高的地位，这就凸显了尊严的至高无上和不容侵犯性。在康德看来，人是有限的理性存在者，一方面，他可以作为现象的人存在，即有限的感性存在者；另一方面，他可以作为本体的人存在，即无限的理性存在者。人的这种双重性决定了他不可以被他人仅仅视为实现某种目的的手段，而是同时还必须被视为目的自身。换言之，人的存在自身就具有价值，因此这是一种内在价值。同时，康德认为，人的这种内在价值是绝对的，是所有具有内在价值的事物中那个最高的或终极的价值，因此是绝对的内在价值。

综上所述，我们主张，绝对价值和内在价值都是对尊严之属性的描述，或者说是从价值的视角出发对尊严的一个定位。那么，价值概念在康德哲学中所处地位如何？著名的康德主义者 Korsgaard 和 Wood 等学者非常强调价值概念。在他们看来，康德事实上已经将尊严视为一种本体论意义上的绝对价值和内在价值，同时这种价值也构成了我们应该尊重人这一道德命令的根据。根据以上对尊严所做的描述性分析，我们主张，康德并没有将尊严定义为一种本体论意义上的绝对价值或内在价值，绝对价值和内在价值仅仅是对尊严价值属性的描述，因此尊严或价值本身并不能构成道德命令，即尊重人的根据。事实上，任何以善恶或价值概念为根据的道德原则都只能是他律的道德原则，而这是康德极力批判的对象。Oliver Sensen 进一步佐证了以上观点。他指出，尊严作为一种形而上学意义上的内在价值或绝对价值的概念在 20 世纪之前并没有出现。[①]他同样主张康德并没有将尊严定义为一种本体论意义上的绝对价值或内

① Oliver Sensen, *Kant on Human Dignity*, Berlin/Boston, Walter de Gruyter, 2011, p. 17.

在价值，进一步来说，他认为在讨论康德哲学中的尊严问题时没有必要引入价值概念。[①]

三　两种意义上的尊严

在上述讨论中，我们从“优越性”和“价值”的角度对尊严概念做了一个描述性的解释。尽管尊严概念无论是在康德时代还是在现当代都备受重视，但事实上，无论是在哪个年代，哪个领域，人们都很难为它寻找一个确切的定义。因此，在上述讨论中，我们只是采用描述性的方法对其进行阐述。下面，我们再通过康德对尊严概念的具体运用来进一步理解尊严概念的内涵。康德在《学科之争》中说道：“人应当仅仅被他自己所规定，只要他把自己提高到他的源始的尊严，提高到对一切不是法则的东西的独立性。”（7：71）此外，他还说道：“所有人都凭借自由而拥有尊严，但是只有那些以某种方式运用自由的人才拥有第二种形式的尊严。”[②] 从上述引文中，我们可以看到，康德是在两种不同的意义上来运用尊严概念的。前者是“源始的尊严”，即人生而具有的尊严；后者被称为“第二种形式上的尊严”是指实现了的尊严。事实上，这一思想也并非康德首创，而是直接继承了斯多亚派的哲学思想。如前所述，西塞罗将尊严的运用范围扩展到所有人类。人由于自由和理性而优越于自然界的其他生物，这就是人的尊严和高贵所在。与此同时，西塞罗还强调，人应该通过正确运用自由和理性，过道德的生活。深受理性主义传统尤其是斯多亚派思想的影响，康德对尊严概念的运用也体现出了上述两层含义。

（一）“源始的尊严”

康德接过启蒙运动的旗帜，高扬人的自由和理性，并将其视为尊严的根据。就此而言，康德尊严思想似乎没有什么特别之处。但事实上，

---

① 关于尊严与价值的关系上，Sensen 也表现出了一定的矛盾，如他一方面认为，我们在讨论尊严问题时没有必要引入价值概念，参见 Oliver Sensen，“Kant's Conception of Human Dignity”，*Kant – Studien*100，2009，p. 313。另一方面，当他在论证“人拥有尊严”不能构成“尊重人”的根据时，他所引证的一个重要论据是康德所强调的“价值不能成为道德法则的根据，相反，所有价值都由法则来规定”。由此可见，Sensen 在探讨尊严问题时事实上已经不自觉地将尊严与价值相等同。对此，我们在第三章“尊严与自律”部分将给予进一步的说明。

② Reflections，AA19：181.04 – 06；cf. Pad，AA09：488，转引自 Oliver Sensen，“Kant's Conception of Human Dignity”，*Kant – Studien* 2009，p. 315。

康德尊严思想并非老调重弹。他是在对理性进行了一系列批判的基础上，将自由理解为意志自律，并最终将尊严的根据追溯到意志自律之上的，这就确保了尊严之根据的牢固性。意志自律就是理性的自立法自守法，也就是积极的自由。在康德看来，意志自律作为一种能力，它既可以以禀赋或潜能的形式存在，也可能以实现了的形式出现。就前者而言，人因为意志自律而享有的尊严就是一种“源始的尊严”，也就是说，所有人都平等地拥有这种尊严；就后者而言，意志自律这种能力的实现或彰显表现为道德性，人因此而享有的尊严就是“第二种形式上的尊严”，即“实现了的尊严”，这种意义上的尊严是因人而异的，只有那些行为体现出道德性的人才享有此种尊严。

康德在《奠基》中 17 次提及尊严概念，其中有 5 次涉及“源始的尊严”。下面，我们逐一进行分析。康德说：“理性把作为普遍立法者的意志的每一准则都与每一别的意志联系起来，而且也与对自己的每一个行为联系起来，而且这并不是为了任何其他的实践的动因或者未来的利益，而是出自一个理性存在者的尊严的理念，这个理性存在者除了它同时为自己立的法之外，不服从任何法则。”（4：434）Sensen 将此处对尊严的讨论视为“自律公式”的补充，由此，他主张，这里的尊严是指“实现了的尊严”。我们认为，Sensen 的解读有些片面，因为我们同样可以将康德在此提到的“理性存在者的尊严”理解为理性存在者由于意志自律这种能力而拥有的尊严。另外，康德在“理性存在者的尊严”之后还加了“理念”一词，而只有“源始的尊严”才是作为理念的或形式的尊严，“实现了的尊严”是对“源始的尊严”的彰显和表现，是理念的现实化。

康德说：“道德性和能够具有道德性的人性独自就具有尊严。”（4：435）Sensen 同样主张，康德在此所指的就是道德性的尊严，而非人或人性的尊严，因为康德强调的是道德性。我们认为，康德在这句话中同时表达了“源始的尊严”和“实现了的尊严”两层含义。一方面，道德性是目的王国之所以可能的条件，是理性存在者在其下才能是目的自身的条件，因此道德性具有尊严，这是“实现了的尊严”；另一方面，理性存在者的行为虽然不一定就必然体现道德性，但理性存在者却必然具备道德性的潜能或禀赋，当康德说，“具有道德性的人性”时就是指拥有道德性禀赋的人性，因此，由于人性中的道德性禀赋所具有的尊严就是一种“源始的尊严”。

“自律就是人的本性和任何有理性的本性的尊严的根据。”（4：436）这句话是康德在讨论完“自律公式”和“目的王国”之后得出的一个结论，也是理解康德尊严思想的关键。Sensen 同样将康德在此处对尊严的讨论视为自律公式的补充。由此，他主张自律在此就是指“自律公式”，康德所暗示的也就是法则的尊严。然而，我们认为，虽然这句引文是康德在讨论“自律公式”和“目的王国”的语境中提到的，但事实上，康德在此已经开始从作为法则的自律向作为意志之属性的自律过渡，因此，自律在此暗示了意志自律的能力，[①] 而这里所提到的人的本性或有理性的本性的尊严也就是指“源始的尊严”。康德说“惟有作为有理性的本性和人类的尊严”（4：439），在此，他又明确提到人类的尊严，这里所指的就是人与其他自然物相比的优越性，而这种优越性是作为理性存在者的人生而具有的，即“源始的尊严”。

康德说：“人性的尊严正在于这种普遍立法的能力，尽管是以它同时服从这种立法为条件。”（4：440）在此，康德明确把人性尊严与普遍立法的能力的联系起来。人不仅有立法的能力，同时也具有守法的能力。在康德看来，这正是人的尊严所在。人类虽然受法则和义务的束缚，但义务对于人来说并非是外在强迫的，它并非来源于外在的权威或任何形式的感性偏好，而是来源于理性存在者自己的本性。也就是说，义务是人自己加诸于自己的，人或理性存在者有自我立法的能力，与此同时还拥有服从这种法则的能力，正是这种能力凸显了人的尊严和高贵。尽管康德也多处提及义务或法则的崇高和尊严，但其实质还是强调人的“源始的尊严”。如他在《实批》中说道：“义务！你这崇高的、伟大的名字……你的可敬的起源是什么？……这东西无非就是人格性，亦即对整个自然的机械作用的自由和独立，但同时被视为一个存在者的能力，这个存在者服从自己特有的，亦即由他自己的理性所立的纯粹实践法则。”（5：86—87）上述引文虽然是对义务的称赞，但如果我们继续追问这种义务的根源时，就会发现它无外乎植根于人的本性中，人的自立法自守法的能力，也就是纯粹实践理性中。正是这种潜在的能力使

① 对此，我们将在第三章“作为道德法则的自律”和“作为意志之属性的自律”中做进一步的讨论。

人拥有了“源始的尊严”，这是人作为一个自然的理性存在者先天拥有的一种特权或优越性。这种意义上的尊严是人先天拥有的，因此也是绝对平等的，与个人后天的德性没有关系。正是在这一意义上，康德主张，罪犯和道德高尚的人平等地享有尊严（6：463）。可以说，在拥有尊严的问题上，康德坚持了绝对的平等主义立场。康德的这一思想与现当代的尊严理念一致，就此而言，康德的尊严思想确实具有浓厚的启蒙色彩。

由此观之，“源始的尊严”体现了尊严的平等性和先天性。康德之前的哲学家就已经提出尊严的根据在于自由和理性，康德的贡献或特色在于对自由和理性的深刻理解，即意志自立法自守法的能力，也可以理解为人格性或道德性的禀赋。换言之，康德通过对尊严之根据[①]的批判和发展进一步凸显了尊严的崇高和神圣，彰显了人的本质。人因为道德性的禀赋或潜能而拥有（源始的）尊严，这是尊严的理念，是一个必要的前提预设，是一个理性事实。

（二）“实现了的尊严”

如前所述，意志自律是尊严的根据，人由于这种能力而享有尊严，这是每个人拥有的源始的尊严。同时，康德也要求我们将自律能力发挥出来。这种能力的实现就表现为行为的道德性。道德性（morality /Moralitat）是行为与意志自律的关系，亦即意志的准则与可能的普遍立法的关系（4：439），它是相对于合法性（legalitas）而言的。一个行为与道德法则的一致就是合法则性（合法性）（legality），而行为准则与法则的一致才是行为的道德性（morality）。在康德的道德哲学中，一个人行为是否具有道德价值，不是从其结果是否符合道德法则的要求来判断的，而是从其行为的准则，亦即行为的动机来判断的。因此，只有那种出于对法则的敬重的行动才体现出了道德性，才具有道德价值。康德说：“行动的一切道德价值的本质取决于道德法则直接规定意志。如果对意志的规定虽然是按照道德法则发生的，但却是借助于一种情感，不管为了使道德法则成为意志的充足规定根据而必须预设的这种情感是什么性质的，因而不是为了这法则而发生的，那么，这行动就将虽然包含合法性，却不包含道德性。”（5：71）简言之，道德性就是自律行为所

① 关于尊严的根据问题，我们将在第三章具体阐述。

具有的属性。康德在《奠基》中正式讨论尊严概念时，首先谈到的也是道德性的尊严，与此同时，他也在这一意义上提及义务的尊严和法则的尊严。

当康德说“尽了自己一切义务的人格的崇高和尊严”（4：440）时，就是指实现了的意义上的尊严。当然，这里所谓“实现”也不是就行为结果或效果而言的，而是就其准则是否体现了道德性而言的。在康德看来，尽了自己一切义务的人格，就是一个将意志自律实现出来的人，一个拥有善良意志的人，这样一个人通过其行为的道德性将“源始的尊严”实现了出来。因此，他说只有那些“以某种方式运用自由的人”，也就是正确运用理性，遵循法则的要求而行动的人才拥有第二种形式的尊严。《奠基》和《道德形而上学》都是围绕道德法则或定言命令展开的，可以说，康德伦理学的使命就是要使道德纯洁化。在他看来，他律原则不但没有找到真正的道德性，而且还有损道德的纯粹性。因为它们都没有意识到道德法则或义务不是来源于外在的权威而是源自人的自由本性。康德在强调道德来源的纯粹性的同时，也要求我们运用内在于心的这种理性能力，将“源始的尊严”实现出来。

那么，我们是否可以通过其他途径，如个人的才能、成就、荣誉等等来实现“源始的尊严”呢？因为，在日常生活中，我们常常会给与那些在才能、权力、财富、荣誉等方面成绩显著的人以更多的尊重，这是否意味着这些人通过不同于德性的方式而实现了“源始的尊严”，获得了“第二种形式的尊严”呢？事实上，康德也意识到了个人在这些能力或素质方面的差异，他说：“根据人们性状的不同，或者根据其部分地是基于任意的安排的偶然关系的不同，亦即年龄、性别、出身、强弱的不同，或者干脆是地位和身份的不同，而向他人表示的不同尊重，不可以在德性论的形而上学初始根据中详细陈述并加以分类，因为这里要讨论的只是德性论的纯粹理性原则”（6：468）。康德在此提到的“尊重”不同于我们对人性尊严或道德性尊严的那种敬重，因为前者的根据是现象领域的事实——个人才能、成就等，而后者的根据是本体领域的理念——人性尊严及其在理想状态下的实现——德性尊严。换言之，康德认为，德性或道德性是实现或彰显尊严的唯一途径。这一观点与康德对人性的认识紧密相关，因为在他看来，道德才是人的本质，人只有作为道德的本体存在者才能真正实现人的本质，也只有在这种状态下，人才是真正自由的。

由此观之，在康德看来，人只有通过道德性才能将潜在的自律能力，将“源始的尊严”实现出来，就此而言，我们也可以将实现了的尊严称为德性尊严。如前所述，康德强调道德的纯粹性，强调行为的道德性，可以说，与“源始的尊严”相比，康德似乎更加强调“实现了的尊严”。因为康德道德哲学除了寻找并确立道德原则之外，其真正的使命是提升人性，让人的不纯粹的意志逐渐向纯粹意志过渡，让人最终成为一个道德的人，一个拥有善良意志的人。在这一意义上，我们说，“实现了的尊严”是康德尊严思想的归宿。而且，康德强调的是内在的实现，即通过道德性将源始的尊严实现出来。有学者据此得出如下结论：根据康德的理论，有道德的人才有尊严，无道德的人就没有尊严。事实上，这一结论是片面的，它只适用于德性尊严或实现了的尊严，却忽视了“源始的尊严”。在康德哲学中，“源始的尊严”可以说是一个自明前提，是一个必要的前提预设，是一个理性事实。

每个人由于先天的自由能力而享有“源始的尊严”，这种意义上的尊严是理性存在者生而具有的一种属性，遵循不增不减原则，它不会因为个人德性、成就、荣誉等的改变而有所差异。在这一意义上，德性高尚的人和罪犯拥有同等程度上的尊严。而道德性的尊严或实现了的尊严则具有差异性，只有那些行为体现出道德性的人才享有这种意义上的尊严。事实上，实现了的尊严与康德尊严思想的另一主题紧密相关，即配享尊严的问题。可以说，《奠基》通过对道德性的尊严、法则的尊严以及义务的尊严等概念的强调，凸显出实现了意义上的尊严。《道德形而上学》则通过对具体义务的分析说明人如何才能将“源始的尊严”彰显出来，实现“第二种形式的尊严”。有限的理性存在者由于其自身的有限性，在践行法则上必然会表现出差异性，但是这种差异性并不意味着我们可以据此有区别地对待每个人的尊严，而只是意味着在配享尊严的问题上，人与人之间是有差异的。那些道德高尚的人通过践行道德法则获得了较高的德性，维护和彰显了自己生而具有的尊严，实现了“第二种形式的尊严”，因此，也使自己更加配享尊严。而那些行为虽然符合义务却并非出于对法则的敬重的人，虽然还拥有源始的尊严但却没有实现“第二种形式的尊严”，因此在配享尊严的问题上略逊于道德高尚的人。那些行为违背道德法则的人则由于其恶行或恶习贬低了自己的人性、践踏了自己的尊严，进而也使自己不配享有尊严。简言之，我们可以将上述两种意义上的尊严概括为“拥有尊严”和“配享尊严”两个层面。就前者而言，道德高尚的人和道德卑劣的人拥有平等的尊严，因为他们都具有先天的自由能力；就后者而言，二者在配享尊严的问题上则表现出差异性。尽管如此，这种差异性却不影响他们拥有“源始的尊严”这一事实。换言之，是否配享尊严与是否拥有尊严是两个不同的问题，即便对于那些不配享有尊严的罪犯来说，我们也应该给予其最基本的尊重，因为他拥有“源始的尊严”。

综上所述，我们将尊严视为一个辩证的理念。它不是一种静止状态，而是表现为一个动态的发展过程，即在不断的努力中将源始的尊严逐渐实现出来，达到“崇高”的境界。将人内在的源始的尊严实现出来，将人从有限的理性存在者提升到神圣存在者的行列，这是人类的使命，正是在完成这一使命的过程中，人的价值和尊严才得以真正体现。尽管我们在有生之年无法实现，但正是在这种锲而不舍的追求和努力中，在不断地通过获得德性彰显尊严的过程中，我们的人生才被赋予了意义。这种意义也唯有人才可以赋予，它虽然不必然地造成人的幸福，但却构成了人的现实的、真正意义上的尊严。

第三章　尊严与自律

在现当代政治哲学和道德哲学中，autonomy 一词越来越受到人们的关注，其价值也得到人们的普遍认可。国内对 autonomy 一词的翻译有两种，一种是自主，一种是自律。前者更多用于现当代哲学、政治学、应用伦理学等语境中，后者更适用于康德哲学的语境中。因此，本书在谈及现当代语境中的 autonomy 时采用“自主”的译法，在讨论康德哲学中的 autonomy 时采用“自律”的译法。本书采用这种区分一方面是为了便于阐述 autonomy 在不同语境中的含义，另一方面是为了凸显康德哲学中自律概念的深刻内涵。然而，无论是译为“自主”还是“自律”，autonomy 这个概念都与自由有着紧密的联系。自由是康德伦理思想的核心，这一点已经成为康德学术界的共识。康德继承了理性主义的传统，强调人由于自由而拥有高于其他自然物的尊严，这似乎也已经成为康德道德哲学的自明前提。然而，康德尊严思想却绝不仅仅是传统尊严思想的老调重弹，他对传统尊严思想的推进体现在将尊严的根据更加牢固地奠定在自由概念之上，而这一贡献从根本上来说得益于他对自由概念的深刻理解，即意志自律。可以说，意志自律是康德自由理论的归宿，也是康德尊严思想的基石。那么，在康德哲学中，自由和自律究竟是什么关系？本章第一节将通过展现康德哲学中自由概念的丰富内涵，说明意志自律就是积极意义上的自由概念。另外，康德说：“自律就是人的本性和任何有理性的本性的尊严的根据。”（4：436）这句话是我们在探讨尊严的根据，即人为什么享有尊严时的关键。那么，我们该如何理解康德在此所说的“自律”，自律又在什么意义上构成了尊严的根据？对此，我们将在第二节展开讨论。

第一节 自由的内涵

自由是一种能力，在理论领域表现为具有自发性的先验自由，它自行开始一个因果序列；在实践领域表现为实践的能动性，能够独立于感性偏好的影响，自己规定自己，其最高形态表现为自立法自守法的意志自律，因此意志自律就是积极的自由概念。先验自由是康德在理论领域为自由争取的一个合法地位，这个理念只有在进入实践领域之后才能将自身丰富的内容展现出来，因此，先验自由是实践自由的前提，实践自由是先验自由的归宿。

一 先验自由

康德在《纯粹理性批判》的第三个二律背反中指出，先验自由是为了解释世界的全部现象而假设的一个理念、一种原因性①，这种原因性作为一种自发性、能动性，是一个绝对的开端，它能够摆脱自然因果律的束缚，自行开始一个因果序列。自然因果律也就是充足理由律，它强调任何一个东西的因果链条都是完备的，因此就要不断地追溯原因，而只有假设存在一种自身就是原因的绝对自发性理念，它才不至于处于永无止境的无穷追溯，自然因果律才能够保持自身一致，即保证充足理由律在解释世界的现实存在时的有效性。这种绝对自发性的理念就是先验自由，它要求独立于经验世界，自行开始一个因果序列。

康德又对先验自由作了进一步的解释，他说："我们只能就发生的事情设想两种不同的原因性，一种是按照自然的，一种是出自自由的……我所说的自由在宇宙论的理解中就是自行开始一个状态的能力，所以它的原因性并不是按照自然规律又从属于另外一个按照时间来规定它的原因。自由在这种意义上就是一个纯粹的先验理念，它首先不包含从经验中借来的任何东西，其次它的对象也不能在任何经验中被确定地给予……理性就为自己设立了能够自行开始行动的某种自发性的理

① 自由作为原因性是不考虑后果的，因此，准确来讲，只有自由原因性，没有自由因果性。而在自然因果性中，因和果是分不开的，是一种必然的联系。但为了将二者对照起来讨论，我们一般也把自由原因性翻译为自由因果性。

念……”（《纯批》A532—533/B560—561）这段引文可以说是康德对先验自由比较精确、全面的阐释。自然因果性来自知性的先天范畴，自由因果性是这同一个范畴运用于“世界整体”时理性自己产生的一个自发性理念。在此，康德将先验自由视为一种宇宙学的理念，表现为两个特点：首先，就其本身而言，它是纯粹的先验理念，它要摆脱经验的束缚和时间的限制，是一种完全独立于经验世界的自然因果律，无条件地开始一个因果序列的能力，一种绝对的自发性；其次，所谓先验，就是指先于经验，但又用于经验，因此先验自由必然与“发生的事情”有联系，这种联系是通过它产生的结果与经验世界发生的，也就是说，由先验自由所引发的结果又要作为经验世界的现象服从自然因果律。先验自由，作为自由因果性可以与自然因果律并行不悖，只是二者运用的范围不同，前者用于本体界，后者用于现象界，前者是后者之所以可能的前提。

先验自由在康德看来包含了两个层面，他说：“而它的这种自由我们不能够仅仅消极地只看作是对经验性条件的独立性（因为那样一来理性能力就会不再是诸现象的一个原因了），而是也可以通过一种自行开始诸事件的一个序列的能力而积极地表明出来。”（《纯批》A553—554/B581—582）先验自由的消极含义是从其对自然因果律的独立性来说的，积极的含义则是指其自行开始一个因果序列的原因性，先验自由的这种积极含义只是被假定的，它只是作为感性世界的原因性来设想的。与之相应，先验自由的作用也就表现为两个方面：首先，是一种限制性的作用，为知性划界，防止知性超越经验世界去把握本体界无条件的东西；其次，是一种范导性的作用，引导知性去追求实现一切科学知识最大可能的系统统一性，启发我们去思考本体界的东西，向我们指示“应当”如何行动。

先验自由的这种绝对自发性的能力虽然只是被假定的，但却是一种必然的、必要的假定，因为它构成了行动可归咎性的真正根据。康德说：“先验自由必须被设想为对于一切经验性的东西，因而对于一般自然的独立性，无论这自然是被视为仅仅在时间中的内部感官对象，还是被视为同时在空间和时间中的外部感官对象，没有这种惟一是先天实践性的（在后面这种本真意义上的）自由，任何道德法则、任何按照道德法则的归责都是不可能的。”（5：97）我们以一个罪犯撒谎的例子来看，尽管我们可以从他所受的教育、环境的影响、天生的气质以及当时的各种偶然条件中找出为他辩护和开脱的理由，但最终我们还是要将其定罪，这样做的根据就在于我们承认他是自由的，其犯罪行为应该归于他的意志。

先验自由在理论领域不能被经验所证实，但同样也不能被证伪，康德说："超验的理性知识就其理念而言既不能在经验中被给予，它们的命题也从来不能通过经验来证实，也不能通过经验来反驳。"（4：329）就其本身来讲，自由是一个空洞的概念，尽管如此，以先验自由的形式保存下来的这个理念却为它的实践运用留下了地盘，也因此构成了实践自由的前提条件。先验自由的理念使人同时作为感性存在者和理性存在者成为可能，并提供了人超越自己的有限性不断接近无限，接近真正自我的可能性。而人要去实现这种可能性，就必须进入实践领域，在实践自由的指引下行动。

二　实践自由

实践自由是先验自由在实践领域的运用，是"一种独立于感性冲动的强迫而自行规定自己的能力。"（《纯批》A534/B562）康德说，一切与自由相关的东西都是实践的。根据理性在实践运用中的不同层次，实践自由又分为消极的自由的任意和积极的自由意志两个层次，前者表现为对感性冲动的独立性，后者表现为意志的自立法自守法。消极自由是积极自由的前提和雏形，内涵了积极自由的可能；积极自由是消极自由的完全展现和最终归宿。

（一）消极自由

自由概念与理性概念不可分割，在康德哲学中，自由的实质就是理性，或者也可以反过来讲，理性的实质就是自由。因此，对理性概念的分析能够帮助我们更好地理解自由概念。下面，我们就首先从对理性概念的分析出发。与实践自由的两个层次相对应，理性在实践方面的运用也有两个层次，康德说："一切通过自由而可能的东西都是实践的。但如果施行我们自由的任意①的条件是经验性的，那么理性在此就只能有

---

① Willkur/choice 这个词，邓晓芒先生翻译为"任意"，李秋零先生翻译为"任性"。本书在此采用"任意"这种译法主要是为了与"意志"相对照。Willkur 一词是由 Wille（意志）和 Kur（选择）复合而成的，当任意发展为自由的任意时就已经是意志了。

一种调节性的运用，并且只用于产生经验性规律的统一性。例如，在教人明智的训导中，把我们的爱好向我们提出的一切目的都在一个惟一的目的、也就是幸福里面结合起来，并使达到幸福的手段协调一致，这构成了理性的全部工作。理性因此之故只能提供出自由行为的实用规律，以达到感官向我们推荐的那些目的，因而决不能提供完全先天规定的纯粹规律。与此相反，纯粹实践规律的目的是理性完全先天给出的，这些规律不以经验性的东西为条件，而是绝对地命令着的，它们将是纯粹理性的产物。但这样一些规律就是道德的规律，因而它们只属于纯粹理性的实践的运用并容许有一种法规。"（《纯批》A800/B828）当实践理性与一些经验因素结合在一起时，它就是一般实践理性，也就是我们常讲的工具理性，这时，理性是作为手段的理性，其运用是为了满足实用的意图，如幸福；当理性完全摆脱经验的影响时就成为纯粹实践理性，纯粹实践理性指向道德，在此，理性的运用是为了给出并确立道德的规律，这些规律不以经验为条件，而是绝对地颁布命令。康德在《实践理性批判》的前言和导言中也暗示了理性的这种划分。在解释《实践理性批判》一书的命名时他认为，我们所要做的只是阐明存在着纯粹的实践理性，且它本身就是实践的，在此基础上进行一般实践理性的批判，因为纯粹理性自身就包含着对它的一切应用进行批判的准绳。而一般实践理性批判的责任就是要"阻止经验性上有条件的理性以排他的方式想要独自提供意志的规定根据的僭妄"（5：16）。有条件的理性就是指一般实践理性，因为它总是要以经验性的目的为前提，为之服务。理性作为一般实践理性表现出来的只是实践自由的第一个层次——自由的任意，而作为纯粹实践理性所表现出来的则是实践自由的第二个层次——意志自律。

康德说："在实践的理解中的自由就是任意性对于由感性冲动而来的强迫的独立性。因为一种任意就其（通过感性的动因而）被病理学地刺激起来而言，是感性的；如果它能够成为在病理学上被迫的，它就叫做动物性的。人的任意虽然是一种感性的任意，但不是动物性的，而是自由的，因为感性并不使它的行动成为必然的，相反，人身上具有一种独立于感性冲动的强迫而自行规定自己的能力。"（《纯批》A534/B562）任意是感性的，它的目的也是感性的，如欲望、情感、感觉等，这是一般的任意。这种感性的任意分为两个层次：动物性的任意和人的任意。动物的行为完全出自感性的冲动，也就是说，任意在动物身上只表现为一种必然性，是感性冲动刺激并直接规定任意，从而引发行动，因此动物的任意完全是感性的，没有任何理性的参与。人的任意虽然也是感性的，也受感性冲动的刺激，但这种刺激对于人的行动来讲不具有必然性，因此任意在人身上就表现为一种自由的任意。人的任意之所以是自由的就在于有理性参与其中，它不是被直接刺激感官的东西规定着，而是通过理性将总体上对我们有利的东西表现出来，为了更长远的目标而克制暂时的感性欲求。换句话说，人的任意在此表现为一种自由的选择能力，它可以摆脱动物性冲动的直接规定而选择在理性的指导下行动，尽管理性在此还不是纯粹的实践理性。因此说，自由的任意的动机是建立在理性之上的。理性作为自由的任意的初始动因与感性结合在一起，告诉我们哪些东西更有利，哪些东西在整体上更值得追求。因此，自由的任意在此也表现为一种命令，只不过这种命令是假言命令，总是以经验欲求为条件的。自由的任意中所表现出来的这种理性就是理性运用的第一个层次，即实用的层次，在此，理性只起到调节性的作用。自由的任意只是相对的、有条件的自由，因为在这种自由中参杂了感性经验，也正因此，康德说，这种实践自由是可以通过实践来证明的（《纯批》A802/B830）。动物的任意在人的理性的规定之下就成为了自由的任意。

简言之，自由的任意作为消极的自由就是指对感性偏好的独立性，进一步来讲就是指一种自由的选择能力，但由于在此规定意志的还只是一般的实践理性，因此它还不是真正的道德实践能力。尽管如此，自由的任意作为消极自由的概念是理性之自发性、能动性的雏形，它所表现出来的独立性和一般的自由选择能力已经蕴含了积极自由的可能。因此，人只要有理性，有一般的自由选择能力，就意味着他有积极自由的可能，有意志自律的潜在形式。当消极自由进一步发展为积极的自由概念时，才最终显示出它作为纯粹实践理性的实践能力，也才最终将自由完全展现出来。。

（二）积极自由

当理性先天地提供出道德的规律时，它就摆脱了一切经验的影响，表现为具有立法功能的纯粹实践理性。当意志被一般实践理性规定时，表现为自由的任意，因为这里还有经验因素的参与；当意志被纯粹实践理性规定时，表现为自由意志，这是实践自由的第二个层次。理性在此给出的规律是客观的自由规律，是自由本身的规律。康德说："理性也给出了一些规律，它们是一些命令，亦即客观的自由规律，它们告诉我们什么是应该发生的，哪怕它也许永远也不会发生，并且它们在这点上与只涉及发生的事的自然律区别开来，因此也被称之为实践的规律。"（《纯批》A802/B830）自由的任意中也有自由，也有规律，但它的规律还不是自由本身的规律，它还要受感性经验的束缚，因此只是经验的规律，也就是康德在《道德形而上学奠基》中所讲的技术上的实践规则。而理性在此给出的这些客观的自由规律则完全不考虑经验的欲求，单纯从理性自身出发，告诉我们什么应该发生，哪怕永远也不会发生。这个"应当"就是一种命令，是区别于假言命令的定言命令，它适用于所有理性存在者，要求我们无条件的、绝对地遵循。理性在此就从自由的任意中的一般实践理性上升到纯粹实践理性，完全摆脱了感性经验的影响，这就是自由意志。如前所述，在自由的任意中，理性表现出对感性经验的不纯粹的独立性中已经暗示了一种纯粹独立于感性经验的可能。

自由意志作为第二个层次上的实践自由，其实质就是意志自律，是积极的自由，是纯粹实践理性。康德说，理性在实践运用中所关注的是意志的规定根据，而规定意志的既可以是一般实践理性，也可以是纯粹实践理性。相应地，意志作为一种能力表现出两个层面，康德说："意志是一种要么产生出与表象相符合的对象、要么规定自己本身去造成对象（无论自然能力是否充足）亦即规定自己的因果性的能力。"（5：15）如果理性作为纯粹理性独自就能对意志作出规定，也就是说，意志能够仅仅根据纯粹理性先天提供的道德法则来规定自己的原因性，此时意志就是纯粹的意志，又因为，康德也将意志视为实践理性，所以，这个纯粹的意志也就是纯粹实践理性。如果规定意志的只是一般的实践理性，如假言命令所示的那样，那么意志作为一种能力在此就是不纯粹的意志，充其量也就是一般实践理性。纯粹实践理性或纯粹意志已经暗含在一般实践理性或不纯粹意志之中，甚至构成了后者的实质。因此，纯粹实践理性规定意志就是一种内在的规定，是自立法；而意志对道德法则的服从也就是对纯粹实践理性、纯粹意志的服从，是自守法。意志自律所表明的正是意志的自立法自守法。

康德说："意志是有生命的存在者就其有理性而言的一种因果性。"

（4：446）自由就是这种因果性表现出来的属性，即意志能够独立于外来的原因而起作用，这是消极意义上的自由。又因为因果性的概念内涵法则、规律的意思，所以自由也必然是有法则的。但自由的这种法则又不同于自然因果性，在自然因果性中，作用因被外来的东西所规定，因此是他律。自由所遵循的规律既然不是源自外在的权威、传统或习俗等，那就只能源自理性存在者自身。同时，既然我们承认理性本性才是一个人真正的自我，那么，自由所遵循的这种法则就只能源自理性本性。因此，自由的规律就表现为自律——纯粹实践理性对意志的直接规定。自律暗示出纯粹理性自身所具有的能动性，而这正是自由的积极概念。康德说："纯粹的理性、且作为纯粹的而是实践的理性的这种自己立法却是积极意义上的自由。"（5：33）因此，意志自律就是自由意志，就是积极的自由概念。

实践自由的两个层次并非指两种不同的自由，而是指同一种自由在起作用时的两种表现或两个阶段。自由的任意中所体现的只是一般的实践理性的能力，它所提供的规律是一些实用的规律；自由意志所体现的则是纯粹实践理性的能力，它所提供的规律是道德的规律、真正自由的规律——自律。既然一般实践理性本身已经内涵了纯粹实践理性的可能，那么，自由的任意中也已经蕴含了自由意志的可能，是自由意志的前提；同时，作为自由意志或意志自律的积极自由也必然内含具有独立性的消极自由，也就是自由的任意。概言之，消极自由内含了积极自由的可能性，暗示了一种潜在的、纯粹的自发性和能动性，即意志的自律能力，意志自律就是自由能力的完全展现。当我们说一个人有理性，有自由的选择能力时就意味着他至少拥有自律的潜在能力，又因为自律是尊严的根据[①]，所以，即便是罪犯，只要他有理性，有自由的选择能力，他就拥有意志自律的潜能，因此也就拥有尊严且不可丧失。进一步来说，意志自律是自由的本质，其实质就是纯粹实践理性，是人性中最本质的东西，也是从根本上将人与其他自然物区分开的本质特征。正是在这一意义上，我们说，意志自律是自由、理性、人性的本质[②]。当我

---

① 对此，我们将在接下来的讨论中给予详细说明。

② 关于"意志自律是人性的本质"的观点，我们将在第四章"尊严与人性"部分给予进一步的说明。

们说，人因其自由、理性或人性而拥有尊严时，其实质也就是指人因其意志自律而拥有尊严①。

第二节　自律：尊严的根据

康德尊严思想的最大贡献就是将尊严的根据牢固地确立在自律概念上。自律不仅仅是康德尊严思想的基石，而且也是整个康德哲学的核心概念。自主是现代自由主义的核心理念，学者们基本上主张，尊重个人自主就是在尊重人的尊严。现代自由主义者普遍认为他们的这一思想受到康德自律概念的启发。康德说："自律就是人的本性和任何有理性的本性的尊严的根据。"（4：436）由此推论，自律是尊严的根据。那么，康德的这一论断是否与现代自由主义者的观点完全一致呢？事实上，康德哲学中的自律概念蕴含着远比现代自主概念更丰富的内涵。那么，如何理解康德哲学中的自律？又如何理解自律是尊严的根据？这些问题构成本节讨论的重点。国内外许多学者指责康德的尊严思想过于狭隘，事实上，这些批评几乎都是在误读自律概念的基础上产生的。

一　自律的内涵

从文本来看，康德在运用自律这一概念时，有时将其视为作为道德法则的自律，有时又将其视为意志的属性，积极的自由概念。那么，自律到底是道德法则，还是意志的属性？正确理解自律概念是我们把握康德尊严思想的关键。纵观《奠基》文本，康德对尊严概念的论述是在讨论自律公式以及目的王国时展开的。自律作为道德法则是一个理念，它何以能够成为人之尊严的根据呢？康德在此想要表达的意思究竟是什么？在此，我们将以《奠基》第二章对自律的讨论为文本依据来回答上述问题。

（一）作为道德法则的自律

在康德哲学中，道德、理性、自由，这三个概念的本质是相通

---

① 人因为意志自律而拥有尊严。意志自律在此既可以以潜能的形式呈现出来，如在罪犯身上；又可以以现实的自律能力呈现出来，如在道德高尚的人身上。但无论是以潜能的形式还是以实现了的形式呈现，罪犯和道德高尚的人在是否拥有尊严的问题上是平等的。我们将在后文中对此观点做更进一步的阐述。

的。在分析自由的内涵时，我们已经指出，自由的最高形态就是自由意志或意志自律，其实质就是纯粹实践理性，而道德法则无疑就在于要求意志根据纯粹实践理性去行动。由此推理，纯粹实践理性是上述三个概念的核心。可以说，纯粹实践理性是理性的最高形态，是道德的核心，也是自由的精髓，更是人的本质特征。维护道德的纯粹性就是在维护人的自由，彰显人的本质和尊严。因此，康德强调道德的纯粹性，强调道德法则的权威性。在他看来，如果缺乏正确判断道德的最高规范，道德本身就会受到各种各样的败坏。因此，《奠基》的工作就是要寻找并确立道德的至上原理。而这一工作只有在自律的理念或原则中才得以实现。

自律是定言命令或道德法则的第三种表达形式，但自律在《奠基》中却以理念的形式首次出现。康德说："如今，由此得出意志的第三条实践原则，来作为意志与普遍的实践理性相一致的最高条件，即每一个理性存在者的意志都是一个普遍立法的意志的理念。"（4：431）我们可以设想两种意志：一种是服从法则的意志，如人这样一种有限理性存在者的意志；另一种是作为最高立法者的意志，如神圣的意志。有限理性存在者的意志是不纯粹的，因为他始终不能完全摆脱感性偏好的影响，因此，这个意志在服从法则的同时还可能是出于某种兴趣的考虑而服从；在一个神圣的意志那里，意志就表现为纯粹意志，他的意欲自然地与法则相符合，绝对不可能再依赖任何一个兴趣，或者说，他自身就充当了立法者。因此说，人的意志是现实的、有限的；神圣存在者的意志则是一个理念，这个理念对于人的意志来说具有规范性。由此，自律虽然以理念的形式首次出现，但已经包含了命令的内涵，即它要求每一个有限的理性存在者的意志成为普遍立法的意志，使不纯粹的意志成为纯粹意志。进一步来讲，要求每个理性存在者能够像神圣存在者那样在遵从道德法则时排除一切感性偏好的影响，纯粹出于对法则的敬重而遵从，这正是道德法则的要求。

康德认为，自律公式是定言命令最完整的表述，他说："不按照任何别的准则采取任何行动，除非该准则是一条普遍法则这一点能够与该准则相容，因而只这样采取行动，即意志能够通过其准则同时把自己视为普遍立法者。"（4：434）在此，自律以命令的形式表达了出来。在康德看来，自律原则是唯一的道德原则（4：440），因为自律公式最终将定言命令和假言命令区分开来①。具体来说，意志自律要求意志既遵从道德法则，同时又能将自己视为法则的创作者②。如果该意志在遵从道德法则时还需要从其他偏好或兴趣中寻找动机，那么，就需要另一个意志将这种自爱的兴趣限制在道德法则的条件下。这样，意志就不再是自律的意志，而是他律的意志，而他律所提供的命令只能是有条件的假言命令。因此，自律原则通过摆脱一切偏好兴趣的影响真正将定言命令与假言命令区分开，将道德原则与非道德原则区分开来，进而维护了道德的纯粹性和权威性。

接下来，我们通过与他律原则的比照来进一步揭示自律原则的至上性。他律原则所提出的假言命令不能充当真正的道德原则是因为它不具有普遍有效性，同时，也有损道德的纯粹性。假言命令可以简化为“如果你想要 X，那么你必须做 Y”，在这一命令中，行为者履行 Y 的要求并非出于对 Y 的敬重，而是为了获得 X。由此，只有在某人需求 X 的时候或对于那些需求 X 的人来说，这条命令才有效，因此该命令不具有普遍有效性；另外，在这一命令中，命令 Y 成了实现需求 X 的手段，命令 Y 本身也丧失了权威性和纯粹性。简言之，在他律原则中，意志在遵从法则时总是从意志的对象中寻找行动的动机，由此得到的就“绝非义务，而只是出自某种特定利益而行动的必然性”（4：433）。正因此，

---

① 普遍公式和人性公式虽然都是定言命令的表现形式，但这两个公式还只是被假定为定言的（4：431）。康德《奠基》在第一章中，为了解释善良意志的概念，引出了义务的概念。在第二章中，为了说明义务概念的现实性和必然性又假定存在这样一种定言地下命令的东西，且必须满足普遍法则的形式。接着，为了证明定言命令的有效性，康德又假定存在一个具有绝对价值的目的自身，这个目的自身构成了道德法则的根据，由此引出“人性公式”。由此可见，前两个公式都是为了说明某个问题而一步一步假设的。

② 康德在《伦理学讲义》中区分了创作者 author 和立法者 legislator。“创作者”决定法则的内容。Wood 认为，道德法则没有创作者，因为道德法则是自然法，法则的内容是先天的，不取决于任何意志。康德在此说，（纯粹）意志可以看作是法则的创作者。因为根据自律这一理念，你所服从的法则正是你自己为自己立的法，法则的内容可以看作是你的纯粹实践理性所规定的。所以，在这一意义上，意志可以看作是法则的创作者。“立法者”具有两个特征 commands + sanctions，即立法者首先要下命令，同时还会根据行为给予相应的制裁和嘉奖。上帝的意志可以在下述意义上被视为立法者，上帝会给出诫命 commands，同时，上帝也会根据人的德行来分配幸福 sanctions。参见 Allen W. Wood，*Kantian Ethics*，Cambridge University Press，2008，pp. 111 – 114。康德在《道德形而上学》中说，实证法可以有创作者，如现有的国家法律，其内容是人制定的，当然这是经验中的“法”，而非康德在《奠基》中所指的（先天）法。

康德说，只有自律的道德原则才能充当道德性的至上原理，而在他律原则中，人们只看到人类受道德法则的束缚，并从欲求的对象中寻找遵从法则的动机，却从没有意识到人类服从的法则恰恰是他自己为自己制定的，并正因此才服从。

在康德看来，如果每个理性存在者在采纳行动的准则时能够以普遍立法意志的标准来评价自己的意志和行为，那么，这样的理性存在者的概念就会导向一个目的王国[①]的概念。在目的王国中，每个理性存在者的意志都是立法的意志，他们不仅从自己的立场出发同时也从每个其他理性存在者的立场出发来采纳行动的准则。简言之，在这样一个王国中，每个理性存在者都是一个拥有善良意志的存在者，彼此之间相互尊重。在康德看来，目的王国虽然是一个理想，但是如果每个理性存在者都能够严格遵从道德法则的要求，目的王国的理想是可以成为现实的（4：438）。因此，康德说："道德性存在于一切行为与立法的关系中，唯有通过这种关系，一个目的王国才是可能的。"（4：434）康德对尊严概念的正式讨论就是在进一步阐述自律公式和目的王国的理念时展开的。

（二）作为意志之属性的自律

在康德道德哲学中，意志自律首先是作为道德法则出现的。之后，康德在"作为道德的最高原则的意志自律"这一标题下又对自律做了一个简短的说明。紧接着，他在《奠基》第三章开头又对自由与意志自律的内在关系进行了逻辑推论。这两段文字为我们理解意志自律提供了另一个视角，即，自律是意志的一种必然属性。既然意志是一种行动的能力，那么，拥有自律这种必然属性的意志，即意志自律或自律意志

① 所谓王国就是各种理性存在者通过共同法则的系统的联合。因为，法则根据其普遍有效性的特点规定了目的（的内容），如果我们在目的王国中将理性存在者的个人差异抽象掉，也就是将他们的私人目的抽象掉，那么，在一个系统的连接中，所有目的的整体也就是目的王国就是可以被设想的，它通过以上原则成为可能。这里有两点需要注意：首先，因为理性存在者的个人差异、私人目的是基于感性偏好的，不具备普遍必然性，很有可能会冲突，所以必须被抽象掉；其次，抽象不等于排除，这里的抽象是指将其统一在一个共同的目的之下。在目的王国中，私人目的还是存在的，且在一定程度上还要保证它们的实现，但它们必须与共同目的（共同目的就是指理性存在者作为自在目的）相一致，不能与之相违背。在共同目的的许可的范围内促成私人目的的实现。这样一个目的的整体就是一个系统的联合，是一个秩序井然的共同体，这就是目的王国的内涵。

也就可以理解为一种能力，只不过这种能力可能以潜在的方式存在，也可能以实现出来的方式存在。如前所述，意志自律就是积极的自由概念，这也暗示了意志自律是理性存在者的一种先天能力。也就是说，我们可以从作为属性的自律中推导出作为能力的自律概念，尽管康德并没有明确将自律视为一种能力。下面，我们具体论述。

首先，我们从意志的概念来分析。康德说："意志的自律是意志的一种性状，由于这种性状，意志对于自身来说（与意欲的对象的一切形状无关）是一种法则。"（4：440）自然界的其他事物都是按照法则或规律而发生作用的，唯有理性存在者或人拥有一个意志。借此，他通过自己对法则或规律的认识将这种认识进一步转换成自己行动的原则。因此，意志概念必然包含了理性的概念，一方面表现为理论理性或认知理性，即对法则或规律的认识，另一方面表现为实践理性，即将原则运用到自己的实践行动中。简言之，意志是理性存在者的行动能力，康德也将其称为因果性（causality）。意志如果单纯地被实践理性所规定，其行动就体现了道德性；相反，如果意志在行动时还同时受到感性偏好的影响，其行动就不具有道德性。康德说，自律是意志的一种属性。什么样的属性呢？就是意志单纯被实践理性规定时的一种属性。又因为意志本身就内含理性概念，因此，意志被实践理性所规定的实质就是意志自己规定自己，就是意志的自立法自守法。正是在这一意义上，康德说，由于自律这种属性，意志对于自身来说是一种法则，这就是意志自律的内涵。

在此，需要强调的是，虽然康德说，自律是意志的一种属性，但事实上，自律是意志的必然属性。如前所述，意志概念已经包含了理性概念的内涵，意志的自律就是意志被纯粹实践理性完全规定的一种状态，因此也可以说，自律的意志就是纯粹意志，就是纯粹实践理性。在第一节讨论自由概念的内涵时，我们已经指出，纯粹实践理性作为一种潜能或禀赋已经蕴含在一般的理性概念中。可以说，纯粹实践理性是人的一种本质能力，因此，自律的意志或意志自律也应该是人的一种本质属性。尽管有限的理性存在者不可能在其所有行动中总是将这种本质属性体现出来，但这种本质的属性或能力依然可以作为一种潜能或禀赋内在于理性存在者中。换言之，纯粹意志虽然是属神的意志，但人之所以伟大和崇高正是因为人"分有"这种纯粹意志的可能或潜能。因此说，理性存在者只要拥有意志，拥有理性，就必然拥有意志自律的能力，即便是以一种潜能或禀赋形式存在的意志自律。简言之，意志自律是每个理性存在者都拥有的一种先天的、自立法自守法的能力。

其次，从悬设的必要性出发，这是康德在《奠基》第三章所采用的论证思路（1）从意志概念就可以推出消极自由的含义：意志本身内含理性，拥有意志就意味着我们可以独立于感性偏好的影响，根据理性、原则使得某物发生，而这也正是消极自由的含义。既然理性存在者都拥有意志，那么，我们必须将消极的自由赋予每个理性存在者，或者说，我们在行动时就必须将自己视为自由的，若不然，我们的行动就会像其他动物那样完全被自然因果律所规定。因此，消极自由的理念是一个必要的预设。（2）康德认为，从这个消极自由的含义中可以推出积极自由的概念——意志自律。这也是我们在前面讨论消极自由和积极自由时已经指出的。在此，康德说："现在我断言：我们必须也把自由的理念赋予每一个具有意志的理性存在者，它仅仅按照这个理念去行动。"（4：448）"仅仅"就意味着理性存在者只按照自由的理念、理性的原则去行动，而这正是积极自由的含义。综合（1）（2）就可以得出结论（3）意志自律必须被赋予每个理性存在者，也就是说，意志自律是每个理性存在者的一种先天能力，这是一个必要的前提预设，是一个理性事实。

设想一个人拥有自律的意志意味着设想他：a 有消极的自由，即一般的自由选择能力，b 能够理性地履行一些具有约束力的原则，如为了追求长远的幸福而克制暂时的冲动和欲望等实用性的规则，c 有能力去遵循道德法则的要求，使自己的准则与法则的要求保持一致，即选择道德目的的能力，d 他采纳这些准则并不是为了满足欲望，不是迫于外在的权威、习俗或传统，相反，这些原则是理性存在者自己强加给自己的，它产生自我们"真正的自我"，e 在遇到冲突时，对道德法则的践行优先于其他原则。意志自律虽然被视为理性存在者所拥有的一种能力，但却不一定是意志现实具有的一种能力。它在某种程度上可以看作是理性存在者先天具有的一种潜能或禀赋，事实上，作为这种潜能或禀赋的意志自律也就是康德在《宗教》中提到的人格性的禀赋或在《实用人类学》中提到的道德性的禀赋[①]。只要是理性存在者，只要有意

① 对此，我们将在第四章"尊严与人性"中具体讨论。

志，他就具有这样一种能力或禀赋。只不过，在那些道德高尚的人身上，意志自律被表现了出来，在那些罪犯和恶棍身上，它处于一种潜在的状态或者说是被遮蔽起来了。尽管如此，罪犯和恶棍依然拥有尊严，恶行并没有使他们丧失其尊严，确切地说，恶行使他们不配享有尊严，但这并不影响他们拥有“源始的尊严”这一事实。

因此，意志自律是每个理性存在者平等拥有的先天立法能力，自律是意志必然具有的一种属性。当康德说“自律是人的本性和任何有理性的本性的尊严的根据”（4：436）时，其实质就是指意志自律是人的尊严的根据。当意志自律以一种潜在的形式存在时，与其相对应的尊严就是“源始的尊严”，正是在这一意义上，我们说罪犯和道德高尚的人平等地享有尊严；当意志自律以一种实现了的形式存在时，与其对应的尊严就不仅仅包含“源始的尊严”这一层含义，同时还包括“实现了的尊严”的含义，道德高尚的人就同时具有这两种意义上的尊严。因此，就“实现了的尊严”而言，道德高尚的人和罪犯并不平等，而这种不平等实际上反映的是配享尊严的问题，即与罪犯相比，道德高尚的人更加配享尊严。

（三）康德的自律概念与现代自主概念

自主成了现代自由主义的核心概念。在现当代政治哲学、道德哲学、应用伦理学等领域，学者们基本上认可自主的价值，强调应该尊重每个人的自主。现代自由主义者普遍认为，他们对自主的理解深受康德自律概念的启发。那么，我们是否可以用现代自主概念来解释康德哲学中的自律概念呢？下面，我们通过比较现代自主概念与康德自律概念的区别和联系来进一步理解康德哲学中的自律概念。

在现代自由主义内部，学者们一致认为：恰好是个人最了解什么东西对他们最为有利，而且即使他们搞错了，允许他们犯错误从长远来看也要比让政府强加给他们一种异己的良善的观念来得更好。与此同时，自主也是争议最多的一个概念。因为，人们虽然普遍认可自主的价值，但对于什么是自主却有着不同的理解。因此，诚如尊严所面临的尴尬处境一般，自主也面临着同样的处境。一方面，自主的价值得到人们的普遍认可和尊重，其地位如日中天；另一方面，对于不同的学派，自主却有着不同的含义。如女权主义哲学家们在自主的名义下争取女性的权利；对于一些存在主义者来说，对个人自主的承认是反对存在客观的道德标准的理由；新的权利理论者和现代社会契约论者都主张他们的理论最有效地维护了自主；心理学家们将自主视为道德发展的最高阶段。约翰·凯克斯说："这种东西就是自由主义的真正核心，是内部的要塞，所有自由主义的战役都是为了保护这一要塞而打响的，这种东西就是自主。"① 概言之，现代自由主义对自主概念的理解包括以下三层含义：

（1）自主被视为一种能力。Robert Ladenson 将自主概念理解为："一些能力，无论是从长远来看，还是从一些具体的场合来看，这些能力的综合运用将为人们带来善避免恶。"② 与情感、本能、习惯等低级能力相比，上述能力属于较为高级的能力。对于 Ladenson 来说，自主意味着被理性所指导，同时也摆脱那些低级能力的影响。Beardsley（比尔兹利）将自主能力视为一种广义上的自由能力，她将自主视为一种能够决定采取何种行动、实现何种目的的能力，具体包括选择的能力，以及实现这种选择方案的能力③。Stanley Benn（斯坦利·本）写道："我所谓的自主的这种品格特征相当于根据原则行动的一种能力……"④ 将自主视为一种能力的观点对于那些拥有自主能力的人来说很重要，因为他们正是在运用这种能力来发展和完善自身的，同时这种能力也是赢得他人尊重的理由。

（2）自主被视为一种理想的生活状态。作为一种理想的生活状态，自主是支配着人们应当如何过他们的生活的一种理想，而并非指特定的生活模式。Joseph Raz（约瑟夫·拉兹）说："自主是一种与众不同的理想，即使在不同的社会中，各社会成员具有不同的追求与机会，它仍然是人们共同的追求。"⑤ 成为一个自主的人或过一种自主的生活内在地要求人们拥有自主能力，同时有运用这种能力以实现理想生活目标的外在条件，因此，这种自主的理想也被视为政治追求的目标。

（3）自主被视为一种权利。德沃金说："一般人都同意，具有行为能力的成年公民都拥有自主权，所谓自主权指的是，决定者得以做出关

① ［美］约翰·凯克斯：《反对自由主义》，应奇译，江苏人民出版社 2005 年版，第 23 页。

② R. F. Ladenson, "A Theory of Personal Autonomy", *Ethics* 86 (1975), p. 43.

③ Joseph Raz, *The Morality of Freedom*, Oxford: Clarendon Press, 1986, p. 371.

④ Stanley I. Benn, "Wickedness", *Ethics* 95, 1985, p. 803.

⑤ Joseph Raz, *The Morality of Freedom*, Oxford: Clarendon Press, 1986, p. 395.

乎自己生命的重大决定的权利。”① 事实上，自主权是近代以来关于自由观念中的一个核心理念。在自由主义之前的思想家那里，自由的观念是以主人与奴隶对立的视角为出发点的，奴隶之所以没有自由是因为他们受制于主人。自由就是摆脱奴役，争得自己自主自决的权利，也就是自主权。这种理解模式蕴含在马基雅维利和弥尔顿等人对自由的思考中。事实上，卢梭在讨论自由时也是从主奴关系开始的，他强调人类的不自由在于受到奴役，而自由就在于摆脱奴役。由此可见，自近代以来，自主一直就是思想家们思考的一个焦点。在现代生命伦理学和人权伦理学中，作为权利的自主概念备受重视，尊重个人自主权成为一条普遍的原则。自由主义对自主权的强调逐渐深入人心，自主权也随之成为现代社会公民与生俱来、不可剥夺的一项权利。

综上所述，在当今社会，自主首先被视为人的一种能力，即有理性的人所拥有的自我选择的能力。在此基础上，我们将自主一方面视为追求幸福过程中的个人目标或政治目标，另一方面将其视为道德权利。在这两种运用中，我们同时注重自主的消极和积极意义：我们既不愿意受制于他人，同时也希望自己做主。人们常常将康德的自律概念视为这种自主概念的源头。但事实上，康德的自律概念与现代自主概念有着很大的区别。

首先，虽然二者都包含消极和积极的两层含义，但内涵却不同。现代自主概念的消极含义是指对外在强迫的独立性，这种强迫可能来自他人，也可能来自政府，其积极含义则是自我决定，这种决定的根据可以是理性或者感性。只要是主体自己的选择，且没有伤害到他人相同的权利，我们就应该给予尊重。如前所述，康德的自律概念虽然也包含消极和积极的含义，但上述现当代自主概念中所包含的两层含义在康德那里都只是消极意义上的自由，因为康德的自律概念更加强调对主体自身感性偏好的独立。其次，康德的自律概念强调法则（law/nomos）。意志不仅仅表现出独立性，更重要的是表现出一种规律，即意志单纯地被纯粹实践理性所规定。而现代自主概念在康德看来依然是“无法的自由”，这种意义上的自由不可避免地会带来恶，凯克斯正是看到了现代自由主

① ［美］罗纳德·德沃金：《生命的自主权》，郭贞伶等译，中国政法大学出版社2013年版，第293页。

义的这一弊端①。再次，康德的自律概念和现代自主概念都强调“自我决定”（self－determination），但康德意义上的自我是位于作为本体的自我，而现代自主概念中的自我则是位于现象界的自我，因此，“自我决定”在康德那里更加强调作为本体存在的自我对作为感性存在的自我的统治，强调人的理性抉择；相反，“自我决定”在现代自由主义者那里则强调自我选择，同时也为自己的行为负责，这种选择既可以基于理性也可以基于感性，只要这种选择没有侵犯到他人同样的自由。

由上观之，康德哲学中的自律概念与现代自主概念虽然是同一个英语词汇 autonomy 的翻译，同样强调了西方语境下的自由精神，但二者却有着不同的内涵。将这两种意义上的 autonomy 运用到现当代的社会现实问题中时，这种区别就显得更为明显。以安乐死问题为例，现代自由主义者可以引用尊重个人自主的原则支持安乐死，认为这体现了尊重人的原则。同样，康德主义者可以引用康德的自律原则来反对安乐死，因为安乐死违背了道德法则的要求。再如，在关于性交易的问题中，支持性交易合法化的人认为性交易只要是双方自愿的就无可厚非，因为我们应该尊重每个人的自主，这是一条最基本的价值标准；反对性交易的人则认为性交易者自愿将自己降格为物，违背了人对自己的义务，损害了自己的人格尊严，因此应该坚决抵制。因此，我们说，康德自律概念与现代自主概念之间是存在差异的，尽管后者认为他们对自主的理解受到康德的启发。

当然，我们也并不否认康德自律概念与现代自主概念之间存在某种融合的可能。因为，在康德哲学中，拥有自律意志的理性存在者必然拥有一种敬重并遵从道德法则的能力或禀赋，也就是积极自由的能力。如前所述，积极自由必然内含消极自由，自由是人的一种先天能力，因此，康德自律概念中必然包含着作为一种能力的自主概念的内涵。另外，现代自主权与康德在《道德形而上学》“法权论”中强调的外在自由的权利②也是吻合的。

二 尊严的根据

如前所述，康德在分析自律公式时引申出对尊严概念的讨论。基于

① ［美］约翰·凯克斯：《反对自由主义》，应奇译，江苏人民出版社 2005 年版，第 48 页。

② 对此，我们将在第五章“尊严与权利”部分展开讨论。

此，Oliver Sensen 认为，康德提出尊严概念只是对自律公式的补充，而康德在《奠基》中谈到的尊严也是指法则的尊严、义务的尊严或道德性的尊严，而非人的尊严。在 Oliver Sensen 看来，康德真正要强调的就是作为道德法则的自律所具有的尊严，也就是道德性的尊严，借此来凸显法则的至上性。从文本的表面意思来看，Oliver Sensen 的观点具有一定的说服力。尽管如此，我们认为，他过于强调法则的尊严而忽视了人的尊严，因此，Sensen 的这一主张还是值得商榷的。在关于尊严与自律的讨论中，康德将尊严分别赋予义务、道德性和立法。下面，我们将根据《奠基》和《道德形而上学》中的相关内容来梳理康德论证自律是尊严之根据的思路。

（一）义务的尊严与人的尊严

首先，我们来看义务或道德法则的尊严。在康德看来，道德才是人的本质，或者说，作为道德的本体存在者才是真正意义上的人。因此，康德极为关注道德的纯粹性，并赋予这种纯粹性以尊严的高贵称谓。他说："一切道德概念都完全先天地在理性中有其位置和起源，而且无论是在最普通的人类理性中，还是在最高程度的思辨理性中，都是如此；这些概念不能从任何经验性的，因而纯属偶然的知识中抽象出来；它们的尊严正在于其起源的这种纯粹性，使它们能够充当我们的最高实践原则。"（4：411）康德认为，道德或法则的尊严就在于它的起源的纯粹性。除此之外，法则的尊严还在于它以定言的形式绝对地下命令，道德法则或定言命令要求理性存在者在服从法则时不以任何偏好和兴趣为动机，而是纯粹地出于对法则本身的敬重。在康德看来，从定言命令中可以引申出各种义务来，由此，他也将尊严赋予了义务。他说："以玄想来反对义务的那些严格的法则，怀疑它们的有效性，至少是怀疑它们的纯粹性和严格性，并尽可能使它们顺应我们的愿望和偏好，亦即在根本上败坏它们，使其丧失一切尊严。"（4：405）理性无条件地颁布自己的命令，并要求有限的理性存在者即人去遵从。而事实上，有限的理性存在者由于其有限性，不可避免地要受到感性偏好的影响，当这种影响与理性的命令发生激烈的冲突时，人们就会怀疑义务的严格性以至于它的有效性，这时，当人们将履行义务视为满足自己偏好和兴趣的工具时，义务的尊严也就荡然无存了。道德法则要求我们在行动时，意志能够排除一切感性偏好和兴趣的影响，独自被理性规定。法则的崇高或尊严就在于它的这种纯粹性，即它是无条件地向人颁布命令。

其次，我们来进一步追溯道德法则或义务的来源。康德在《实批》中对义务的崇高性大加称赞，他说："义务！你这崇高的、伟大的名字！……你的可敬的起源是什么呢？人们在哪里找到你那高傲地拒绝了与偏好的一切亲缘关系的高贵的出身的根呢？……这东西无非就是人格性，亦即对整个自然的机械作用的自由和独立，但同时被视为一个存在者的能力，这个存在者服从自己特有的，亦即由他自己的理性所立的纯粹实践法则，因而人格作为属于感官世界的，就其同时属于理知世界而言，服从于它自己的人格性……"（5：86—87）在康德看来，在寻找道德的至上原则的过程中，所有的他律伦理学都宣告失败了，因为它们没有意识到人不仅仅是单纯地服从法则，同时他所服从的法则是内在的法。换言之，人所服从的法则不是任何外在权威给与的，而是人自己为自己制定的，因此，法则的根源在人自身，其实质就是内在于人心的纯粹实践理性，就是人格性①。由此推论，法则或义务的尊严从根本上来说在于人的纯粹实践理性，这也正是法则或义务之纯粹性的根源所在。因此，当康德提及法则或义务的尊严时，其实质是指人的尊严，而这种尊严的根据就在于人的纯粹实践理性，如前所述，纯粹实践理性也就是意志自律的能力。就此而言，我们可以说，自律是人的尊严的根据。

（二）道德性的尊严与人的尊严

康德在《奠基》中正式讨论尊严概念时谈及更多的是道德性的尊严。如前所述，在目的王国中，其他一切具有价格的东西是可以被相同价格的事物所取代的，而具有尊严的东西则不能被任何事物所取代，因为它具有的价值是绝对的、内在的。康德说："构成某物唯有在其下才能是目的自身的那个条件的东西，则不仅具有一种相对的价值，亦即一种价格，而且具有一种内在的价值，亦即尊严。现在，道德性就是一个理性存在者唯有在其下才是目的自身的那个条件，因为只有通过它，才有可能在目的王国中是一个立法的成员。因此，道德性和能够具有道德性的人性是独自就具有尊严的。"（4：434—435）道德性是理性存在者成为目的自身的条件，所谓道德性就是自律行为的属性。在康德看来，

① 确切地说，人格性在此是指人格性的禀赋，即道德性的禀赋，也就是意志自律的潜在形式。对此，我们将在第四章"尊严与人性"第一节做出具体说明。

道德性自身就具有尊严。那么，道德性又是为何独自就享有如此盛誉的呢？

康德说：“工作中的熟巧和勤奋具有市场价格；机智、生动的想象和诙谐具有玩赏价格；相反，出自原理的信守承诺、仁爱则具有一种内在的价值。”（4：435）所谓出自原理的信守承诺和仁爱就是指出于对法则的敬重而信守承诺和仁爱的行为。在康德看来，只有这样的行为才能体现出道德性，才具有内在价值。这些行动既不需要任何主观的偏好（无论是直接的抑或是间接的）和情感作为动机来推动，更不需要以是否满足这些偏好和情感为评价标准。而是将意志展现为直接敬重的对象，因为意志在此是直接被理性所规定的，理性直接要求或命令意志如此行动，而不是利用一些便利的结果来诱骗意志采取这些行动。康德说，这样一种思维方式本身就具有尊严。因为，上述这种评价行为的标准着眼于其行动的准则是否被理性直接规定，能否普遍化。简言之，着眼于准则是否符合道德法则的要求。这种思维方式优越于其他任何以后果和偏好为出发点进行评价的思维方式，因为只有通过这种思维方式才能发现真正的道德性。所以，康德说，这种思维方式也具有尊严，而后面那种思维方式则有损道德的纯粹性。这种具有尊严的思维方式也就是道德上善的意念，正是这种道德上善的意念使行动体现出道德性。一个行为具有道德性，意味着该行为是出于对道德法则的敬重的行为，也就是自律的行为，由此也暗示出其意志是自律的意志。可以说，在具有道德性的行为中，意志自律的潜能或禀赋最终得以实现，发展成为一种现实的自立法自守法的能力。因此，康德强调道德性的尊严，其最终目的还是要强调人或理性存在者的尊严。

另外，如前所述，康德在强调道德性具有尊严的同时还提到：“具有道德性的人性”也独自具有尊严。人性之所以具有尊严正是因为人性中内在地包含了道德性的可能。而在康德看来，道德性作为一种禀赋是必然地存在于人或理性存在者身上的，这是人性中一种“向善的禀赋”。康德说：“人性的尊严正在于这种普遍地立法的能力，尽管是以它同时服从这种立法为条件。”（4：440）这里所说的人性就是指具有道德性的人性，人性的尊严就在于道德性的禀赋，在于自立法自守法的能力。由此也可以看出，康德强调道德性的尊严从根本上来讲还是在强调人或人性的尊严，意志自律是人之尊严的根据。

（三）立法的尊严与人的尊严

以上我们通过追溯义务的根源和对道德性尊严的探讨说明了自律是人之尊严的根据，下面我们直接从康德推导这一结论的文本分析自律如何构成人之尊严的根据。康德说："自律就是人的本性和任何有理性的本性的尊严的根据。"（4：436）Sensen 认为，这句引文是康德在讨论作为法则的自律时得出的结论，因此，康德在此表达的依然是法则的尊严。然而，联系上下文仔细推敲康德推导这个结论的逻辑，我们就会得出与 Sensen 不同的结论。康德说："这种意念为理性存在者争得对普遍立法的参与权，这种意念还通过这种参与权使理性存在者适合于成为一个可能的目的王国的成员。"（4：435）这种意念就是指道德上善的意念，即排除其他一切偏好兴趣的影响，单纯出于对法则的敬重而行动的意念。理性存在者的这种意念使得他在采纳自己的准则时能够同时从其他理性存在者的立场出发，正是这种"素质"使理性存在者具有了普遍立法的参与权，同时也成为目的王国中的成员。接着，康德指出，理性存在者的这种"素质"来自于他的本性。"理性存在者由于它自己的本性，已经注定具有这种参与权；它就是目的自身，并恰恰因此而是目的王国中的立法者，就一切自然法则而言是自由的，只服从它给自己所立的、使他的准则能够属于一种普遍立法（它同时也使自己服从这种普遍立法）的那些准则。"（4：435）理性存在者的本性就在于设定目的的能力，这是人类与其他动物的显著特征。在此，需要注意的是，学界对如何理解"设定目的的能力"有着不同的观点。Wood 和 Korsgaard 认为，这种能力就是指设定一般目的的能力，也就是广义上的自由能力。在此，我们主张，这种能力真正说来应该是指设定道德目的的能力，因为康德在《道德形而上学》中说"即便他能领先这些动物而具有理智，并且能够自己给自己设定目的，这给与他的毕竟只是其可用性的一种外在价值，亦即一个人在另一个人面前的外在价值……"（6：434）在康德看来，一般的自由选择能力并不能使理性存在者因此而成为目的王国中的立法者，而真正使他具有这种立法资格的是设定道德目的的能力，也就是意志自律，即积极的自由能力。至此，康德表达的意思是：理性存在者由于意志自律而成为目的王国中的立法者。

接着，康德又说道："因为除了法则为之规定的价值之外，没有任何东西具有一种价值。但正是因为这一点，规定一切价值的立法本身必须具有一种尊严，亦即无条件的、无与伦比的价值；对于这种价值来说，唯有‘敬重’这个词才能够恰如其分地表达一个理性存在者对这种立法的评价。因此，自律就是人的本性和任何有理性的本性的尊严的根据。”（4：435—436）在康德看来，善恶等价值概念都是由法则来规定的，因此，规定一切价值的立法本身就具有一种绝对价值，即尊严。Korsgaard 将康德的上述思路归纳为价值回溯法。她认为，理性存在者设定目的的能力就是赋予事物以价值的能力，因此，理性存在者作为赋予价值的主体，由于其设定目的的能力，就具有了绝对价值，具有了尊严①。需要注意的是，康德在此提及的是“立法”而非“法则”具有尊严。这两个概念虽然不可分割地蕴含在意志自律这个概念中，但“立法”强调的是一种能力或行为过程，而“法则”强调的是具有规范性的理念。因此，当康德说“立法本身必须具有一种尊严”时，他指的是这种立法能力具有尊严。“敬重”是对这种立法的评价，也就是对其尊严的认可。在此基础上，康德得出结论，自律是人的本性的尊严的根据。尽管康德是在讨论作为道德法则的自律的语境中得出这一结论的，但自律在此已经暗示了自立法自守法的能力。在康德看来，自立法自守法的能力本身就具有尊严，而人的本性或人性具有尊严就是因为这种自立法自守法的能力。如前所述，这种立法和守法的能力是必然地内在于人心的，其实质就是纯粹实践理性，就是道德性或人格性的禀赋。由此可见，康德在此真正要表达的意思是，意志自律是理性存在者或人的先天能力，这种能力是人享有尊严的根据。

综上所述，康德在《奠基》中通过强调义务的尊严、道德性的尊严和立法的尊严凸显了其道德哲学的主旨，即捍卫道德的尊严。在他看来，只有自律才是唯一的道德原则，只有自律的伦理学才是真正意义上的伦理学，才能彰显和捍卫人的自由和尊严。康德通过寻找并确立真正的道德原则、探究道德原则的根源来完成这一使命，可以说，这种思维

① 这一逻辑推论是由 Korsgaard 提出的价值回溯法，这一思路深刻地影响了康德学术界对康德伦理学和康德尊严思想的理解。然而，近年来，也有学者指出，Korsgaard 的这一思路存在逻辑上的跳跃，即康德并没有从理性存在者具有赋予价值的能力得出理性存在者本身就因此而具有绝对价值的结论。但事实上，Korsgaard 的这一推论还是可以成立的，因为当我们进一步追问，理性存在者这种赋予价值的能力是什么时，就会追溯到人的自由本性或意志自律。绝对价值或尊严可以说是理性存在者的这种能力的象征。

方式本身就富有尊严。然而，更重要的是，康德通过对义务的尊严、道德性的尊严和立法尊严的强调凸显了人的尊严，因为义务、道德性和立法的根源真正说来在于人的纯粹实践理性，也就是意志自律的能力。人之所以崇高，之所以有尊严，就是因为他服从的是自己所立的法，且正因其是自己所立的法才去服从。简言之，自律是人之尊严的根据。可以说，康德尊严思想的最大贡献就是将尊严的根据严格地追溯到意志自律，这就保证了每个人享有尊严的平等性。既然意志自律是每个理性存在者所拥有的一种先天能力，那么，每个人，只要拥有理性，就生而具有不可丧失、不容侵犯的尊严，这正是尊严可以上升为一项基本权利的哲学依据。

三　尊严与尊重

从上述讨论中，我们得出结论：人由于一种先天的自立法自守法的能力而拥有尊严。这就回答了人为什么拥有尊严的问题。可以说，康德是从本体论意义上来回答这个问题的[①]。因为意志自律的能力是人先天拥有的，因此，尊严也是人生而具有的。康德说："这些恶习所采纳的原理，与作为道德存在者的人们的品性，亦即人的内在自由、生而具有的尊严（在形式上就已经）截然相悖。"（6：420）从现代尊严理论来看，我们应该平等地尊重人正是因为每个人平等地享有尊严。那么，这一思想是否也蕴含在康德的尊严思想中呢？

近年来，国外康德学术界对该问题给予较多重视。目前，对该问题的回答存在两种不同的观点。一种是以 H. J. Paton、Christine Korsgaard、Allen Wood 等为代表的传统理解，该派观点强调价值在康德哲学中的重要性，主张人类由于自由和理性而拥有一种绝对价值或内在价值，也称为尊严，这种价值正是我们尊重人的根据[②]。另一种是以 Oliver Sensen 为代表的观点，他主张，在康德哲学中，我们不需要为"尊重人"寻

---

① 尽管康德在讨论尊严是什么的问题时并没有从本体论意义上来谈，如前所述，他并没有将尊严定义为一种本体论意义上的绝对价值或内在价值。

② 如 Allen Wood 在其著作《康德的伦理思想》（*Kant's Ethical Thought*）和《康德主义伦理学》（*Kantian Ethics*）中将康德意义上的尊严与绝对价值等同使用，并主张尊严或绝对价值是康德伦理学的一个核心概念，康德伦理学正是奠基在尊严或绝对价值这个最基本的价值概念之上的。

找一种价值的根据，因为价值不可能成为道德法则的根据，相反，道德法则无条件地命令我们尊重人，正因此人才享有尊严。据此，Sensen否认康德哲学中蕴含着“人拥有尊严，因此我们应该尊重人”这一现代尊严思想的主题。Sensen的观点对我们理解康德尊严思想有很大的启发性，然而，我们并不认为Sensen的观点是完全正确的。在此，我们主张，人由于先天的自律能力而拥有尊严，因此，我们应该平等地尊重人，这一思路在康德哲学中是可以成立的。与此同时，我们也并不完全同意Allen Wood等人过于强调价值的观点。下面，我们将通过与上述两种观点的对话进一步展开讨论“为什么要尊重人”的问题。事实上，这个问题与前述对“人为什么享有尊严”即尊严的根据问题的讨论是紧密联系在一起的。

首先，在价值与法则的关系问题上，我们赞同Sensen的观点，反对Wood等人的观点。在康德哲学中，价值确实不能构成法则的根据。从康德在《奠基》和《实批》中对他律原则所做的批评中可以看出康德坚决反对将道德法则奠定在善恶或价值[①]概念上。根据康德的理论，如果我们将价值视为在先的概念，视为我们遵从道德法则的动机，那么，我们就只能依靠愉快或不悦来分辨善恶，进而指导我们的行动，因为善恶或价值概念与愉悦或不快的概念是紧密联系在一起的。既然愉快或不悦的情感是偶然的和主观的，那么，它就不可能成为具有普遍必然性的道德法则的根据。价值或善恶概念必须由道德法则来规定，这是贯穿康德道德哲学的主题之一。他说：“行动的一切道德价值的本质取决于道德法则直接规定意志。”（5：71）在康德看来，一个行为是否具有道德价值并不取决于行为所带来的后果，而是取决于行为的准则是否与道德法则一致，这正是道德法则的要求。换言之，行为是否具有道德价值，这是由道德法则来决定的。说：“除了法则为之规定的价值之外，没有任何东西具有一种价值。”（4：436）在此，康德不仅表达了法则规定价值的意思，同时还强调了道德价值高于一切其他价值的主题。由此可见，在康德哲学中，价值绝不可能是在先的概念，因此也不可能成为道德法则的规定根据。

Christine Korsgaard和Allen wood比较强调康德哲学中的价值概念，

---

① 从《奠基》开头对善良意志的讨论中可以看出康德经常互换使用这两个概念。

主张尊严是一种绝对价值和内在价值，因此我们应该尊重人。也就是说，在他们看来，尊严这种价值构成了我们尊重人的根据。他们论证其观点的主要文本依据是康德在《奠基》中的一段话，康德说："一切能够通过我们的行为获得的对象的价值，在任何时候都是有条件的。其存在固然不是依据我们的意志、而是依据自然的意志的存在者，如果它们是无理性的存在者，就仍然只有一种相对的价值，乃是作为手段，因而叫做事物。与此相反，理性存在者被称为人格，因为它们的本性就已经使它们凸显为目的自身，亦即凸显为不可以仅仅当作手段来使用的东西，所以就此而言限制着一切任性……因为若不然，就根本不能发现任何具有绝对价值的东西；但是，如果一切价值都是有条件的，从而是偶然的，那么，对于理性来说，就也根本不能发现任何最高的实践原则了。"（4：428）Christine Korsgaard 据此推论，理性存在者由于其设定目的的能力，即赋予价值的能力使自己凸显为目的自身，进而成为道德法则的根据。因为康德说："如果一切价值都是有条件的，从而是偶然的，那么，对于理性来说，就也根本不能发现任何最高的实践原则了。"（4：428）Oliver Sensen 为我们提供了一个反驳上述观点的切入点。他提醒我们注意康德在此的用语"发现"，并指出，康德真正要表达的意思是：通过寻找具有绝对价值的东西，我们才能够发现道德法则。换言之，具有绝对价值的东西是我们认识道德法则的理由，但不是它的存在理由。Sensen 对 Korsgaard 和 Wood 等人的质疑和批判富有启发。在价值与道德法则的关系上，我们赞同 Sensen 的观点，主张价值不能构成道德法则的根据。但是，在为什么要尊重人的问题上，我们并不赞同 Sensen 的观点，相反，我们主张人享有尊严是尊重人的根据。

其次，我们直接讨论为什么要尊重人的问题。如前所述，尊严作为一种绝对价值或内在价值是对尊严价值属性的一种描述。康德说："规定一切价值的立法本身必须具有一种尊严，亦即无条件的、无与伦比的价值。"（4：436）在此，康德将立法或法则视为一种无与伦比的价值，即绝对价值。这是否与前面我们所说的价值与法则的关系冲突呢？我们认为，这并不冲突。因为，当人们将万千世界视为一个价值世界，将立法或法则概念置于这样一个价值序列中考察时，立法或法则就是位于价值序列中那个等级最高的价值，因为其他一切价值都由它来规定。在价值序列中，尊严就是这样一种最高等级的价值，因此立法本身具有尊严。正因此，我们应该给予这种立法以敬重。正如康德所说："对于这种价值来说，惟有'敬重'这个词才能够恰如其分地表达一个理性存在者对这种立法的评价。"（4：436）从上述分析我们可以得出如下结论：立法具有尊严，因此我们应该"敬重"立法。"敬重立法"对于我们来说是一个命令或要求，而这一要求的根据就在于"立法具有尊严"这一"事实"。因此可以说："立法具有尊严是敬重立法的根据"，但这并不等于说："尊严是敬重立法的根据"。因为就前一种表述而言，敬重的根据在于立法本身，是立法能力赢得了我们的敬重，尊严只是对立法之价值属性的一种描述。换言之，立法具有尊严已经暗示了我们应该敬重立法这一要求，敬重立法的要求是从"立法具有尊严"这一命题中自然引申出来的。同理，当我们从"人或理性存在者具有尊严"中推论出"应该尊重人"的命令时，尊重人这一命令的根据也不是尊严，而是人或理性存在者。确切地说，是人或理性存在者的本质，是"人拥有尊严"这个理性事实构成了尊重人的根据。人的本质就在于自由，因此，真正说来，是自由构成了道德法则的根据。在这一点上，我们与Sensen的最终结论依然保持一致①。分歧在于：从上述分析中，我们主张"人拥有尊严，因此我们应该尊重人"这一思想是蕴含在康德尊严思想中的。而Sensen则不愿意得出这样的结论，相反，他主张：道德法则无条件地要求我们尊重人，正因此，人才享有尊严。我们认为，之所以出现这种分歧主要在于，Sensen过于强调康德哲学中法则或道德性的地位。如他在其著作《康德论人的尊严》一书中反复声称康德所强调的是道德性的尊严或法则的尊严，即"实现了的尊严"，而非人的尊严。但事实上，从根本上来讲，康德强调道德性或法则的尊严真正说来是为了凸显人的尊严，因为道德性或法则最终来源于人。

另外，Sensen的观点也存在自相矛盾的地方。在尊严是什么的问题上，他主张尊严不是一种本体论或形而上学意义上的绝对价值，甚至进一步认为我们在讨论尊严问题时可以不引入价值概念②，也就是说，他并没有将尊严视为一种价值。然而，在为什么要尊重人的问题上，他主

① Sensen不同意"人拥有尊严"是"尊重人"这一道德命令的根据，但他同意自由是"尊重人"这一道德命令的根据。

② Oliver Sensen, "Kant's Conception of Human Dignity", *Kant－Studien* 100, p. 313.

张尊严不能成为尊重人的根据，因为在康德哲学中法则优先于价值。由此可见，在对这个问题的回答中，他又自觉地将尊严视为一种价值。康德哲学中法则优先于价值这一观点确实是 Sensen 批判 Wood 等人的强有力的武器，Sensen 的批判具有很强的说服力和启发性。但正是对法则优先性的过分强调，使他极力避免得出“人拥有尊严因此我们应该尊重人”的结论。

综上所述，我们认为，康德继承了理性主义的传统，即人因为自由和理性而享有尊严。既然自由和理性是人的先天能力，那么，尊严在此也就是生而具有的。康德将这种意义上的尊严称为“源始的尊严”①，准确地说，“源始的尊严”是一个理念，或者说是一个理性事实。“源始的尊严”对于每个人来说都是平等的，生而具有的，因此也是不容侵犯、不可剥夺的。敬重或尊重正是对人的尊严的一种认可，诚如康德所说：“我对别人怀有的，或者一个他人能够要求于我的敬重，就是对其他人身上的一种尊严的承认。”（6：462）正因此，人人享有尊严这一理性事实构成了尊重人的根据。这一思想与现当代的尊严理念基本吻合，也正是在这一意义上，我们说，康德深刻地影响了现当代的尊严思想。

四 批评与回应

康德将尊严的根据奠定在自律概念之上的观点既是捍卫者们的立足点也是批评者们指责的焦点。长期以来，学者们对康德尊严思想的批评最终都指向了自律概念。在他们看来，康德将自律视为尊严的根据会导致尊严概念过于狭隘，进而将很多人如违背道德法则的人、尚不具备或已经丧失了理性能力的人排除在尊严保护范围之外。下面，我们就通过回应批评者的观点来进一步分析康德哲学中自律与尊严的关系。

第一种批评观点认为，在康德哲学中，自律就是指遵循了道德法则的行动，就是指道德的行为，因此，康德将自律视为尊严的根据就意味着只有那些有道德的人才是自律的，才享有尊严，而那些违背道德法则的人则不是自律的，因此没有尊严，也不值得尊重。或者说，一个人，当他表现出道德上的高尚时就具有尊严，当他被认为在道德上是低劣的

---

① 对此，我们将在下一节给予详细阐述。

时就不具有尊严[1]。有些人还引用康德的话作为依据，康德说："与理性的内在立法相关的自由本来只是一种能力，背离这种立法的可能性就是一种无能。"（6：227）他们认为，从这句话中可以推论出以下结论：自律或自由是一种能力，它必然带来符合道德法则的行为。相反，他律则是这种能力的缺乏或无能，也就是说，他律就意味着没有这种自由能力。由此进一步推论，自律的行为是自由的，其行为者也是有尊严的；他律的行为不是自由的，其行为者也就没有尊严，他也不需要为自己的行为负责。再进一步推论下去，有道德的人享有尊严，不道德的人则没有尊严。照此看来，尊严就不是每个人生而具有的、不可丧失、不容侵犯的权利，这显然与社会共识和现代法律规定相冲突。事实上，他们曲解了康德的本意。康德在此表达的意思是：背离立法理性的这种可能性只是一种力量的缺乏，是自律被遮蔽的状态。人的意志有自律行动的能力，这种能力就是他的自由。在他律的行动中，他仍然有这种能力，只是没有将其实现出来。这种无能取决于人性的软弱，这也正是康德在《宗教》中论述人性时表达的思想。简言之，上述批评者的观点误解了康德的自律概念，他们将自律能力等同于自律的行为，进而缩小了尊严的适用范围。事实上，自律是理性存在者的一种先天能力，它既可以以一种潜能的形式存在，也可以以一种实现了的形式存在。可以说，自由的理性存在者必然拥有意志自律的能力，因此，也就拥有尊严，无论这种能力是潜在的还是现实的。

第二种批评观点在第一种观点的基础上更加推进了一层。他们认为，即便是将自律能力与自律行为区分开来，康德依然不能免受指责。因为自律能力其实就是理性能力，而对于那些精神病患者或者婴儿来说，他们显然不具备一般的理性能力，更不可能拥有自律能力，那么，这是否意味着他们就没有尊严，不应该受到尊重呢？鉴于对康德的这一质疑，国内外许多学者主张奠定在自律、纯粹实践理性、道德性这样一种纯粹理性能力之上的尊严概念过于狭隘[2]。批评者们对康德的这一指

---

① Jeff Malpas 在谈到康德的尊严思想时就将 acting autonomously 等同于 autonomy。参见 Jeff Malpas, *Perspectives on Human Dignity*: *A Conversation*, Springer, 2007, p. 162。

② John Laird 认为康德的尊严理论过于狭隘，尊严不应该仅仅以理性为依据，还应该包括其他方面的品质，如勇气、大度、同情等。参见 John Laird, "The Ethics of Dignity", *Philosophy*, Vol. 15, No. 58 (Apr. 1940), pp. 131 - 146。

责确实显得犀利。尽管如此，这也并不意味着康德就真的无视这些人的尊严。

从康德哲学的视角出发，精神病患者和婴儿确实不具备自律能力，因此也不拥有严格意义上的人格和尊严。但这些人却可以拥有延伸意义上的人格和尊严。延伸意义上的人格必须由严格意义上的人格决定，后者为了善和客观目的也就是道德的目的来决定延伸意义上的人格以及对待他们的态度①。一旦我们将非理性存在者视为具有延伸意义上的人格，他们也就拥有了与我们相同的被尊重的权利，拥有了延伸意义上的尊严，因此，我们同样应该对其表示尊重。另外，从康德关于道德情感的立场出发，我们也可以得出同样的结论。在康德看来，道德情感有助于道德性的培养和完善（8：338）。这些非理性存在者虽然不具有理性能力，但仍然属于人类的成员，任意践踏他们的尊严将有损我们道德性的培养和完善。因此，我们有必要赋予其延伸意义上的尊严，并给与相应的尊重。对此，我们将在第六章“尊严与德性”中给予进一步的讨论。

第三种批评观点表面上跳出了对自律概念的批评，但其实质还是误解了康德的自律概念。我们以马伽利特为例做一分析。马伽利特在20世纪90年代中期出版了《优雅的社会》一书，该书在国外备受关注，他在书中关于尊严的论述也受到很多人的称赞。马伽利特关于尊严的论证是从批判康德开始的。他将康德的尊严思想简单归纳为：人因为拥有道德行为的能力而享有尊严，因此也就值得尊重。马伽利特的这一总结无疑是准确的，然而，他却还是误解了“道德行为能力”的内涵，将其简单地等同于道德行为。他认为，康德的这一理论最终还是将罪犯等违背道德法则的人排除在尊严保护范围之外。在此基础上，马伽利特主张人的尊严之根据并不在道德行为的能力，而是“人类对其生活做出一种全新的解释并且借此使之得以彻底改变的能力，这里包括对其罪行进行痛悔的能力”②。也就是说，罪犯之所以应该受到尊重就是因为他拥有改过自新、重新向善的可能性。他说：“对人的尊重也就意味着，决

---

① 参见 Allen W. Wood，“Kant on Duties Regarding Nonrational Nature”，*Proceedings of the Aristotelian Society*，Supplementary Volumes，Vol. 72（1998），pp. 189 – 228。

② 转引自甘绍平《应用伦理学的前沿问题研究》，江西人民出版社2002年版，第198页。

不放弃他，因为所有的人都能够使其生活发生一种决定性的向善的转变。”[①] 甘绍平先生对马伽利特的这一尊严思想评价道“马氏的学说确有高于康德之处”[②]。

下面我们简要分析马伽利特对康德的批评。首先，他误解了在康德哲学中作为尊严之根据的“道德行为能力”，也就是自律。如前所述，自律也就是道德行为的能力，它既可以是一种潜在的能力，也可以是一种现实的能力。人是否拥有尊严并不在于他是否道德地行动，而是他是否拥有这种潜在或现实的能力。因此，即便是那些违背法则行动的人也平等地享有尊严，这也是康德始终强调的。由此可见，马伽利特对康德的批评是有失公允的。其次，与康德相比，马伽利特对人之尊严的论证确实谈不上什么高明。在康德那里，意志自律作为一种潜能，也就是一种禀赋，一种人性的可能性，事实上，也就是《宗教》中提到的道德性禀赋。康德认为，意志自律是人先天拥有的能力，它适用于所有人，罪犯也不例外，这也是罪犯拥有尊严的根据。而我们之所以应该给予罪犯尊重也正是因为他有这种禀赋或人性的可能性，用康德的话来说，就是还具有“重建向善”的可能。由此可见，马伽利特的论证也并没有超出康德之处。

自律作为尊严的根据可以说是康德尊严思想的基石。自律虽然是意志的一种属性，但它是意志的一种必然属性。也就是说，只要是有意志、有理性的人必然会表现出这样一种属性，无论是以潜在的形式还是以实现了的形式来表现。就前者而言，意志自律就仅仅是一种潜能或禀赋，就后者而言，意志自律就是一种现实的能力。因此，我们说，意志自律是每个人先天具有的理性能力，它既可以以潜在的方式出现，表现为道德性或人格性的禀赋，是人性的可能或应当，这也是人的高贵和尊严之所在。同时，康德还强调我们应该将这种潜在的能力发挥出来，自律的实现就表现为德性，理性存在者通过行为的道德性将“源始的尊严”实现了出来，这时，他就拥有了“实现了的尊严”。道德性或德性由此构成了我们配享尊严的根据。对此，我们将在第六章“尊严与德性”中给予具体分析。

---

① 转引自甘绍平《应用伦理学的前沿问题研究》，江西人民出版社2002年版，第198页。

② 甘绍平：《应用伦理学的前沿问题研究》，江西人民出版社2002年版，第198页。

第四章　尊严与人性

在前述讨论中，我们已经将意志自律的能力，即自立法自守法的能力理解为道德性或人格性的禀赋。康德的尊严思想离不开他对人性的理解，尤其是在人为什么享有尊严的问题上，我们也可以说，人性是尊严的根据，因为康德自己也说："人性本身就是一种尊严"（6：462）。事实上，人性作为尊严的根据与意志自律作为尊严的根据是一致的。如前所述，在康德哲学中，意志自律是自由的积极概念，是真正的自由，而自由才是最本质的人性，因此我们也可以说，意志自律是人性的本质特征。对人性的探讨是理解康德尊严思想的一个必要环节。然而，在康德哲学中，"人性"又是一个极为复杂的概念。康德既将人的自然本能视为人性，也将人的本体属性视为人性。然而，后者才是将人与其他自然物区别开来的真正意义上的人性。因此，本章第一节将通过《宗教》、《实用人类学》、《道德形而上学》及其相关论文中对人性的讨论来分析人性中的两种规定性，说明道德性禀赋才是人性中最本质的规定性。另外，康德哲学中的"人性公式"也备受关注，学者们将其视为尊严原理①，主张"人性公式"的核心思想就是尊重人。对"人性公式"的这一评价是十分中肯的，事实上，康德在《道德形而上学》中对如何尊重人的问题，也就是对义务的讨论都是从"人性公式"中派生的。因此，本章第二节重点讨论尊严与"人性公式"的关系。

---

① 参见 John Laird，"The Ethics of Dignity"，*Philosophy*，Vol. 15，No. 58（Apr. 1940），pp. 131－146。

第一节　“人性”释义

康德认为，人有两种规定性[①]，一种是自然规定性，其目的是实现幸福；一种是道德规定性，其目的是实现自由。康德关于人的两种规定性的观点与他在《道德形而上学》中将人同时视为自然的理性存在者和道德的本体存在者的观点一致。作为自然的理性存在者，人类的使命就在于发展他的自然规定性，进而实现幸福。正是在这一过程中，作为自然的理性存在者的人性得以展现，表现为：动物性禀赋、技术性禀赋和实用性禀赋。作为道德的本体存在者，人类的使命就在于发展他的道德规定性，最终实现自由。正是在这一努力中，作为道德的本体存在者的人性得以彰显，表现为道德性或人格性禀赋。

一　人的自然规定性

作为自然的理性存在者，人的自然规定性就是要实现幸福。大自然虽然将这一目的赋予人类，但严格来讲，并没有赋予人类实现这一目的的手段，因为幸福不是一个确定的概念，它的内容因人而异、因时而异。因此，人类必须通过教育，通过发展各种自然禀赋来确定幸福的内容，获得实现幸福的手段，同时也对自己是否幸福做出判断。为了实现幸福，人类必须克制本性中非社会性的倾向，学会与他人共同生活、合作，建立公民宪政。在康德看来，非社会的社会性正是推动这一进程的动力。

（一）人的自然规定性的表现

作为自然的理性存在者，人的自然规定性表现为发展以下三种禀赋[②]：动物性禀赋、技术性禀赋、实用性禀赋。这三种禀赋是有层次性

---

① destiny有命运的意思，李秋零版本的《康德全集》将之译为“规定性”，我们也可以将之与命运联系起来，这样有助于理解。或者说，也可以将其与“使命”或“前定性”联系起来理解。在此，当我们说“人有两种规定性”时，我们所指的是两种意义上的人性以及发展这两种人性的最终目标。正是在实现目标的过程中，这两种意义或两个层面上的人性得以彰显。

② 康德在《宗教》中提到的人的三种向善的原初禀赋，它们分别是：动物性禀赋、人性的禀赋和人格性的禀赋。在《人类学》中他又提到了三种禀赋，它们分别是：技术性禀赋、实用性禀赋和道德性禀赋。综合康德在上述两本著作中的不同表述，我们将康德思想中的人性

的，前一种禀赋的发展为后一种禀赋的发展做了准备，后一种禀赋则以前一种禀赋的发展为条件。这三种禀赋发展的最终指向是道德性禀赋，也就是人的道德规定性。禀赋就是人性的可能性，它们虽然还不是现实的能力或现实的人性，但却构成了现实能力发展的必要条件。康德说："人应当首先发展其向善的禀赋；天意并未把它们已经现成地置于人里面；那是纯然的禀赋，并没有道德性的区别。使自己更善，培养自己，如果自己是恶的就在自己这里产生道德性，这就是人应当做的。"（9：446）这就意味着我们可以通过教育来发展这些禀赋的内在属性。因此，康德在《教育学》中针对人性的禀赋提出了教育的四个阶段和与之相应的四个目标。四个阶段分别是：训练、技能、明智、道德，它们所要达到的四个目标分别是：训诫、文化、文明化、道德化。

首先来看动物性禀赋，康德在《宗教》中提到的第一种向善的禀赋[①]就是动物性禀赋。康德认为，这种禀赋不以理性为根源，可以归在自爱的总名目下。具体来讲，它又包括三个方面，首先是保存自身；其次是借助性本能繁衍自己的族类，并保存那些由于和性本能相结合所产生出来的东西；再次就是与他人共同生活[②]。康德认为，动物可以凭借本能来实现其规定性——自保和繁衍，而人类则只能运用理性为实现这些目的规划出一个方案。动物性禀赋发展的目的就在于保存人类。在这

禀赋归纳为四种：动物性禀赋、技术性禀赋、实用性禀赋和道德性禀赋。其中《宗教》中提到的人性禀赋就是《人类学》中提到的实用性禀赋。因为，二者的目的都是幸福。在《宗教》中，康德说，由于人性的禀赋，我们只有在将自己与他人进行比较后才能判断自己是否幸福。在《人类学》中，康德认为，对于个人来讲，幸福是实用性禀赋所要实现的目的。然而，就幸福而言，人类则很少能达到它的规定性，因为幸福是因人而异的，所以对于人类来讲，文明才是这一禀赋的真正目的。我们认为，康德在《人类学》中提到三种禀赋时旨在列出将人区别于动物的特征，而动物性是二者都拥有的，因此在此不提。他在《宗教》中讨论自然禀赋的目的是为了揭示人类之恶的根源，而数千年来的不少哲学家们曾将动物性的欲望视为恶的罪魁祸首，康德对此持否定态度，因此特意对动物性禀赋进行讨论。而技术性禀赋则与恶无关，所以康德并未提及。

① 动物性的禀赋作为一种向善的禀赋，是一种消极意义上的"善"，即当它们与道德法则的要求不相违背的时候才被视为善的。

② 康德为什么将社会本能（与其他人共同生活）视为动物性的禀赋呢？因为，与其他人共同生活就意味着建立社会组织，而社会组织的功能就在于保存个体，保存人类，促进社会福利和人们的外在自由。因此，就其目的在于保存自己、繁衍后代和增进幸福而言，它理应在动物性的禀赋之下来讨论。以家庭为例，康德认为，自然赋予男人和女人不同的优点以便相互吸引对方，同时又赋予他们共同生活的社会偏好以促使他们组合家庭、繁衍后代。因此，家庭联合的目的在于保存个体，促进福利。与他人共同生活的社会偏好服务于动物性禀赋的目的。

种禀赋之上，可以嫁接各种各样的恶习，虽然这些恶习并非以这种禀赋为根源。它们可以被称为本性粗野的恶习，当其极度背离自然目的时就被称为饕餮无厌、荒淫放荡、（在与他人的关系上）野蛮的无法无天等牲畜般的恶习。由于这种动物性禀赋，人类就有野蛮行动的倾向，从而将自己置身于危险境地。因此，他们就需要通过训练来限制这种动物性的冲动。训练是发展动物性禀赋的手段，发展动物性禀赋的目的就是通过训练来克制粗野的动物性冲动，将自己提升到动物之上。

其次是技术性禀赋，康德在《实用人类学》中对这一禀赋作了解释，他说："人作为一种有理性的动物，其个性刻画已经出现在他的手、手指和指尖的形状和组织上，部分地在于构造，部分地在于细腻的感觉。这样大自然就使人灵巧起来，这不是为了利用事物的一种方式，而是不确定地为了所有方式，因而是为了使用理性。人作为一种有理性的动物，其类的技术性的禀赋或者灵巧禀赋就是以此为标志的。"（7：323）所有关于技能的理论性知识都属于技术性的禀赋，其目的在于发展广义上的设定目的的能力，而不关乎目的是否为善。这种发展又依赖于对动物性冲动的训练，也就是说发展技术性禀赋要以发展动物性禀赋为前提。发展技术性禀赋所需要的手段是技能，技能包括知识和才能的发展。与动物性禀赋相对应的训练的目的在于消极地制止某些行动，与技术性禀赋相对应的技能教育的目的则是通过知识获得积极的才能①。在康德那里，技术性禀赋发展的结果就是包括科学和艺术在内的文化。

再次是实用性的禀赋。实用性禀赋也就是康德在《宗教》中所指的人性的禀赋。康德在《宗教》中认为，人性禀赋"可以归在虽然是自然的、但却是比较而言的自爱（为此就需要理性）的总名目下，也就是说，只有与他人相比较，才能断定自己是幸福的还是不幸的"（6：26）。简言之，人性的禀赋就是自爱，对于个人而言，发展人性禀赋的目的就是幸福。基于这种自爱就产生出了一种偏好，即在其他人的看法中获得一种价值。起初，仅仅是想获得一种平等的价值，也就是不允许

① 康德在《教育学》中将教育分为否定性的照料和肯定性的塑造两个方面。前者就是纯然防止错误的训诫；后者就是教导和指导，这也被称为培养。（9：452）

任何人对自己占有优势。然而，由于他又总是担心他人会追求这种优势，于是最初那种平等的欲求就发展成一种不正当的欲求，即为自己谋求对他人的优势。由此，人就永远处于对某些人谋求优势的努力中，表现为嫉妒贤能、争强好胜。在这种人性的禀赋上同样可以嫁接这样一些恶习，如对所有被我们视为异己的人持有隐秘的和公开的敌意。既然，幸福是发展人性禀赋的目的，而个人又只有在与他人的比较、合作中才能获得幸福。那么，人就必须“在社会关系中走出单凭个人暴力的粗野状态，并成为一种有教养的（尽管还不是有道德的）、注定和睦的存在者”（7：323）。这是康德在《人类学》中对实用性禀赋的描述。通过以上分析，我们可以看出二者的内涵是相同的。综合来看，人性的禀赋或实用性的禀赋就是出于自爱，为了获得幸福而与他人合作并和睦相处的能力。

发展实用性禀赋所需要的手段是明智[①]，其实质就是以幸福为目的的一般实践理性。康德在《奠基》中区分了两种层次上的机智（即明智）：第一层意义上的是世事的机智，是一个人为了实现自己的意图而影响他人、利用他人的技巧；第二层意义上的是私事的机智，即为了实现自己长久的利益把所有这些意图统一起来的洞识。康德认为，后者是前者的归宿，仅仅停留在前者意义上的机智只能算作狡猾，还算不上整体上的机智（4：416）。技能是指为了实现任何一个不确定的目的而运用我们的才能，明智则是在他人同意的前提下利用他人以达到自己的目的，在这一过程中他人没有受到任何强制。简言之，明智就是利用他人以实现我们的幸福。尽管如此，明智并不意味着将他人仅仅视为工具的非道德的使用。康德区分了奸诈的人和明智的人。前者是带有欺骗性的，仅仅将他人作为手段来使用，后者则知道如何与他人保持合作。明智对于社会生存、幸福和我们道德禀赋的发展来说是必要的。

与前两种禀赋相比，实用性禀赋是一个更高的阶段，我们必须在教导和管束（或者说纪律）中接受教育以便发展这种禀赋。发展实用性的禀赋的目的有两个层次：对于个人而言是获得幸福，对于人类整体而言是文明化。幸福是每个人都欲求的，但是幸福的内涵却因人、因时而异。因此，严格地说，自然并没有赋予我们实现该目的的手段，她仅仅

---

① Prudence，李秋零先生翻译为“机智”。

赋予我们判断自己是否幸福的情感。至于幸福的内容和实现幸福的手段则由明智来规定。康德在《逻辑学讲义》中说："对幸福目的和构成要素的规定是明智的首要任务，其次就是规定实现这些目的的手段。"[①]对幸福构成障碍的因素有很多：瘟疫、饥荒等各种自然灾害将直接剥夺人们的幸福，除此之外，自然禀赋之间的冲突以及文化所导致的不平等都将对幸福构成威胁。因此，我们只有通过运用明智来获得一定程度上的幸福。康德在《逻辑学讲义》中说道："明智是运用手段达到人类的普遍目的，即幸福的准备。"[②] 既然幸福不可避免地与他人的观点联系在一起，因此，我们需要运用明智来认识如何在社会中与他人相处，如何在他人的评价下衡量自己。康德指出，幸福的实现在个人身上会受到障碍，因此，个人只能希望自己在公民宪政的发展中变得更加文明化。因此，实现实用性禀赋的最终目的依赖于人类社会的文明。因此，我们倾向于服从公民宪政，服从合法的权威，因为它能协调各种自然禀赋之间的冲突，有助于实现个人的幸福。由此，对于人类而言，文明才是实用性禀赋的最终目的。

（二）实现自然规定性的动力：非社会的社会性

非社会的社会性是自然用来实现人类自然规定性的手段。康德在《关于一种世界公民观点的普遍历史的理念》（以下简称《理念》）中对非社会的社会性进行了生动的描述："自然用来实现其所有禀赋之发展的手段，就是这些禀赋在社会中的对立，只要这种对立毕竟最终成为一种合乎法则的社会秩序的原因。在这里，我把这种对立理解为人们的非社会的社会性，也就是说，人们进入社会的倾向，但这种倾向却与不断威胁要分裂这个社会的一种普遍对抗结合在一起。这方面的禀赋显然蕴涵在人性之中。人有一种使自己社会化的偏好，因为他在这样一种状态中更多地感到自己是人，也就是说，感到自己的自然禀赋的发展。但是，他也有一种使自己个别化（孤立化）的强烈倾向，因为他在自身中也发现了非社会的属性，亦即想仅仅按照自己的心意处置一切，并且因此而到处遇到对抗，就像他从自身得知，他在自己这方面喜欢对抗别

---

① 转引自 Holly L. Wilson, *Kant's Pragmatic Anthropology: Its Origin, Meaning, and Critical Significance*, State University of New York Press, 2006, p. 80。

② Ibid..

人一样。”（8：20—21）在社会中，人有一种强烈的自我价值的意识，这种价值是建立在与他人进行比较的基础之上的。每个人都希望拥有一种相对于他人的优越性，这种优越性就是自尊[①]的意识，同时也是非社会的社会性的典型表现。人要获得幸福就必须与他人建立联系，然而我们又必然与他人处于天然的对立状态，他人随时会阻止我们欲望的实现，这就将人类的社会生活变成了一种斗争。康德在《人类学》中提到的自由的偏好就是一种无法的自由，我们对自由的自然欲求必然会剥夺他人的自由。康德说：“自己的意志随时都在对其邻人的厌恶中爆发，并且在任何时候都致力于实现自己对无条件自由的要求，即不仅是独立的，而且是凌驾于其他天生与自己平等的存在者的至上主宰。”（7：327）由此，人就必须在与那些自己无法容忍但又不可摆脱的人的相处中满足自己的需求。

非社会的社会性就是以非社会的形式（对立、比较、冲突等等）表现出来的社会性（相互依赖）。非社会的社会性倾向是随着人性禀赋的发展而出现的。在《判断力批判》中，康德指出，文化造成不平等，造成不和。而这种不和则是源自文化所促成的技能（自然才能的发展就是技能）上的差异。文化和技能的发展造成了人们之间的竞争，竞争带来了社会的不和谐和对抗。然而，人类希望和平，因此，他们不得不学习在相互关系中变得文明化。尽管康德有时将文明和文化等同，但他还是倾向于区分二者，即文化引起竞争，文明带来和谐。文化是竞争和对抗的结果，是发展实用性禀赋的动力，文明是这一禀赋对于人类而言的目的，也就是说，发展实用性禀赋的目的是实现文明化。

从自然目的论的角度出发，康德认为，非社会的社会性正是自然智

---

① 卢梭对自尊心进行过深刻的揭示，康德关于人性的思想是在继承卢梭人性思想的基础上发展起来的。因此，回顾一下卢梭关于自尊心的描述能够帮助我们更好地理解康德人性思想中的“自尊”：“不能把自尊心和自爱心混为一谈，这两种情感在性质和效果上是完全不同的。自爱心是一种自然的情感；它使各种动物都注意保护自己。就人类来说，通过理性的引导和怜悯心的节制，它将产生仁慈和美德，而自尊心是一种相对的情感，它是人为的和在社会中产生的；它使每一个人都把自己看得比他人为重，它促使人们互相为恶，它是荣誉心的真正源泉。”参见卢梭《论人与人之间不平等的起因和基础》，李平沤译，商务印书馆 2007 年版，第 155 页。日常生活中，人们往往用将自尊与尊严联系在一起，有时甚至错将自尊视为尊严。在卢梭和康德看来，二者显然是不同的。自尊是在社会中，由比较产生的，而尊严则是人由于人性和自由而拥有的绝对的内在价值，它既不是由比较产生的，也不可以进行比较。

慧的体现。大自然借此来实现其最高的意图，他说：“大自然把不和的种子置入人类，并且想要人类自己的理性从这种不和中得出那种和睦，至少是向那种和睦的不断逼近，那种和睦虽然在理念中是目的，但事实上前者（不和）在大自然的计划中却是一个最高的、我们无法探究的智慧的手段；即通过文化的进步，即使伴有人的生活乐趣的诸多牺牲，也造成人的完善化。”（7：322）非社会的社会性是实现人的自然规定性、发展前三种禀赋的动力。若无非社会的社会性，这些禀赋将一直处于潜在状态。非社会性是自然的不满足的一部分，自然借此来战胜自然的满足和懒惰，否则，人将一直处于动物本能的指导之下，人的理性本性的尊严也永远得不到实现。康德说：“这种属性就自身而言并不可爱，但如果没有这种属性，在一种田园牧歌式的生活中，尽管有完全的和睦一致、心满意足和互相友爱，一切才能却会永远隐藏在其胚芽里面。……没有这些东西，人性中的一切优秀的自然禀赋将会永远沉睡，发展不出来。”（8：21）人类试图在比较中寻求一种对于他人的优越性，这就必然以他人的存在为条件。然而，由于他人也有这种对自我价值的要求，因此人类社会就呈现为一个矛盾和斗争的过程，在此过程中，人要求与他人的合作，但同时又不能容忍他人对自己造成的优势。“正是这种对抗，唤醒人的一切力量，促使他克服自己的懒惰倾向，并且在求名欲、统治欲和占有欲的推动下，在他的那些他无法忍受，但也不能离开的同伙中为自己赢得一席之地。”（8：21）

康德认为，非社会的社会性是大自然智慧的表现，“大自然只不过是要把这种竞争的理念当做促进文化的动力来利用罢了”（6：27）。康德在此引入自然目的论，目的是要防止人们对自然的抱怨，抱怨其将比较置入人的本性中，同时也避免将我们自身的缺点归咎于自然。自然目的论的解释不应该使我们忽视这样一个事实：表现出非社会性倾向的人类行为是可指责的，这种对抗（非社会性）是我们应该与之做斗争、努力克服的。康德在《理念》中指出，实现人的自然规定性要求人类通过建立一个有法律秩序的公民社会来保护公民的财产和其他正当自由的必要条件，以此来克服非社会性的影响。否则，人类的比较本能将会减弱我们发展自然禀赋的能力。非社会性倾向和社会性倾向的冲突的最后解决就是文明。康德说：“在人类中人为地把善的禀赋提高为其规定性的最终目的，其最高程度就是一种公民宪政。”（7：327）因此，非社会的社会性是人类发展自然规定性的动力，其最终结果就是人类文明。在康德看来，文化会带来不幸福，而文明则是对文化的治疗。康德说："随着文化的增进只会越来越强烈地感受到他们相互之间自私地造成的灾祸，而且由于他们在自己面前看不到对付这些灾祸的任何别的手段，除非是（个别人的）私人感觉服从（所有人联合起来的）共同感，尽管不情愿也服从一种（公民强制的）纪律，而他们只是按照由他们自己所立的法来服从这种纪律的，所以他们通过这种意识感受到自己高尚起来了。"（7：329）非社会的社会性造成的是公民强制，而非道德性。这就是文明化的动力，即为了避免利己主义所造成的伤害而服从公民强制。

非社会的社会性是发展前三种禀赋的动力，同时也促进了前三种禀赋向道德性禀赋的发展，但却没有构成发展道德性禀赋的动力。非社会的社会性并不能导致道德化的进步。康德做了这样一个区分，即自然致力于从文化引导到道德性，而理性则试图从道德性到文化。毫无疑问，自然的终极目的是要确立一种普遍有效的外在法则，这也正是非社会的社会性的必然结果。"自然惟有在其下才能实现自己这个终极意图的那个形式条件，就是人们相互之间的关系中的法制状态。"（5：432）但这些都是强制性的法则，而不是人出于对法则的敬重而自愿遵循的，因此还不是真正道德的。尽管如此，它还是为实现道德化做了准备。

二　人的道德规定性

就人作为道德的本体存在者而言，人的道德规定性的最终目的就是实现道德、实现自由。这一目的的实现是通过发展道德性禀赋来完成的。道德性禀赋就是人格性禀赋，它是人的禀赋的最高层次，其实质就是意志自律的潜能。因此，当我们说意志自律是人享有尊严的根据时，其实质也就是说人因为这种先天的道德性或人格性禀赋而享有尊严。

康德在《宗教》中指出："人格性的禀赋是一种易于接受对道德法则的敬重、把道德法则当作任性的自身充分的动机的素质。这种易于接受对我们心中的道德法则的纯然敬重的素质，也就是道德情感。"（6：

27）在此，康德将人格性禀赋视为一种道德情感①，在《道德形而上学》中他也将良知视为一种道德情感。良知就是内在于人心的纯粹实践理性，是守护人心中道德法则的力量。每个人都有良知，这种力量不是自己给自己造就的东西，而应归于他的本质。人格性禀赋以自身是实践的、无条件的立法的理性为根源，其实质也就是道德性禀赋。事实上，在康德哲学中，良知就是一种潜在的道德性的力量，亦即纯粹实践理性。就此而言，我们可以将良知、人格性的禀赋与道德性的禀赋在同等意义上来理解。

康德在《人类学》中说道："人被赋予实践理性能力，而且能够意识到他的任意的自由。在对自由的意识以及他所受到或者他对别人施加的公正或不公正的情感中，他看到自己是一个服从义务的主体，尽管这种意识很模糊。"（7：324）人格性禀赋以纯粹实践理性为根源，借此，人能够意识到自己是一个自由的主体，他可以且应该服从法则。换句话说，人之所以能够服从道德法则就是因为他赋有这种人格性的禀赋。人格性禀赋从根本上来讲就是一种自由的能力或道德性的能力。道德情感是一种理性的情感，作为一种禀赋，它是人生而具有的，是人性的可能性，却不是现实的能力。当纯粹实践理性完全规定意志，成为任性的动机时，这种禀赋就发展成为一种"善的特性"。康德说："善的特性一般与自由任性的任何特性一样，都是某种只能获得的东西。但尽管如此，要使它可能，就必须有一种禀赋存在于我们的本性中，在这种禀赋之上，绝对不能嫁接任何恶的东西。"（6：27）事实上，这种善的特性或者说性格就是善良意志，就是自律意志。为了使善良意志成为可能，我们就必须预设一种使之可能的原因，这个原因就叫做道德性的禀赋。在此，我们可以看出，道德性的禀赋是一种实践性的禀赋，这是反思判断力的结果，其性质与预设自由相同，它是一种必须、一种应当。

如同前三种禀赋，发展道德性禀赋同样需要教育。康德在1780s《反思录》中说："才能、天赋指的是知识，它们决定着市场价格，是能够被培养的。气质、意向指的是情感，它们提供欣赏价格，是能够被

---

① 康德在此提到的这种道德情感就是指《奠基》中提到的敬重，即理性存在者先天具有的一种理性情感。有限的理性存在者（人）在自身的有限性和法则的无限性的比照中不可避免地会产生的一种情感，这种情感的根源来自于理性，确切地说是纯粹实践理性，因此是一种必然的理性情感。我们在第六章"尊严与德性"部分将会详细论述这种作为道德情感的敬重。

文明化的。性格（个性）、思维方式指的是意志，它们给予内在价值，是能够被道德化的。”[①] 康德认为，我们不能教给人自由意志，因为这是他先天就有的，但我们可以教育他运用自由意志去发展善的特性。实现道德性禀赋之目的的途径就是智慧，智慧是一种思维方式，是意志在遵循道德法则时的内在原则，是意志与终极目的（至善）的协调一致。（8：418）然而，这并不意味着实现道德性的禀赋就完全不需要明智，事实上，训练、技能、明智都为智慧做了准备，没有前三个阶段的发展，人就不可能获得智慧。智慧虽然不是明智，但有与之相似之处，它关心如何运用其他禀赋来实现道德性禀赋的目的。智慧是对明智的限制，后者只关心对个人有利的东西，智慧不仅将个人与社会联系在一起，而且将之与人类的命运（规定性）联系在一起。明智教给我们如何在社会中寻求个人福利，如何运用技能来维持生存，如何赢得他人的好感和认可（这种好感将有助于增加个人福利），如何获得幸福；智慧教人鄙视那些只关乎个人福利的实用性利益，它向我们指出，幸福不可能通过金钱和荣誉而获得。康德坚信，“就幸福而言，人类似乎同样很少达到它的规定性；人的本性驱使人不断地去追求幸福，但理性却把他限制在配享幸福的条件，亦即道德之上”（7：326）[②]。康德提出产生智慧的三条准则：1. 独立思考，2. 在与人们的交往中站在他人的立场上思考，3. 坚持一以贯之的、合乎逻辑的思维方式。（7：200、228）。

神意的智慧为人类揭示了这样一个前景，即有理性存在者是“一个从恶到善不断进步、在阻力之下奋起向上的类；这样，它的意愿总的来说是善的，但实现却变得困难，因为目的的达到不是靠个人的自由协调，而是惟有通过不断进步地把地球公民组织进并且组织成作为一个世界主义地结合起来的体系的类，才能够有希望”（7：333）。这种智慧来自理性，它让我们认识到：1. 前三种禀赋的目的都不可能在个体身上得以实现，人类只能期望通过世代延续而进步；2. 实现动物性的、

---

① 转引自 Holly L. Wilson, *Kant's Pragmatic Anthropology*: *Its Origin*, *Meaning*, *and Critical Significance*, State University of New York Press, 2006, p. 84。

② 不仅自然禀赋之间会相互冲突，幸福也没有一个确定的对象，且它也不可能通过文化获得。在这一点上，康德与卢梭一致，他认为，文化只是导致了人类的不幸福。参见 Holly L. Wilson, *Kant's Pragmatic Anthropology*: *Its Origin*, *Meaning*, *and Critical Significance*, State University of New York Press, 2006, p. 85。

技术性的、实用性的目的并不能完全实现人类的规定性，道德性禀赋之目的的实现才能最终完成人类的规定性——实现自由、实现道德。

人类在技术性禀赋上的进步就是文化，在实用性禀赋上的进步就是文明。康德在《判断力批判》中区分了创世的最终目的（作为本体的人类）和自然的终极目的。他认为，创世的最终目的不能在自然中寻找，而只能在作为道德主体的人类中寻找，那就是自由。他说："现在，关于作为一个道德存在者的人（同样关于世界上的任何有理性的存在者），就不能再去问：他是为什么而实存的。他的存在自身中就具有最高的目的，他能够尽自己所能使整个自然都服从这个最高目的，至少他可以坚持不违背这个最高目的而屈从自然的任何影响。——如果这个世界的事物作为在其实存上有所依赖的存在者而需要一个按照目的来行动的至上原因的话，那么，人就是创造的终极目的；因为若没有这个终极目的，相互隶属的目的的链条就不会被完备地建立起来；而惟有在人里面，但也是在这个仅仅作为道德的主体的人里面，才能发现目的方面的无条件立法，因此，惟有这种立法才使人有能力成为终极目的，整个自然都是在目的论上隶属于这个终极目的的。"（5：435—436）自然的终极目的就是为人类实现自身的规定性做准备，也就是文化和文明。或者说，自然的终极目的就是实现人的自然的规定性，实现前三种禀赋的目的，而这些目的的实现则为人的道德规定性的实现做了准备。人类只有在实现了道德性禀赋的目的后才能完成人类的所有规定性。理性在文化中得到发展，人类的规定性就是不断地从文化走向道德化、走向自由。人的本质的实现就在于在发展前三种禀赋的基础上发展道德性禀赋，最终实现自由。

综上所述，道德性或人格性的禀赋根源于具有立法能力的纯粹实践理性，它具有服从道德法则的倾向，是人性的可能性。发展这种禀赋的目的就是实现善良意志。道德性的禀赋或人格性的禀赋作为人性的可能性，其实质就是意志自律的潜在状态。发展道德性禀赋的实质就是实现意志自律，其目的就是使有限的人成为一个拥有善良意志的人。禀赋作为一种生而具有的素质是不可根除的，因此也是先天的，不可丧失的。可以说，道德性或人格性的禀赋是人性的必然和应然状态，是人性的本质。因此，尊重人性就是要发展人的道德性禀赋，同时也要发展前三种禀赋，因为，道德性禀赋的发展是以前三种禀赋的发展为前提的。在这一意义上，我们可以说，道德性或人格性的禀赋是人享有尊严的根据[①]，又因为道德性或人格性的禀赋是人性中最本质的特征，因此，我们也可以笼统地说，人性是尊严的根据，这种说法与意志自律是尊严的根据是一致的。

第二节 尊严与“人性公式”

如前所述，康德道德哲学的首要任务就是要寻找道德的至上原理，因为只有找到这样一条至上原理，我们才能据此来判断一个行为是否真正具有道德价值。在康德看来，道德的至上原理只能以定言命令的形式表达，因为定言命令不需要通过任何外在的诱惑来诱导理性存在者服从，而是无条件地向理性存在者发布命令并要求其必须遵从。“人性公式”就是定言命令的公式之一，其核心是“人是目的”。“人性公式”中的“人性”就是指上述道德性或人格性的禀赋。作为道德法则的质料公式，“人性公式”历来备受重视。有人甚至将其直接视为尊严原理，主张尊重人的尊严就在于将人视为目的而不仅仅是手段。本节将通过梳理康德提出“人性公式”的思路以及对其内涵的分析来探讨尊严与“人性公式”的关系。

一 “人性公式”的提出

康德认为，道德法则只能以定言命令的形式来表达，因此，他在

---

① 康德在《宗教》中指出，除了向善的原初禀赋之外，人还有趋恶的倾向。然而，恶并不是人生而具有的，它根源于准则，道德上的恶源自对自由的运用，因此是可以归咎于人的。因此，康德主张要人类应该重建向善的原初禀赋，然而这并不是要去获得一种丧失了的向善的动机。在他看来，向善的原初禀赋是不可能丧失的，否则我们就不可能重新获得它。所谓重建是指“建立道德法则作为我们所有准则的最高根据的纯粹性”，即行为动机的纯粹化，排除其他动机的干扰，使道德法则作为规定任性的充足根据，并将其纳入准则。重建的过程就是不断接近圣洁性的过程，就是要在遵循自己的义务时确保准则的圣洁性，在这个过程中所表现出来的坚定决心就是德性。康德说：“人们毕竟不得不相信人天生（即如同人通常生下来就是那样）在体质上是健康的，因而也就没有理由不相信人在灵魂上也是天生健康的、善的。因此，本性自身就会帮助我们来培植我们身上这种向善的道德禀赋。塞涅卡就说过：我们患的是可以治愈的疾病，由于我们在本性上是生来向善的，所以，只要我们愿意被治愈，本性就会帮助我们。”（6：20）这里的本性是指一切行为的主观根据，人们正是在这一主观根据之下来运用自由的，而主观根据在此又必须是一个自由的行为。简言之，人的本性就是自由。运用自由，发展人的向善的禀赋，实现人的自然规定性和道德规定性，这是人类的命运。

《奠基》中提出了三条重要的公式，分别从不同的视角来分析定言命令的内涵。学术界通常将其简称为“普遍公式”、“人性公式”和“自律公式”。通过“普遍公式”——“要只按照你同时能够愿意它成为一个普遍法则的那个准则去行动”[①]（4：421），康德回答了如下问题：如果存在一个定言命令，它应该以什么形式表达？可以说，普遍公式为判断行为是否具有道德价值提供了一个逻辑上的检验标准。如果行动的准则[②]不能够普遍化，该行动就不具有道德价值。在此，我们看到，普遍公式只是在假设存在道德法则或定言命令的前提下，为其提供的一个形式标准。那么，这一假设是否成立呢？即，是否确实存在无条件地向人颁布命令的道德法则呢？理性存在者是否必然受其束缚呢？简言之，是否确实存在一个适用于所有理性存在者的道德法则呢？康德在讨论完“普遍公式”及其变形“自然公式”之后也意识到人们会对此提出质疑，因此他自己将这个问题提出来，并试图回答。正是在对这个问题的回答中，康德引出了“人性公式”。

康德说，如果确实存在这样的道德法则或定言命令，或者说，如果这个法则必然地对所有理性存在者都有效，那么，它就必须完全先天地与理性存在者的概念结合在一起。因为“必然性和严格普遍性就是一种先天知识的可靠标志，而两者也是不可分割地相互从属的”（《纯批》B4）。也就是说，只要定言命令与理性存在者的概念先天的结合在一起，我们就能证明确实存在定言命令，因为理性存在者是必然存在的，这是自明的前提。由此，康德进入对意志概念的探讨。自然界的其他一切事物都按照法则发挥作用，唯有理性存在者拥有意志，他的行动是建立在对法则的认识基础上的，即他是按照原则来行动的。由此可见，意志概念与理性存在者的概念必然联系在一起。

康德认为，任何行动都有一个目的，意志作为一种行动能力必然要受到目的的规定。如果目的由纯粹的理性提供，该目的就是对所有理性存在者都有效的客观目的；相反，如果目的由感性偏好提供，该目的就是主观目的，只对某些人有效，不具有普遍必然性。由此，主观目的就

---

① 为了与自然法则类比，康德还提出了这一普遍公式的变形，“要这样行动，就好像你的行为的准则应当通过你的意志成为普遍的自然法则似的”（4：421）。

② “准则是行动的主观原则”（4：421），也就是主体根据自身的偏好或需求而采纳的行动原则，在此我们看到，准则概念中包含了动机的概念。

构成了假言命令的根据，客观目的就构成了定言命令的根据。客观目的也就是具有绝对价值的目的自身。康德说："假定有某种东西，其存在自身就具有一种绝对的价值，它能够作为目的自身而是一定的法则的根据，那么，在它里面，并且惟有在它里面，就会有一种可能的定言命令式亦即实践法则的根据。"（4：428）从这段引文中，我们看到，康德在为道德法则寻找一个根据，在他看来，如果我们找到这样一个根据，那么也就证明了确实存在一个定言命令。而这个根据就是具有绝对价值的目的自身。这里的关键问题是，如何理解"目的自身"？有学者认为，目的自身就是指理性存在者，因为康德说："人以及一般而言每一个理性存在者都作为目的自身而实存……"（4：428）理性存在者因其本性，也就是设定目的的能力将自己凸显为目的自身，在此，设定目的的能力也就是自由选择的能力。联系康德在出版《奠基》（1785）前一年完成的《自然法讲义》（以下简称《讲义》）（1784）中对"目的自身"的论述有助于我们更好地理解康德在此所要表达的意思。康德说："理性存在者成为目的自身，不是因为他有理性，而是因为他有自由，理性仅仅是手段。"[①]"仅仅自由，使我们成为目的自身。"[②]由于自由，人类就不再仅仅是自然的玩物或其他目的的手段，而是自身就成为目的，目的自身是对人的自由属性的描述。因此，当康德说，实践原则的根据是：理性的本性作为目的自身而存在时，他想表达的意思是：理性的本性或理性存在者是自由的。目的自身是道德法则的根据也就意味着自由是道德法则的根据。康德在引出"人性公式"之前用了大量篇幅来讨论道德法则的根据问题。尽管康德没有在此明确说明自由是道德法则的根据，但是他还是给出了暗示，他说："这里我把这一命题作为公设提出。在最后一章，人们将发现这样做的理由。"（4：430）[③]在此基础上，康德引出了"人性公式"，即"你要如此行动，即无论是你的人格中的人性，还是其他任何一个人的人格中的人性，你在任何时候都同

---

① Kants，*Naturrecht Feyerabend*，Berlin：Walter de Gruyter，1979，p. 1321.

② Ibid.，p. 1322.

③ 康德从意志概念出发来探讨是否确实存在一个定言命令的问题，事实上，他在此并没有彻底解决这个问题，而只是做了一个简短的分析，并承诺将在第三章展开论证。不过，这一视角本身已经暗示了《奠基》第三章的思路。在那里，康德也是从意志概念出发来分析自由概念的。我们可以将康德在第二章的思路简单归纳如下：定言命令—理性存在者—意志—目的—目的自身—自由，这一思路已经暗示了道德法则是自由的认识理由。

样当作目的，绝不仅仅当作手段来使用”（4：429）。

康德在讨论完三个公式之后，对三个公式做了一个简短的总结。他说：三个公式“在根本上只不过是同一个法则的三个公式……不过，它们中间毕竟是有差异的，这种差异与其说是客观实践的，倒不如说是主观的，也就是说，是为了（根据某种类比）使理性的一个理念更接近直观，并由此更接近情感”（4：436）。虽然康德在提出“人性公式”之前用了不少篇幅来回答定言命令是否对所有理性存在者都有效的问题，但事实上，“人性公式”可以直接从“普遍公式”中引出。康德说：“我在为任何目的而利用手段时，应当把我的准则限制在它作为每一主体的一个法则的普遍有效性的条件之上，这不多不少等于是说，目的的主体，亦即理性存在者本身，必须绝不仅仅作为手段，而是作为使用一切手段时的最高限制条件，也就是说，在任何时候都同时作为目的，而被当做行为的一切准则的根据。”（4：438）将自己的准则普遍化，使其适合所有理性存在者，这也就是要求尊重所有理性存在者，将其视为目的。“普遍公式”要求将自己的准则普遍化，这就意味着，如果行为者的准则不能同时被其他理性存在者接受，行为者就不能够按照该准则行事。相反，放弃该准则就是对其他理性存在者的尊重，也就是将他人视为目的而不仅仅是手段。在康德看来，理性存在者如果能够尊重他人，那么，他在采纳准则时就会不仅从自己的立场出发，同时也从其他任何理性存在者的立场出发，这就是“自律公式”的要求，即每个理性存在者的意志都是一个普遍立法的意志。由此可见，三个公式都表达了尊重人的核心思想。

二　“人性公式”的内涵

“人性公式”之所以能被称为尊严原理，意味着“人性公式”所内含的要求正是尊重人之尊严的要求和体现，也就是说，尊重人的尊严就要求将自己和他人的人性视为目的而不仅仅是手段。在此，有两个核心问题：首先，“人性公式”中的人性是什么？其次，如何才算得上将人性视为目的而不仅仅是手段？该小节力图通过对“人性公式”内涵的分析来说明：人性的本质就是自由能力，以人格性或道德性表现出来的人性是人性最完善的表达；将人性视为目的而不仅仅是手段就是尊重人之尊严的要求，其实质就是要尊重人性，尊重自由。

（一）“人性公式”中的人性

康德将“人性公式”表述为：“你要如此行动，即无论是你的人格中的人性，还是其他任何一个人的人格中的人性，你在任何时候都同时当做目的，绝不仅仅当做手段来使用。”（4：429）有些学者将康德的这一思想概括为尊重人，这一概括虽然没有违背康德的本意，却也没有将其核心思想揭示出来。准确地说，我们可以将其简化为“尊重自己和他人的人性”。如前所述，人性在康德哲学中是一个内涵丰富的概念，那么，这里所说的人性具体指什么，它与人格性、自律、自由以及一般意义上的人的关系如何？下面，我们就来进一步分析。

Wood 在解读人性公式时认为“人性公式”中所提到的“人格中的人性”就是指康德在《宗教》中提到的人性的禀赋[①]。同时，他还强调，作为人性公式之根据的目的自身也只能是这种广义上的人性，而非人格性。简言之，在 Wood 看来，人性公式中的人性只能从广义上来理解，而不能从狭义的人格性来理解。在此，我们将批判性地借鉴 Wood 的观点。我们认为，人格性是人性的最终完善，是人性的理念；一般的人性概念就已经暗含了人格性的禀赋。因此，人性公式中的人性是以人格性为核心的广义上的人性，其实质就是人的自由能力，而非《宗教》中所指的第二层次上的人性[②]。

首先，我们来看《宗教》中的人性和人格性的区分。康德在《宗教》中提到人的本性中三种向善的原初禀赋：a. 动物性的禀赋，包括三个方面的本能——保存自己本身、借助本性繁衍自己的族类和与他人共同生活，即社会本能。这一禀赋可以归在自然的、纯然机械的自爱的总名目下。b. 人性的禀赋，包括理性的所有能力：设定目的的理性能力，比较、权衡的能力，将各种目的组织成一个整体的能力，运用手段达到目的的能力等。如，为了幸福，我们设定了各种各样的目的，但我

---

① 同时，Wood 认为人性包含人格性，设立目的的能力包含将人性视为目的，立法并出于对人性的敬重而遵循法则。参见 Allen W. Wood，*Kant's Ethical Thought*，Cambridge University Press，1999，p. 364。

② Wood 并未注意到《宗教》中这种较低层次的人性和人性公式中广义上的人性的细微区别，而是直接将二者等同对待，由此带来了其思想的前后矛盾。例如，一方面，他严格区分了人性和人格性，并认为人性公式中“人格中的人性”就是这种广义上的人性而非人格性，人由于这种人性而具有绝对价值，进而拥有尊严；另一方面，他又说，从严格意义上来讲，康德将尊严赋予了人格性而非人性。

们同时可以从长远和全局的角度出发，为了实现整体的幸福而将这些目的按照次序来排列，让低级目的服从高级目的。c. 人格性的禀赋：为自身设定道德目的的能力，事实上，也就是自律的能力。康德在《宗教》中提到的这三种禀赋是有层次性的，人格性禀赋是最高层次的，人性禀赋是较低层次的，动物性禀赋则是最低层次的。这里提到的第二个层次上的人性并不包含人格性。康德在注释中也说道："不能把人格性的禀赋看做是已包含在前一种禀赋的概念之中，而是必须把它看作是一种特殊的禀赋。因为从一个存在者具有理性这一点，根本不能推论说，理性包含着这样一种能力，即无条件地、通过确认自己的准则为普遍立法这样的纯然表象来规定任性。"（6：25）概言之，在《宗教》中，人性和人格性分属两个层次，人性不包含人格性的成分，前者是低一级的设定目的的能力，后者是高级的设定道德目的的能力。在此，我们主张，这里的人性并非"人性公式"中的人性。

其次，我们来看"人性公式"中的人性与人格性的关系。康德说，理性的本性[①]——设定目的的能力使他凸显为目的自身。理性的本性作为设定目的的能力就是指人性，它包括：（1）按照原则或准则去行动的能力或倾向，也就是意志的能力；（2）在与道德法则不冲突的前提下，按照明智的原则，也就是假言命令去行动的能力或倾向；（3）设定任何目的，包括道德目的的能力，即一般实践理性的能力和纯粹实践理性的能力。就后者而言，人性也就是自立法的能力或倾向，就是意志自律；（4）不是出于恐惧或爱好，仅仅出于对法则的敬重而服从定言命令的能力或倾向，也就是自守法的能力或倾向。但是，由于人的理性的不完善，人不可能始终自行遵循法则的要求；（5）既然理性的本性包括理论的和实践的理性，因此，人性也就包含理解世界和抽象思维的能力。简言之，理性的本性、人性是一种广义上的设定目的的能力或倾向。

---

① Wood 认为，理性的本性也是有层次性的，包含技巧 technical skill，实用的机智 pragmatic intelligence，道德智慧 moral wisdom。首先，它要求保存理性的能力（所有功能），包括一般实践理性的能力和纯粹实践理性的能力；其次，它还要求实现它所设定的目的（广义上的目的）。具体来讲，人性作为一种能力包括设定目的的能力，选择手段的能力，理性的自爱，形成幸福概念的能力，并努力追求它，以及将他人用作手段以达到自身目的的能力，自我完善的能力，发展新的思维方式和生活模式的能力等，参见 Allen W. Wood，*Kantian Ethics*，Cambridge University Press，2008，p. 88。

以上是对人性的分析，接下来看人格性。人性所具有的设定目的的能力是人区别于动物的显著标志，而人格性作为设定道德目的的能力则是人性尊严的崇高所在。康德说："虽然就他服从道德法则而言实在谈不上崇高，然而就他同时是上面这个法则的立法者，并仅仅因此才服从法则而言，的确是崇高的……人性的尊严就在于这种普遍立法的能力，虽然以自己同时服从这一立法为条件。"（4：440）实质上，人性和人格性作为设定目的的能力都是理性能力的表现，前者作为设定一般目的的能力就是指一般实践理性的能力，后者作为设定道德目的的能力就是指纯粹实践理性的能力。再进一步推论，与一般实践理性相对应的是消极的自由（自由的任意），与纯粹实践理性相对应的是积极的自由（意志自律）。由此看来，人格性也就是意志自律的能力。同时，康德也说，纯粹实践理性具有立法的功能，这也就意味着人格性这种设定道德目的的能力就是立法的能力。实际上，从一般实践理性和纯粹实践理性的区分中我们已经可以看出人性必然包含人格性的结论。

人格性是人性的核心。人性使人区别于其他动物，而人性中的人格性则凸显了人的尊严和崇高。倘若我们从人性中抽掉其人格性的部分，则人充其量只不过是比其他动物更懂得如何计算利益、满足欲望等略高一级的动物，在此，我们看不出人的任何崇高和神圣。人格性是人性的内核，人性之所以为人性就在于其核心"人格性"，如果人格性丧失，那也就不存在真正意义上的人性①。而当理性存在者具有人格性时他必然也具有人性，因此，我们说"人性公式"中的人性真正说来就是指人格性、意志自律的能力。

综上所述，将"人性公式"视为尊严原理，将人性视为尊严的根据是正确的。需要强调的是，这里的人性就是以人格性为核心的人性。人性作为尊严的根据与自律作为尊严的根据是同一个意思，换句话说，意

① 人格性作为一种禀赋，它"潜在"还是"不在"，位于现象界的我们是无法准确看出的。在这种情况下，出于道德实践的需要，我们必须将其视为"潜在"。也就是说，即便人格性事实上已经"不在"，但我们还是要将其视为"潜在"，或者说，人格性的"在"是一个理性的事实。正因此，我们需要绝对平等地尊重他人，即便是对于罪犯也如此。因此，人格性是不可能丧失的。确切地说，出于实践的需要，我们不会接受人格性真正丧失、"不在"的情况，在那种情况下，人将不人，成为物。

志自律、人格性才是最本质的人性。人性是不可丧失的，它被赋予了每个理性存在者，最愚蠢和最邪恶的人也不例外。尽管康德有时候也会说，有些行动相当于毁灭或放弃了自己的人性（6：422/425），但他还是反复强调我们有责任在实践上承认任何其他人包括罪犯和恶棍等的人性的尊严。

（二）“人性公式”的具体要求

如前所述，“人性公式”的内容已经直接告诉我们应该如何尊重人的尊严——在任何时候都将自己和他人视为目的而不仅仅是手段。尽管如此，这一命令还是显得非常抽象，它并没有告诉我们具体如何行动才算得上是对人之尊严的尊重。因此，我们需要进一步分析这一命令的内涵。对此，我们将从两个问题出发来讨论。首先：为什么要将人性视为目的？其次，如何才能做到将人视为目的而不仅仅是手段？

1. 为什么要将人性视为目的？

这一问题的实质是要探讨人性与目的的关系。首先，我们从目的的必要性出发来分析。康德说：“人及其（也许还包括所有尘世存在者的）实践理性能力的不可避免的局限性之一，就是无论采取什么行动，都要探寻行动所产生的结果，以便在这一结果中发现某种对自己来说可以当做目的、并且也能证明意图的纯粹性的东西。在实施中，目的是最后的东西，但在观念和意图中，它却是最先的东西。”（6：6）所有行动都必然有一个目的，这是人作为有限的理性存在者的局限性。神圣的存在者出于本性就会按照纯粹实践理性的规定行动，对于他们来说，履行义务就够了，不需要关注任何目的。而人则总难免在行动时要探寻该行动的目的，关注其是否能够满足自己的需求，由此，目的就成了先于行动的东西。

目的在规定行为时起着两方面的作用：一方面是要追求的积极目的，另一方面是消极的限制性作用，即行动不能与之相悖。在康德看来，人性作为目的所起的正是这种消极的限制性作用（4：437、6：380—381）。人的有限性决定了他不可避免地要受到感性偏好的影响，而感性偏好总会通过一个经验的目的将人诱导到义务的反面。所以，立法的理性要阻止这种情况发生就只能再次通过一个目的，一个与经验目的相反的道德目的，且这个目的必须不依赖于任何偏好，先天地被给予。在康德看来，伦理学就提供了这样一个目的，这个目的就是人性，它是人应该具有的客观必然的目的。从人作为本体存在者的角度来看，纯粹实践理性就是一种设定道德目的的能力，因此它必定会设定这样一个客观必然的目的；从人作为现象存在者的角度来看，人性虽然不是要促成的目的，而是已经存在的目的，但人的有限性决定了他不可能在任何时候都认识到这一点。或者说，即便认识到也难免会受限于偏好的影响而未能在行动中切实将其实践出来。所以，拥有这样一个客观必然的目的对人的有限性来说就表现为义务，表现为应该，这就是人为什么要尊重人性，为什么要将人性视为目的的理由。简言之，拥有这样的目的是纯粹实践理性的要求。

其次，我们从目的与价值之关系的角度来分析。康德将目的分为两种，一种是积极的要促成的目的，一种是自在的、自足的目的，即目的自身。前者是主观目的，它所具有的价值是相对的，有条件的；后者是客观目的，它具有无条件的、绝对的价值。这样一种具有绝对价值的目的自身构成了道德法则的根据（4：429）。“人性公式”中的目的就是指目的自身。在康德看来，能够充当目的自身的无外乎就是人性，因为，人性、理性的本性——设定目的的能力已经将自身凸显为目的自身。人性所具有的绝对价值是其他一切主观目的之价值的源泉。人性作为设定目的的能力，既包括设定一般目的的能力，也包括设定道德目的的能力。我们将某物设定为目的就意味着将其视为善的，也就是说，目的善是由人来规定的，确切地说，是由内在于人的纯粹实践理性来规定的①，人或人性是价值的赋予者，具有绝对价值。因此，将人性视为具有绝对价值的东西，视为目的自身就是尊重人性的直接要求。

2. “将人性视为目的”的内涵

“人性公式”包含消极的和积极的两个层次：首先，不要把人性仅仅作为手段，这是人性公式的消极要求；其次，任何时候都要把人性同时当作目的，这是“人性公式”的积极要求。正如自由的消极含义和积极含义的关系，“人性公式”的消极要求已经暗示了积极的要求，而积极的要求则必然内含消极的要求。可以说，前者是后者的题中应有之

---

① 参见 Christine M. Korsgaard, *Creating the Kingdom of Ends*, Cambridge University Press, 1996, p. 124。

义，后者是前者的归宿。当我们将每个人的人性都视为目的时就必然意味着我们没有仅仅将其视为手段。因此，“将人性视为目的”是“人性公式”的核心，其实质就是尊重人性。

人性不是主观目的，而是一个客观目的，是目的自身。主观目的是理性存在者根据其感性偏好随意设定的，是要促成的目的，其价值也随着理性主体欲求的变化而变化，因此，只具有相对的价值，不可能提供具有普遍必然性的原则。客观目的则对所有的理性存在者都有效，它不是要促成的目的，而是已经存在的目的，其存在本身就具有绝对价值。因此，只有这种客观目的才能充当目的自身。如前所述，联系《自然法讲义》中的相关内容，我们可以发现，在康德看来，目的自身真正说来就是指自由。正因此，康德认为，人性可以作为道德法则的根据，而其实质也就是指自由是道德法则的根据。将人性视为目的是道德法则的要求，其核心就是要尊重人的自由，尊重人性。

“将人性视为目的而不仅仅是手段”是我们在使用一切手段时的最高限制条件。康德说，人性以及一般的每个理性本性作为自在目的①，这一原则是每个人行动自由的最高限制性条件（4：431）。也就是说，每个人都可以自由行动，唯一的条件是你要把自己和他人人格中的人性作为自在目的来看待，即作为目的而不仅仅是手段。人性在此被表现为客观目的，因为它不是人们自行就在实际上当作目的的对象，而是应该被作为目的的对象，“将人性视为目的”对我们来说是一项义务。换句话说，无论我们为自身设立什么样的主观目的，都不能与这一客观目的相冲突，它是所有主观目的的最高限制性条件。进一步讲，将自己和他人人格中的人性视为目的就要求我们尊重人性，尊重理性的本性，也就是尊重自己和他人设定目的的能力。从消极意义上来说，你要保存自己和他人的这一能力，如勿自杀和不做虚假承诺，这就构成了完全义务；从积极意义上来说，你要发展自己并帮助他人发展他的这种能力，如发展自己的才能和帮助别人，这就是不完全义务。事实上，德性义务的两个内容：自己的完善和他人的幸福正是这种积极意义上的要求。因此，严格地说，德性义务就是指这种不完全的义务。但正如我们所指出这种积极的要求已经内含了消极的要求，因此，康德在讨论德性义务时又提

① 康德在《奠基》中常常将自在目的与目的自身互换使用。

到“对自己的完全义务”[①]。总之，无论是消极地保存人性，还是积极地发展人性，都是将人性视为目的、尊重人性、尊重尊严的表现，履行这些义务就是在维护和捍卫人的尊严。

人性作为设定目的的能力，具有绝对的、无与伦比的价值。具体而言，尊重人性表现在以下几个方面：第一，任何时候都不能损害自己和他人的理性能力。如使用药物或脑白质切断术使罪犯变得永远温顺，这虽然能够有效地制止罪犯的暴行，但却是以伤害罪犯理性能力为代价的，因此被视为对罪犯尊严的侵害。第二，尊重人性还意味着不能伤害任何人的身体，因为身体是理性、自由能力的载体。但这并不意味着在任何情况下毁灭生命都将有损尊严。如康德反对自杀是因为自杀者为了逃避生活的困苦而将生命（人性的载体）仅仅作为享受舒适生活的手段，一旦舒适的生活不复存在，他就毁灭自己的生命。在康德看来，这种行为贬低了人性的价值，损害了人的尊严；第三，既然理性能力具有无可比拟的价值，那么人就应该发展和完善自己和他人的这种能力。因此，尊重人性就应该发展和完善自己的理性能力，同时也帮助他人发展和完善其理性能力；第四，人应该尽可能地将这种能力发挥出来，这就要求人在实践中运用包括明智在内的理性能力；第五，当我们试图影响或说服他人时，应该诉诸他人的理性能力，而不是诉诸非理性的手段。第六，允许任何人自由地设定和追求其目的，前提是他的这种自由没有侵犯他人同样的自由。这也正是康德在“法权论”中所坚持的正义原则；第七，尊重人性还要求在日常生活中，在自己的言行举止中，在情感和态度中表现出对他人的敬重，让他人感觉到自己受尊重[②]。事实上，上述尊重人性的具体表现包含在《道德形而上学》的各项义务中，这些义务都是从“人性公式”中派生出来的，履行这些义务就是将人性视为目的的要求，就是在尊重人的尊严。下面，我们将通过回应康德的批评者们对“人性公式”的批评来进一步分析其内涵。

---

① 事实上，完全义务和不完全义务是相对而言的，它们并未将义务准确划分。康德说，伦理义务是不完全的、广义的义务，但他又将德性义务区分为对自己的完全义务（不自杀，不说谎等）和对自己的不完全义务。由此推论，如勿自杀既是完全义务（就德性义务而言），又是不完全义务（就伦理义务而言）。作为伦理义务的敬重，相对于法权义务而言是不完全的，但对于爱的义务来说，它又是完全的、狭义的。

② 参见 Thomes E. Hill，Jr.，*Dignity and Practical Reason*，Cornell University Press，1992，pp. 50 –55。

三　批评与回应

康德的“人性公式”既为支持者们大加颂扬，也被批评者们百般指责。有些学者认为，人性公式过于狭隘，因此不能够充当尊严原理。如甘绍平先生在《作为一项权利的尊严》一文中，将康德的尊严思想归纳为“自我目的——尊严说”。他认为，这一模式的核心思想就是“禁止将人工具化，任何一种使人工具化的行为毫无疑问都是对人的尊严的挑战”[①]。在此基础上，他进一步评价道，“康德‘自我目的——尊严说’的最大问题是将使人工具化与侵害其尊严简单地划上了等号。因为并非任何一种使人工具化的行为都是损害其尊严的”[②]。我们认为，作者对康德的这一指责是值得商榷的。事实上，康德并没有反对将人工具化的行为，他强调的是在将人工具化的同时还应该将其视为目的。

“人性公式”要求“你要如此行动，即无论是你的人格中的人性，还是其他任何一个人的人格中的人性，你在任何时候都同时当作目的，绝不仅仅当作手段来使用”（4：429）。批评者们在解读这一公式时往往忽视了“绝不仅仅”这一层含义。仔细推敲，我们就可以从这一公式中推论出如下三层含义：首先，人性可以被当作手段来使用。康德说：“人对自己的义务就是做一个对世界有用的成员，因为这也属于其自己人格中的人性的价值。”（6：446）人性的实质就是理性能力，人运用理性能力去实现维持生存的目的，在这一过程中，人性无疑被工具化了，康德并没有否定这一点。相反，他认为这种工具化也属于人性的价值，对别人有用，可以被他人作为手段来使用，同样也说明了我们存在的一种价值，尽管这还只是较低层次上的价值。其次，人性不能被仅仅视为手段，这是一条限制性原则，是对“将人性工具化”的限制，而非否定。例如在雇佣关系中，雇主雇用工人是为了满足自己的需求，在此，工人显然是雇主实现自己目的的手段。那么，雇主的行为是否损害了工人的人性，是否就侵犯了工人的尊严呢？显然不是，事实上，康德也并没有否定雇佣关系的合理性，因为雇主在利用工人劳动力的同时也付给工人相应的工资。工资一方面是对工人劳动的认可，是对其“有

---

① 甘绍平：《人权伦理学》，中国发展出版社2009年版，第152页。

② 甘绍平：《作为一项权利的人的尊严》，《哲学研究》2008年第6期。

用性”价值的肯定，另一方面也使工人能够摆脱贫困，维持生存，这是维护人之尊严的基本要求。再次，“人性公式”还包含一项积极的要求，即“将人性视为目的”，这是尊重人性更高一层次的要求。其实质就是要尊重自己和他人的理性能力，在实践中发展和完善这一能力。

另外，赵汀阳先生在《论可能生活》中也对康德的“人性公式”进行了批判，他说：“例如‘人是目的’原则，康德本人的论述并不很充分，但按照这条原则的逻辑容量可以看出主要是要求普遍必然地尊重每个人的尊严和人权。这种原则只是纯粹逻辑上的好，在生活中却甚是无用或有害。比如，一个人在某些时候假如一味要求个人尊严，可能连饭都没得吃。尊严不是一个抽象的逻辑概念，它与一个人的自我感觉有关，确实有个人自视很高，他觉得只有当领导才有尊严，于是在找工作时总是打听缺不缺经理，可是各个单位都不缺领导只缺人才，结果那个人找不到工作；或者，假如我们在任何时候都不把任何一个人当作手段，那么很可能什么事情（不管好事坏事）也不要做了。因为人类生活中纯粹与自然做斗争只是一小部分，大部分的生活是由人间矛盾冲突构成的，如果想消除其中的副作用，恐怕连生活一起也消除了。假如要做到无欲无争尊重和满足一切人的尊严，大家都只好去做和尚。”① 作者虽然敏锐地看到“人性公式”的实质就是“要求普遍必然地尊重每个人的尊严和人权”②，但当他认为“这种原则只是纯粹逻辑上的好，在生活中甚是无用或有害”③ 时却同样有失公正。

首先，康德虽然是从理性中寻找并确立了先天的道德法则，但这些法则或原理并非纯粹的逻辑游戏，它是现实社会规范的根据。《道德形而上学》中所讨论的各项义务就是从“人性公式”中推演出来的，这些义务与人们的日常生活息息相关，是评价行为是否正当的准绳。其次，“人性公式”虽然强调尊重人的尊严，但尊严在此并不是一个脱离现实的口号。尊重人的尊严具有丰富的内涵。维持个人的生存，追求幸福是维护人之尊严的题中应有之义，也是尊重人之尊严的最基本的要求。再次，作者将尊严与尊严感混为一谈。事实上，二者相互联系又彼

① 赵汀阳：《论可能生活》，中国人民大学出版社2010年版，第239页。

② 同上。

③ 同上。

此区别。尊严是一个本体范畴，是人凭借人性就拥有的内在价值，因此人人平等地享有尊严；而尊严感则是一个经验性的概念，它随着个人的情感体验而变化，因人因时因地而异，因此，并非人人都平等地拥有同等程度的尊严感。康德强调道德法则的普遍必然性，因此，“人性公式”中所内涵的核心概念是尊严，而非尊严感。从尊严感出发或以尊严感代替尊严来讨论问题就很可能导致人们将任何一种不悦都视为对尊严的侵犯，这样必将导致尊严概念的滥用。最后，作者同样忽视了“人性公式”中所强调的“绝不仅仅”的含义，因此“假如我们在任何时候都不把任何一个人当作手段，那么很可能什么事情（不管好事坏事）也不要做了”①。这一批评同样值得商榷。

将人性作为目的是对将人性作为手段的限制。康德的意思是，人们可以将人性作为手段来使用，如运用理性去实现某个暂时的意图，只要这个意图不与道德法则相违背。与此同时，他还强调，我们在这样做的时候还应该将人性视为目的，尊重人性。这就意味着我们要尊重每个人的意愿，尊重他人自由选择的能力、追求幸福的能力等。因此，指责康德的“人性公式”过于狭隘的观点实质上是误解了康德的人性、自律等概念，在此基础上对康德尊严思想的批判必然是有失公正的。

综上所述，在康德哲学中，人性是一个内涵丰富的概念。“人性公式”中的人性是以人格性为核心的先天的理性能力。人格性是人性的理念，是人性的最终完善。诚然动物性也是现实人性的一部分，但人性在更大程度上是由理性能力决定的，而这正是人性与动物性的区别所在。人类的尊严就在于理性的立法能力和服从普遍的道德法则的能力，也就是自立法自守法的能力。人格性或道德性的禀赋是人性的可能或应当，也是最本质的人性，其实质就是意志自律。在此，我们可以将人性视为一个动态的发展过程，人性的本质就在于不断地克服那些与实现人性之规定性的恶习做斗争，发展这些向善的禀赋。“人性公式”所表达的义务就是要求人保持、发展、完善人性，履行这些义务就是提升人性、彰显尊严的过程。卡西尔对康德人性思想做了非常准确的评价，他说：“在人性中，真正常驻不变的，并不是任何它曾一度存在于此的状态或者由此沉沦的状态，而是那种它为此并且向此前进的目标。康德不是在

① 赵汀阳：《论可能生活》，中国人民大学出版社2010年版，第239页。

人之已是之中寻求永恒性，而是在人之应是之中寻求它。……对康德来说，人的‘给定状态’不单寓于自然，因为人必然要高扬自身，以超出自然，超出一切纯属动植物的生活。然而，这远远不是要生存于自然之外，生存在某种绝对是彼岸的或超验的事物之中。人应当为自己的生存和行为寻求真正的律令，这种律令既不高于他，也不低于他；他应依自身来立法，并且遵循其自由意志的决断来自我塑造。”①

因此，我们说，将尊严的根据追溯到人性和自律，其实质是相同的。自律作为积极的自由体现了人性的本质，人类通过不断摆脱自身物性突显了内在的神圣性，正是这种锲而不舍的努力彰显了人的高贵。人生的意义和价值以及人的尊严真正说来就在于这种崇高的追求。自律或人格性是人性的理念，是一种具有普遍必然性的应当，对人的行为具有规范性，因此，以自律或人性为根据的尊严概念也就具有了规范性和普遍必然性。它一方面确保了尊严概念的普遍适用性，确保每个人都平等地享有尊严，另一方面尊严所具有的规范性也暗示了个人如何使自己配享尊严的义务。这两点构成了康德尊严思想的两大特色。

---

① 卡西尔：《卢梭·康德·歌德》，刘东译，生活·读书·新知三联书店1992年版，第24、28页。

第五章　尊严与法权[①]

沈叔平先生说："康德的法学理论，概括起来就是尊重人。因为只有人才有自由意志，才有与生俱来的天赋权利：自由。由于人是理性的动物，又有选择自己行为准则的能力，所以，人必须对自己所选择的行为负责。人，为了自己的自由，必须尊重他人的自由，务必使得自己的自由与他人的自由能并行不悖。"[②] 康德的法权学说区别于经验性的权利学说，它旨在探讨权利之所以正当的根据，即权利何以正当的评价标准。他旗帜鲜明地指出这个唯一的标准就是自由。权利是使他人承担责任的道德能力（6：237），权利的实质就是自由。如前所述，尊严的根据是自由[③]，因此尊严与权利的关系就通过自由概念建立起来了。尊严是人凭借意志自律就生而具有、不可丧失的内在价值，但尊严的实现却离不开与他人的交往。因此，保障公民的权利不受侵犯，这是维护尊严的底线要求。本章第一节将通过对内在法权和外在法权的分析来讨论尊

---

① Recht 一词在德语中指人应当（ought）拥有的所有法律义务及其相关的法律权利。英语中没有与 Recht 完全对等的词，1887 年 W. Hastis（黑斯蒂）将其译为 rights，1965 年 J. Ladd（拉迪）将其译为 justice，还有人直接将其译为 law；在国内，沈叔平先生将其译为"权利"，李秋零主编的《康德全集》中将其译为"法权"。我们认为，"法权"这个词兼有"法则"和"权利"的意思，与单纯译为"权利"相比，更接近德语的原意，与之意思相近的还有"人权"概念，该概念在近年来被使用的频率也越来越高。因此，本书在涉及康德文本及相关解读时运用"法权"概念。然而，考虑到权利、人权概念在当今学界和日常生活中使用更为广泛，因此，我们在有些语境下也会运用"权利"和"人权"来表达。

② ［德］康德：《法的形而上学原理》，沈叔平译，林荣远校，商务印书馆 2008 年版，第 i 页。

③ 严格地说，尊严的根据是意志自律，如前所述，意志自律是真正意义上的自由，因此，我们也可以广泛地说自由是尊严的根据。康德在法权论中提到的自由更多的是指外在自由，即自由的外在运用，因此，确切地说，外在自由与意志自律这种内在自由是有区别的。但这种区别并不意味着存在两种不同的自由，而只是由于自由的运用范围的不同而有所不同。一个拥有意志自律的人也必然拥有外在自由的法权，而一个拥有外在自由法权的人也必定是一个拥有意志自律的人，无论自律是以一种潜在的形式还是以实现了的形式存在。

严与权利的关系，第二节将重点讨论尊严的外在维护，或者说是实现尊严的外在条件①。

第一节 尊严与法权的关系

二战后，尊严概念进入了法律建构期。基于对战争带来的灭绝人性的残酷暴行的深刻反思，《联合国宪章》、《世界人权宣言》等国际性和国家性的法律纷纷确立了尊严神圣不可侵犯的法律地位。随之，尊严与权利的关系问题也成为学界讨论的热点，其中最根本的问题是：尊严和权利何者为基础？一种看法认为，尊严作为人所拥有的绝对价值是权利的基础或目的，权利是尊严的具体化。如克鲁格（F. Klug）说："权利的根据在于所有人共同具有的基本的人性尊严。"② 另一种看法认为，权利（人权）是尊严的基础，尊严是从人权概念中派生出来的一项权利。德沃金（Ronald Dworkin）就认为，人权是尊严的基础，尊严是人权的一部分，即免受侮辱的权利③。从康德哲学的视角出发，我们可以推论出二者的如下关系：（1）外在自由的权利（在此，简称自由权）是尊严的直接表现，我们也可以将其称为尊严权，就此而言，尊严是一项基本的权利；（2）获得的法权是尊严的延伸，就获得的法权而言，我们也可以说，尊严是权利的根据，因为获得的法权是以外在自由的法权为前提和依据的。因此，维护人的权利就是在捍卫人的尊严。

一 尊严与人性法权

康德将法权分为两种：内在的法权和获得的法权。内在的法权就是人生而具有的外在自由，获得的法权都是从这一源始法权中引申出来的，也就是外在的"我的"、"你的"的法权。外在自由的法权，即内在的法权是人单凭人性就拥有的唯一内在的法权，它不需要通过任何法权行为去获得，相反，它构成了其他一切法权及其义务的前提。因此，

---

① 我们认为，维护人的权利是对尊严的外在维护，而努力获得德性，使自己配享尊严则是尊严的内在维护或实现。

② F. Klug, *Values for a Godless Age*: *The Story of the UK's New Bill of Rights*, London: Penguin, 2000, pp. 101, 12.

③ Ronald Dworkin, *Life's Dominion*, London: Harper Collins, 1993, pp. 233 - 237.

康德也将其称为人性法权（6：270）、人格中的人性的法权（6：236）。简言之，人性法权就是外在自由的法权，亦即内在的法权。

（一）外在自由与法权概念

自由根据其运用的范围不同，分为内在自由和外在自由。外在自由是实践自由的外在运用，是对他人任意之强制的独立性。任意的自由（6：213）是对感官冲动的独立性，也就是消极的实践自由，这是一种内在的独立性。当任意的自由运用于外在的行动中，运用于人格与人格之间的关系时就表现为对他人强制的独立性，这就是外在自由。外在自由分为“合法的”自由和“野蛮的”或“无法的”自由，前者就是法律许可下的自由，后者则是自然状态中存在着的不受任何限制的自由，康德认为这种“无法的”自由源自人性中的自由的偏好（7：267）。康德的法权理论就是要将这种无法的自由限制在合法自由的范围内，进而确保人的自由权利。

康德在《实用人类学》中说，从外在自由的概念中可以直接推出法权的概念（7：265）。“法权是一个人的任性能够在其下按照一个普遍的自由法则与另一方的任性保持一致的那些条件的总和。”（6：230）简言之，法权就是保障每个人的自由不被他人侵犯的条件，外在自由是法权要维护的对象。同时，康德又说：“自由，就它能够与另一个人根据一个普遍法则的自由并存而言，就是这种惟一的、源始的、每个人凭借自己的人性应当具有的法权。”（6：237）在此，康德又将外在自由视为唯一内在的法权。综合观之，外在自由既是唯一的内在法权，又是法权要保护的对象。这一推论似乎显得有些矛盾，事实上却并非如此。外在自由作为意志自律的外在表现，是人生而具有的法权，但它首先是一种自发性、能动性，是一种先天的能力。倘若没有这种能力，任何其他形式的具体自由，如行动自由、言论自由等，甚至连最一般意义上的选择的自由都不存在。就此而言，生而具有的自由构成了一切法权的条件，因此就被视为唯一内在的法权，其他一切法权及其义务都是从中引申出来的。也就是说，自由自己成了自己的条件，康德在《纯批》中也反复强调：自由是一种绝对的自发性，在它之上没有任何条件。

“自律”的道德法则要求理性存在者在立法时不仅从自己的立场出发，同时也要从每个他人的立场出发，其核心就是要求准则之普遍化。与此相应，自律在外在运用时也必然要求每个人行动的自由不妨碍他人行动的自由，这就是法权的普遍原理："如此外在地行动，使你的任性的自由应用能够与任何人根据一个普遍法则的自由共存。"（6：231）在此，我们可以看出，法权的普遍原理是一条限制性的原则，其实质就是限制"无法的"自由，维护合法自由的权利。因此，我们也可以将法权的普遍原则视为外在自由的原理。"每个人都有外在自由的权利"被视为外在自由的公理①，这也是康德法权论的逻辑起点。简言之，外在自由的权利就是指行动出于自愿而不受他人的强制。这种自由虽然还不是真正的意志自由，还不能保证行为的道德性，但它为道德自由的实现提供了一个有利的外在条件。

内在自由表现为对感官世界的独立性和对道德法则的依赖性两个方面。那么，外在自由是否也有积极的含义呢？事实上，外在自由除了独立性外也表现出一种依赖性，但这种依赖性（依附性）只有在法权状态中才存在。康德说："他完全放弃野蛮的、无法的自由，以便在一种法律的依附性中，亦即在一个法权状态中一点不少地重新获得自己一般而言的自由，因为这种依附性产生自他自己的立法意志。"（6：316）康德在其他地方也提到"公共合法的自由状态"（6：257）、"合法的自由"（6：314），人只有作为法权状态下的成员时才是自由的，这里的自由就是外在自由的积极方面②。公民，作为法权社会的成员，其首要的属性就是合法的自由，即除了他表示赞同的法律外，不服从任何别的法律。在此，我们可以明显地看出法权状态下的自由与作为积极自由的意志自律的相似性。这些法权法则同样属于自由法则。③ 当我没有被他人强制时，我在消极意义上是自由的；当我进入法权状态时，我的权利通过公共法律得到了维护，这时我便在积极意义上是自由的。积极的内在自由的法则在《奠基》中以定言命令的形式表达出来，积极的外在自由的法则在《道德形而上学·法权论》中则以"公共法权的公设"表达出来——"你在和所有他人无法避免的彼此共存的关系中，应当从

① 康德在《道德形而上学·法权论》中提到两次，见6：267—268。

② 卢梭就曾表达过这种独立性和依附性并存的属性，他说："使每个公民完全不依附任何其他人，而只依附于城邦。这一点，始终是用同样的方法实现的，因为只有国家的力量才能使它的成员们自由。"参见卢梭《社会契约论》，李平沤译，商务印书馆2011年版，第61页。

③ 康德说，与自然法则不同，自由法则叫做道德的。就这些法则仅仅涉及纯然外在的行动及其合法性而言，它们叫做法学的；如果法则同时要求自身成为行动的规定根据，那它就是伦理的。见6：214。

自然状态走出而进入一种法权状态，亦即一种具有分配正义的状态。”（6：307）这一公设要求我们进入一个法权状态，并服从公共法则。公设符合定言命令之普遍性的要求，因为只有在法权状态下，每个人的法权才能得到合法的维护。不被他人强制的权利与屈服于法权状态是一致的。意志自律虽然直接地表现为积极的内在自由，但必定已经内含了消极的独立性。外在自由所包含的独立性和依赖性正是意志自律之外在运用的表现，也只有在这一意义上，才可以说外在自由（天赋自由）是意志自律的外在运用。

（二）人性法权及其义务

如前所述，外在自由的法权也就是人性法权。康德从外在自由中引申出以下权限，事实上，它们就是外在自由本身。这些权限包括：第一，生而具有的平等——法权上的平等或法律上的平等，即除了在人们可以相互赋予责任的事情之外，不在其他任何事情上对他人承担责任[①]。换句话说，每个人都平等地享有外在自由的权利，其前提是能够与他人平等的外在自由的权利不冲突。由此可以看出，平等的法权是直接从自由的法权推论出来的，事实上，它与外在自由的法权并无二致。第二，做自己的主人。这是从平等的法权中推导出来的。既然法律面前人人平等，那么，我就有权决定自己的行动，不受任何人的强制。这项法权说明人有权成为法权主体。在德性论中，我服从自己所立的法，在法权论中，我服从的是包含我的意志在内的普遍意志所立的法。法律所表现出来的对我的强制实质上是对我的自由意志的尊重，因此，严格地说，法权论中所说的强制也不是完全外在的强制[②]。第三，不被指责的自由。例如，作为一匹马的购买者，我无权质问售马者是从哪里获得这匹马的，因为这种质问构成了对售马者的侮辱。在康德看来，恶意的指控就是对他人名誉的损害，因此是对他人的侮辱。无罪推定正是从这一法权中推导出来的。康德主张每个人在未被证明为不义之前应该被假定

① Achenwall（1719—1772，是德国国家记述学派创始人之一，康德在讲授自然法时以阿亨瓦尔所著的《自然律》为教科书）称之为“自然的平等”，他说，在源始状态中，所有人的权利和义务都是平等的。参见 Leslie Arthur Mulholland, *Kant's System of Rights*, Columbia University Press, 1990, p. 81。

② Achenwall 说，每个人都有权不受他人限制地使用自己的自然能力、物理力量和精神力量。参见 Leslie Arthur Mulholland, *Kant's System of Rights*, Columbia University Press, 1990, p. 82。

为正义的①，这一假定不仅适用于法律上，而且也适用于日常交往中。而这一假定又是基于原初状态下无人行不义的主张。第四，对他人做无损于他们的事情的权限，只向他人传达自己的思想，给他人讲述什么或许诺什么，无论是真实的和诚实的，还是不真实的和不诚实的，也就是“言论自由”。因为我们如何说、说什么并没有限制他人选择的自由②。康德在《论俗语：这在理论上可能是正确的，但不适用于实践》中说：“言论自由……是人民法权的惟一守护神。”（8：304）言论自由的底线是不得侵犯他人同样的自由，在此前提下，个人可以自由地表达观点。康德将言论自由视为理性的公开运用，并将其局限在作为学者公开发表观点的自由上。尽管如此，他对言论自由的强调还是具有启蒙意义的。

外在自由是单凭人性就享有的一项法权，因此是生而具有、不容侵犯的，侵犯、剥夺这种自由也就是在损害人性，侵犯人的尊严。尽管人性法权与尊严之间有着如此紧密的关系。但事实上，即便是在法权论中，康德还是坚持义务优先于权利的思想，因此，尊严与权利的关系是建立在尊严与义务关系之上的。下面，我们就来具体分析与人性法权相对应的法权义务及其与尊严的关系。

人性的理念要求我们任何时候都不能将自己和他人仅仅视为手段来使用。由此我们可以推出与人性法权相对应的义务——“不能把你自己仅仅成为供别人使用的手段，而是同时要成为他们的目的。”（6：236），这是人对自己的法权义务。这项法权义务是康德在阐述乌尔皮安的第一原则“做一个正派（高尚、正直——译者注）的人（honeste vive）”（6：236）的基础上进一步展开的。这里所谓正派、高尚就是指维护自己作为一个人的价值的那种价值，这种价值也是人性的价值。“法权上的正派”就在于在与别人的关系中维护自己作为一个人的价值。因此，我们也可以将这一义务表述为“做一个有尊严的人”。“人

---

① Pufendorf 曾提出“每个人都在被证实为恶之前都必须被假定为善的”。该论断遭到很多人的批判，Achenwall 在此基础上提出：“每个人在被证实为不义之前都必须被假定为正义的。”康德继承了 Achenwall 的主张。参见 Leslie Arthur Mulholland，*Kant's System of Rights*，Columbia University Press，1990，pp. 82 – 83。

② Achenwall 也意识到这项法权，他说，在原初状态中“当别人告诉你他想什么时，你对他没有任何法权，他对你也没有任何义务，即便他说了些什么，他也没有义务真诚地向你表明他的真实想法”。参见 Leslie Arthur Mulholland，*Kant's System of Rights*，Columbia University Press，1990，p. 83.

格中人性的法权”是指作为理性存在者或道德的存在者，人有权在与他人的关系中被视为法律上的主体。因此，“做一个有尊严的人”首先就要求人不使自己降格为他人的工具，确立自己在法权上的主体地位，维护自己作为一个法权主体的尊严。康德认为，这项义务构成了其他一切法权义务的前提。因为，就一个人的权利而言，他必须首先“对自己的人格中的人性负责”（6：271），使自己成为法权上的主体，在此基础上才有资格谈其他权利。倘若他使自己不配成为法权上的主体，他也就不被视为法律保护的对象，因此也将丧失他作为一个人的底线尊严。由此，“做一个法权上正派的人”是维护尊严的最基本的要求。

然而，这一义务的重要意义还不止于此。康德在《伦理学讲义》中又明确将这项义务视为德性义务而非法权义务[①]。在法权的道德概念中，康德也明确指出，法权涉及的是一个人格对另一个人格的关系，因此，严格地说，不存在对自己的法权义务。那么，这是否意味着康德法权思想的内在矛盾呢？针对这一质疑，德国政治哲学、法哲学领域的权威 Otfried Hoffe 给出的解答极富启发性。他认为，这一义务的出现显示了康德法权理论的革命性和挑战性[②]。这项法权义务通过引入“正派、正直、高尚（honeste）”这个词，将自我肯定包含在内。通常，我们将法律上的 honeste 理解为“不犯法”，一个人是否做到了法律上的 honeste 是通过他人的认可得以确定的。而康德则将之首先视为一种自我认定。Hoffe 指出，我们可以通过两种方式来确立法律上的人格性（法律上的人格或法权的主体）。这两种方式分别是他人的认可和自我认可。在前者看来，你是否是法权主体必须得到他人的承认，而这就相当于法律上的家长制[③]；而在后

① 康德在《伦理学讲义》中也提到了以上对义务的三种划分，针对第一条原则，他认为，尊严是每个人必然拥有的一种价值。善良意志单独就能够赋予我们尊严。因此，“做一个正直的人”这一原则就被表述为“你要在行动中尊重自己”。同时，这一原则也暗示了如下要求：你的行动要使你在自己眼中配得尊重。参见 Kant，*Lectures on Ethics*，Trans. Peter Heath，Cambridge University Press，1997，pp. 246 – 247。

② “Kant's Innate Right as a Rational Criterion for Human Rights”，in Lara Denis（ed.），*Kant's Metaphysics of Morals：a Critical Guide*，Cambridge University Press，2010，p. 86.

③ 家长制源于家庭、家族、宗族、氏族等血缘群体和亲缘群体。在母权制和父权制的家庭中，家庭的主要权力集中于家长一人手中，权力不划分，其他成员均须服从家长一人。封建帝王把国家看成是一家私有，即所谓“家天下”。他们治国常常采用家长式统治的方法。赫费在此运用的是“家长制”这一概念的引申义，即对外在权威的服从。在赫费看来，如果法权主体是通过他人的认可才能确立的，那么，这种方式就是一种类似于家长制的强制。

者看来，只有自己使自己不被仅仅视为工具才能够成为法权主体，这相当于法律上的自由主义。康德显然强调后者，尽管如此，他并没有否定在法权关系中他人认可的重要性，而只是强调了自我认可的首要性。因为，一个人只有首先自己认可并配享自己作为一个法权主体的价值后才能够合法地要求一个自由空间，只有在此基础上才可以去谈论其他法权及其义务。康德说，法权就是使他人承担义务的能力（6：239）。法权概念本身已经预设了使自己成为一个道德主体（确切地说，是法律—道德主体）的义务。

如前所述，人因为意志自律而享有尊严，可以说，尊严是人的本质属性，它与意志自律不可分割。又因为外在自由是意志自律的外在运用，因此，我们可以将外在自由的权利，即人性法权视为尊严权。我们有权要求他人和国家机关尊重和维护我们的尊严权。康德在此没有否定这一点，然而，他首先强调我们应该配享尊严权。人只有通过不使自己降格为自己和他人的工具，维护自己作为法权主体的地位，才有资格配享这种尊严权。也就是说，人必须通过自我认定，将自己视为一个法权主体，在此基础上，他才能要求别人尊重自己的权利。倘若一个人无视一切法律的限制，使自己降格为纯然的动物或禽兽，那么他就不配享有他人的尊重，不配享有法律的保护。尽管，作为“他人”的我们还应该从旁观者的角度给予他尊重，但这种尊重是出于对人类的终极关怀，出于对人类的道德禀赋的关怀。

法权，虽然涉及一个人和他人的关系，但在康德看来，法权并非起源于社会关系，而是起源于人与自身的关系。就法权而言，一个人首先要“对自己的人格中的人性负责”（6：270）因此，尊严作为一项权利首先意味着我们要做一个法权上正派的人、做一个有尊严的人，使自己配享尊严。真正说来，尊严这项权利不是他人或国家权力机关赋予的，而是人自己赋予自己的①。康德虽然也提出应该从法律上维护人的尊

① 除此之外，这项法权义务也说明了伦理学与法权论的内在联系，进一步讲是（道德）德性与权利的关系。人对自己人格中的人性的责任是其他一切法权义务的前提，法权义务虽然只是涉及人与人之间外在关系，但从根本上来讲，法权义务也是在维护人格中的人性。如婚姻内部的法权及义务就是从对人格中人性的义务中产生的。（6：280）这项义务原则暗示了法权论与伦理学的内在关系，也是我们可以对法权论做道德化解读的根据。

严，尊重人的自由权，但他还是再次提醒我们应该首先使自己配享这种尊严。

二　尊严与获得的法权

获得的法权就是指外在的“我的”、“你的”的法权。内在法权是仅仅由于人性就属于某人的，而外在的法权则需要通过一个法权行为来获得。获得的法权包括：物品法权（如土地权）、人身法权（如通过契约而获得的权利）和采取物的方式的人身法权（如夫妻之间、父母子女之间）。获得的法权也就是外在的法权，类似于现代意义上的财产权[①]。在康德看来，获得的法权是以外在自由的法权为前提的，也可以说，获得的法权是外在自由的延伸，是人性法权的扩展，因此也是人之尊严的延伸。尊重他人获得的法权也就是尊重他人的尊严。简言之，也就是财产权与尊严的关系。财产是一个人人格的延伸，侵犯他人的财产就意味着侵犯其尊严。下面，我们就通过分析获得法权之合法性的根据来说明获得法权与尊严的关系。

在康德看来，外在自由的法权，即内在法权是分析的，因为它直接源自自由概念本身。而获得的法权则需要一个演绎，这就需要说明我们对外在之物的占有是如何与自由保持一致的，这也就是占有的合法性根据。在此，康德首先讨论了“占有”的概念。他说：“法权上的‘我的’是这样的东西，我与它如此结合在一起，以至于一个他人未经我的许可而使用它就会伤害我。使用的可能性的一般主观条件就是占有。”（6：245）从法律上来说，我合法地占有某物就说明该物是我的财产，它仿佛与我的人格紧密联系在一起，倘若任何他人在未经允许的情况下使用该物，他就损害了我的财产权。在康德的法权论中，占有有两种不同的含义，一个是感性的占有，一个是理性的占有。前者是对一个外在对象的有形的占有，也就是经验性的占有，这是一种物理上的占有；后者是对一个外在对象的纯然法权上的占有，也就是理知的占有，是一种无须持有的法律上的占有，这就意味着即便该物现在不在我的手上，我

---

① 在一定意义上，家庭中的丈夫或妻子，儿女也可以视为自己的财产，因此，在广泛的意义上，我们都可以将其视为财产权。但为了忠实于康德的原意，我们在论述时仍然采用“获得的法权”这一表述。

也能够说“它是我的”。①

经验性占有的合法性可以根据矛盾律直接从经验性占有中推论出来。也就是说，如果我是一个有形物品的持有者，那么，违背我的许可侵袭它（例如把我手中的苹果夺走）的人，就会侵袭、减损了内在的“我的”，即侵犯我的外在自由，侵犯我的尊严。所以，关于一个经验性占有的合法性命题，并没有超出一个人格就其自身而言的法权，即内在法权（6：250）。因此，康德说经验性的占有是一个分析命题。与此相反，纯粹法权上的占有是关于占有一个在我之外的物品，它的可能性不依赖于对某物物理上的控制，而是依赖于他人对我的义务和我所享有的法权。因此，就它把一种甚至无须持有的占有也必然地视为外在的“我的”和“你的”而言，被称为是综合的命题。也就是说，我虽然没有在物理上占有某物（如手里拿着苹果），但却可以声称说该物是我的，这就是纯粹法权上的占有，这种占有的合法性根据是需要证明的。康德关于占有的核心问题就是要阐明理知占有，即纯粹法权上的占有是如何可能的？康德将这个问题的解决诉诸一个公设。这个公设需要演绎，演绎的关键是要说明：这种外在的获得如何能够与外在的物体的本性和他人的自由相容。

“实践理性的法权公设”就是“把我的任性的任何一个外在对象作为我的来拥有，这是可能的；也就是说，按照一个准则，如果它是法则的话，任性的一个对象就自身而言（客观上）必然会成为无主的（无主之物），那么，这个准则就是有悖法权的”（6：246）。换句话说，行为者的准则是：将外在之物视为我的，这对于我来说是可能的。这条准则可以成为法则。相反，使外在之物成为无主之物，这样的准则是不可以普遍化的。简言之，拥有外在之物是可以普遍化的（前提是不与他人的拥有相冲突），而放弃外在之物则不可以被普遍化。这一结论表面上与我们的直觉相悖，因为从日常经验来看，拥有某物不一定可能，但放

---

① 具体说来，康德在“法权论”中提到的“占有”有以下四种情况。（1）某物在我手中，我在物理上占有它，如“我手中的苹果”（6：249－250）；（2）作为纯粹知性概念的占有，即对象在我的控制之中（6：253），如我对某套房子的占有，即便我离开时，它也属于“我的”；（3）广义上的占有，可能是“感性占有”，也可能是“物理占有”，上述（1）（2）两种占有是（3）的子集；（4）纯粹法权上的占有（6：245），这是非物理的或理智的占有，它是理性的纯粹概念。物理上的占有是一个知性概念，可以通过经验证明，理知占有就是某物的所有权，这是一个理性概念。

弃某物则必定是可能的。然而，康德却持相反的观点，而且还将其视为一个综合命题。这个综合命题如何可能，我们同样需要通过一个演绎来证明，而演绎的关键就在于自由。康德在此并未给予详细的说明，但我们可以联系《奠基》中的相关论述进行说明。康德在《奠基》中讨论“自律公式”时说道：规定一切价值的立法本身就拥有绝对的价值。也就是说，作为立法理性的纯粹实践理性本身具有绝对价值，其他一切价值包括人的“工具性”价值和所有物的使用价值等都是由纯粹实践理性也就是自由来规定的。赋予外在对象以价值并使用这种价值能够促进自由能力的发展。因此，自由从发展自身的立场出发不可能将外在之物视为无主的，放弃对外在之物的使用与自由相悖。由此可见，将外在之物视为我的财产，这是可能的。否定外在的有用之物作为我们的手段来使用则是非理性的。[①]

实践理性的法权公设也被康德视为实践理性的许可法则，借此，康德将外在自由的法权延伸到“外在的我的和你的”。换言之，康德借助公设或许可法则从内在法权向获得的法权过渡。这个许可法则赋予了我们一种道德能力或权限，即物品法权、人身法权等。没有这个许可法则我们依然拥有外在自由的源始法权，但却不可能拥有获得的法权。我之所以能够通过一个法权行为而拥有获得的法权是因为我拥有“道德能力”或法权上的可能性[②]。在此，许可法则赋予某人将外在之物视为“我的”的权限，换句话说，许可法则使得获得的法权成为可能[③]。如

① 康德认为，外在之物可以被纯粹作为手段来使用。事实上，外在之物不是人格，没有法权，因此我们也没有对它们的责任，可以将之视为纯粹的工具来使用（这里只限于物品法权）。Guyer 认为，在康德看来，外在物体的有用性就预设了我们对它们的长期占用或理智占用，尽管康德没有明确说出来。参见 Mark Timmons（ed.），Kant's Metaphysics of Morals：interpretative essays，Oxford University Press，2002，p. 58。

② Achenwall 将“道德能力”视为与“物理能力”并列的一个概念。当我通过物理力量而拥有某物时，就可以说，我对该物有物理能力；同样，当说道我对某物有“道德能力”时，意味着我对该物的占有具有道德上的可能性，即我占有该物是被许可的，这也就是我对该物的法权。

③ 公设或许可法则作为一个“赋予权限的规范”实际上讨论的是所有权问题。获得法权的根据是自由。我们对某物拥有法权，这是从我们生而具有的外在自由引出的，而不是外在的权威赋予的。然而，我们却不能说人类作为一个整体或者说一个国家、社会拥有对物品的所有权，因为所有权是指一个人对他人的权利。所有权只是针对个人而言的，即便说一个国家或社会拥有物品之所有权，也不能因此就取代了个人之所有权，进一步讲，国家所有权不能超越于个人所有权之上。对于康德来说，国家并非是个人之结合，因此，康德反对国家对土地的源始占有。

前所述，法权公设或许可法则是从自由原则而来的，因此，真正说来，是自由使获得的法权成为可能，获得的法权正是外在自由的延伸。

事实上，外在自由作为一种行动自由还只是形式上的自由，即自己行动的自由不与他人同样的自由相违背。这种自由只有通过人们的意志与任性的对象的关系才能得以实现，由此，我们需要给形式化的自由加入质料和任意的对象才能将外在自由展示出来。获得的法权就是这一自由的展现，因此，在某种意义上，获得的法权就是外在自由的现实化。由此，尊严与获得的法权的关系也就通过外在自由建立起来了，即获得的法权也就是尊严的延伸。换句话说，只有当我能够自由地使用属于“我的”物品，他人对我履行契约中的承诺，我的任意的自由不受外在强制时，我才能够说我拥有外在自由的法权。因此，维护获得的法权就是在维护自由的法权，也就是在维护人的尊严。任何对个人获得法权，亦即财产权的侵犯都将有损人的尊严，如他人非法占用我的土地就构成了对我的财产权的最大损害，同时也侵犯了我的自由权和尊严。这也是在当今社会，我们反对强制拆迁的哲学依据。强制拆迁的行为无视他人的意愿，采用强制的手段非法占有他人财产，因此严重地侵犯了他人的尊严。另外，在康德看来，夫妻双方的关系是一种采取物的方式的人身权利，夫妻之间是一种平等占有的关系。这种占有既包括平等占有彼此的人格，又包括平等占有物质财富。因此，一方可以被视为是另一方的财产，法律对婚姻的保护就是对夫妻双方尊严的维护。现实生活中出现的第三者插足的现象也可以视为对他人财产和尊严的一种侵犯，维护财产权就是在捍卫人的尊严。

在康德看来，获得的法权是在进入公民社会（法权社会）之前就已经存在的（6：312），但是在自然状态下，这种获得的法权还只是暂时的，只有进入法权状态，获得的法权才能得到可靠的保障，人的尊严也才能得到有效、持久的维护。

第二节　维护尊严与社会正义

如前所述，从广泛的意义上来说，我们可以将权利视为尊严的体现，在获得法权的意义上，尊严甚至可以构成权利的根据，因此，维护或实现人的尊严要求捍卫人的权利。维护人的权利是康德法权论的目标。外在自由是人凭借人性就具有的权利，从这个唯一内在的法权中引申出其他法权，因此，这些法权是人在自然状态（或非法权状态）就已经有的。但是，在自然状态中，这些法权是不受保护的，因此只是暂时的，只有在法权状态中，法权才得以维护，成为永久性的。因为在法权状态下，当法权有争议时，会有一个权威的法官做出有法权效力的判决，而且有实施法权的权力保障。法权状态的形式标准就是正义原则，因此，进入法权状态，捍卫正义原则就是在维护个人的法权和尊严。

一　尊严与正义原则

康德对法权状态做了如下描述："法权状态是人们相互之间的一种关系，这种关系包含着一些条件，惟有在这些条件下，每个人才能分享他自己的法权，而按照一个普遍立法的意志的理念，这种状态之可能性的形式原则就是公共的正义。"（6：305）法权状态是一个所有人的外在自由及其他各项法权都能得到维护的状态，康德认为，法权状态的可能性条件是公共正义的原则。因此，维护人的权利和尊严要求人们进入法权状态，遵循正义原则。

康德在论文《论俗语：这在理论上可能是正确的，但不适用于实践》（1793）中曾经将正义原则具体化为三条原理。它们分别是：社会中作为人的每个成员的自由；社会中作为臣民的每个成员与每个他人的平等；共同体的一个成员作为公民，亦即作为共同立法者的独立（8：290）。简言之，法治国家要保证公民的自由、平等和独立。这三条原则是构建公共正义的基石。国家宪政是否符合这三条正义原则是判断其是否能够有效地维护公民尊严的前提。通过社会正义原则，保障公民的各项权利，也就是在捍卫人民的尊严。下面，我们具体分析这三条正义原则。

首先，"社会中作为人的每个成员的自由"，这项原则也就是在一个法权状态下的公民自由，即作为人的自由。康德说："没有人能够强迫我按照他的方式去得到幸福，而是每一个人都可以沿着他自己觉得恰当的途径去寻求自己的幸福，只要他不损害他人追求一个类似目的的自由，这种自由是能够按照一种可能的普遍法律与每个人的自由共存的。"（8：290）每个人都可以按照自己的幸福理念以恰当的方式去追求自己的幸福，唯一的限制性条件是不能损害他人同样追求幸福的自由。在此，我们看到公民在法权状态下的自由，不仅在于摆脱他人的影响，按照自己的幸福理念去行动。同时，它也包含了人们之间的相互制约，因此，公民的自由权利符合正义原则——“任何一个行动，如果它，或者按照其准则每一个人的任性的自由，都能够与任何人根据一个普遍法则的自由共存，就是正当的。”（6：230）

在康德看来，法权的概念直接、完全出自人们相互外在关系中的自由概念（8：289）。因此，公民是否拥有法权以及拥有哪些法权只与公民的外在自由相关，与幸福及达到幸福的手段无关。国家法律具有普遍有效性，它的出发点是维护公民的法权，而不是幸福。因为幸福是一个经验性的模糊概念，它因人而异、因时而异，不具有稳定性和普遍性，因此幸福概念不可以混入法律的先天原则中。法律只需要保证每个人有寻求幸福的权利，且每个人的这种权利不至于相互冲突。至于幸福的内容和实现的手段则由公民自己决定，这是公民的自由。在康德看来，如果政府像父亲对待子女那样将公民看作不成熟的儿童，并为他们规定了幸福的内容和实现的手段，甚至还强制公民去执行，这就意味着政府将某种特定的善（幸福）的概念强加给它的公民，由此必将导致最大的专制主义。因为当政府可以借公共福利的名义取消公民的某些权利时，也就意味着国家可以吞没一切个人自由。因此，自由权利优先于幸福，这是最高的原则。然而，康德并非因此就反对公共福利，他只是在强调法律制度的首要任务应该是保障公民的自由权。保障公民的权利是国家应该做的，追求幸福则是公民自己的事情。一套完善的法律体系必定能够保障每个人的合法自由，为公民追求幸福创造良好的环境。正如康德所说：“公共的福祉是国家的最高法律，这个命题的价值和威望依然完好无损；但是，要首先考虑的公共福祉恰恰是通过法律保障每个人的自由的那种有法律的宪政，在这里，只有他不损害那种普遍的合法的自由，从而不损害其他同为臣民的人的法权，他就可以随意地沿着他认为最好的任何途径去寻找自己的幸福。”（8：298）真正说来，国家的福祉在于国家宪政与法权原则的一致性，在于保障公民的自由权（6：318）。

其次，“社会中作为臣民的每个成员与每个他人的平等”。在康德看来，平等是公共正义的核心，臣民①的平等也就是指法权状态下的平

① “臣民”这个概念暗示了要服从什么的意思。在此，康德用这个术语来说明，在法权状态下，公民对法律的服从。

等。也就是说，每个公民在法治国家的法律之下作为公民的平等。公民的平等为法律所保护，而其前提条件是每个公民对法律的服从。因此，康德把它称为“臣民的平等”。康德的这一观点深化了法国大革命所提出的人人平等的观念，并且也回答了在法治国家的条件下如何实现平等的问题。事实上，公民自由的原理就已经内在地包含了平等的原则。公民的自由确立了个人自由的范围，即每个人在法律范围内的行动自由。法权状态或公民状态是“一种依据普遍的自由法则相互限制的任性的作用和反作用相等的状态”（8：293）。在这种状态下，每个人都可以根据其生而具有的外在自由的法权强制他人，使他人外在自由的法权与我的外在自由相协调，就这种强制的权限而言，每个人都是平等的。法律的强制源自每个人对自由的诉求，同时这种强制又保证了每个臣民的合法自由。因此，所有臣民在法律面前是都是平等的，他们都需要遵循法律的强制。另外，外在自由的法权是人们凭借人性就获得的，是不容侵犯的，这对于每个人来说也都是平等有效的。康德的这一思想表达了现代法学中“法律面前人人平等”的观点。

另外，康德的公民平等观不仅体现在法律面前人人平等上，同时也体现在他的平等主义的分配正义观中。在他看来，国家应该向富人征税以维持国家的存在和穷人的生存。“为了国家的缘故，政府有权强迫富人提供维持那些在最必要的自然需求上不能自己维持自己的人的资金……”（6：326）在康德看来，公民的存在就在于他们服从国家的保护，这就使他们有义务通过纳税来维持那些不能维持自己生存的穷人。而国家也有义务为每一个公民提供最基本的物质上的生存条件。国家对公民最基本的生存条件的关心与其维护公民外在自由的责任是一致的。康德指出基本的物质条件是公民运用自由的必要条件，因此，维持个人生存的必要手段属于内在的自由法权①。换言之，对公民福祉的关心必然内含于维护公民的自由权这一首要原则中。因此，维护人的外在自由，维护人的尊严同样必须保证公民维持其生存的基本的物质需求。这就暗示了政府对社会生活的积极干预，这种干预的目的在于保障公民的自由，在康德看来，这种合法的干预是正义的。由此可见，人们指责康德无视幸福、无视个人物质享受的观点是站不住脚的。在此，我们也可

① 转引 Allen W. Wood, *Kantian Ethics*, Cambridge University Press, 2008, p. 196。

以联系罗尔斯关于公平的正义（justice as fairness）的正义观来理解。罗尔斯的正义论之所以是“公平的正义”，就在于他在分配正义问题上坚持平等主义的分配正义。在罗尔斯看来，个人由于出身、地位、家庭背景以及个人资质（天资、才能）等的不平等，必然带来社会财富占有上的不平等，这就需要正义原则来调节这种不平等。因此他提出“所有社会价值——自由和机会、收入和财富、自尊的基础——都要平等地分配，除非对其中的一种价值或所有价值的一种不平等分配合乎每一个人的利益”①。在罗尔斯看来，只有当富人的多得能够为社会生活中最少受惠者带来好处时，这种不平等的占有才是正义的。而富人的多得之所以会为社会中的最不利者带来好处，正在于其分配正义原则所强调的对于富有者的占有的社会调节。因此，罗尔斯主张，将从社会中获利较大者的利益视为可供社会再分配的财富，从最少受惠者的期望出发，进行社会再分配。罗尔斯认为，调节人们在社会中由原初地位导致的不平等是正义原则的出发点，这一出发点就是罗尔斯所设置的人人（由于无知之幕）处于平等状态的原初状态。从上述分析中，我们可以看出，罗尔斯的正义原则是对康德正义原则的进一步展开和深化。

康德坚持每个人都平等地享有尊严，坚持分配正义原则上的平等主义倾向。但如同罗尔斯，在这个问题上，他并不是一个绝对平均主义者。换句话说，康德虽然强调富人有义务为了穷人而纳税，但并不认为分配正义就意味着每个人都拥有同等数量的财富。康德的这一思想与卢梭的平等思想也是一致的。卢梭曾说道：“我们不能从这个词的字面意思理解为是指一切人的权力和财富是绝对相等的。它的意思是指：任何人的权力都不能成为暴力，而必须按等级和法律行使；在财富方面，任何一个公民都不能富到足以用金钱去购买他人，也不能穷到不得不出卖自身。……正因为事物的力量总是倾向于摧毁平等，所以才需要立法的力量倾向于维持平等。”② 在康德看来，公民社会中现实的不平等状况并没有破坏平等的先天原则，他说：“人们的这种普遍平等却与他们的财富的数量和等级上的极大不平等和睦相处，无论是就身体上或者精神

---

① John Rawls, *A Theory of Justice*, Harvard University Press, 1971, p. 62；参见罗尔斯《正义论》，何怀宏等译，中国社会科学出版社2009年版，第58页。

② 卢梭：《社会契约论》，李平沤译，商务印书馆2011年版，第58页。

上对他人的优势而言，还是就他们身外的财富而言……但在法权上（作为普遍意志的表达，法权只能有一种，而且它涉及法权的形式，而不涉及质料或者我拥有一项法权的客体），他们作为臣民仍然都是相互平等的……”（8：292）。事实上，康德承认了现实生活中个人凭借才能、德性、勤奋等所取得的成就和由此造成的不平等。罗尔斯也并非不承认现实中的不平等，只是他认为这需要正义原则来调节。另外，康德认为，财富方面的转让也会造成共同体成员之间的不平等。尽管如此，这些现实的不平等却不能阻碍每个成员发展其能力的机会，也就是说，法律必须保障共同体的成员在发展自己才能方面拥有平等的机会。康德说：“从共同体中作为臣民的人们平等这个观念，也产生如下程式：共同体的每个成员都必须可以达到共同体中他的才能、他的勤奋和他的幸运能够使他达到的一个等级的每一个级别……”（8：292）[①]。因此，康德一方面强调富人有更多的义务将其财富进行公共分配，以确保每个公民都拥有最基本的物质条件来维持他们自由和独立的生活。另一方面，他也认为不能对公民的财富、能力等进行平均主义的分配。

再次，“共同体的一个成员作为公民，亦即作为共同立法者的独立”。康德将法国大革命的口号“自由、平等、博爱”修改为“自由、平等、独立”。独立是公民之人格性的体现，是公民具有投票表决权的资格。投票表决权是公民表达自己意愿的途径，这种权利在某种程度上也是公民之尊严的一种体现。进一步来讲，独立是公民参与立法的资格，是理性存在者所拥有的立法能力在政治领域中的运用，因此也是公民尊严在政治领域的积极表现，否定公民的投票权就在一定程度上否定了公民的尊严。投票权是公民尊严的表现，坚持独立原则就是在维护公民的投票权，也就是在维护公民的尊严。

在康德看来，平等原则适用于法治国家下的服从法律的所有臣民，而独立原则则并非对共同体中的所有成员开放。康德将公民分为积极的公民和消极的公民，前者是指那些自己是自己的主人、生存不依赖于他人的公民；后者就是指那些没有私有财产，只有依存于他人才能够生存

---

① 康德在早期讲义中暗示，贫困本身就代表了社会的不正义，这是一种普遍的不正义。这种不正义源自对财富的分配，尽管后者本身并非不正义。由此推论，国家就有义务去防止或矫正这种不正义。然而，康德并没有对此给予更多的讨论。

的人。在康德看来，独立原则只适用于积极的公民，而不适用于消极的公民，因为他们缺少公民的人格性，不具有表决权，尽管他们还具有自由和平等的权利。由此可见，独立在此暗示了一个人人格的独立性。康德认为，具有公民人格性的首要条件是拥有财产。在此基础上，公民才享有选举权，进而直接或间接地参与立法。如前所述，康德在 *Notes and Fragments* 中指出，维持生存所需要的最基本的物质财富是个人运用自由的必要条件，因此，一个自由的主体就必须拥有财产。既然拥有财产是具有公民人格性，具有选举权的前提，那么，保障公民的选举权就必然要求保证公民拥有一定的财产，为他们提供生存、劳动、工作等条件和机会。这是维护公民尊严的底线要求。由此可见，保障人民的物质财富是社会正义的要求，是维护人民尊严的外在要求。

基于财产对公民人格性和选举权的限制，康德认为女人不享有这一权利。他说："所有女人和一般而言每个不能凭借自己的经营、而是不得不受托人雇用以维持自己的生存的人，都缺少公民的人格性……"（6：314）在康德看来，女人在经济上依赖于男人，因此不具有公民的独立性，没有选举权，尽管她们还受法律的保护。女人不具有独立性，因此没有选举权，但这并不意味着女人没有尊严或者说女人的尊严就不受法律的保护。而只是说，从外在的维护的角度来说，女人的尊严没有在政治领域得到很好的尊重。康德对待女人的态度根植于那个时代严重的性别歧视。此外，康德还认为，仆人也不具有人格，他完全依附于主人，因此，当仆人逃跑时，主人有权将其强制拉回。在此我们可以看出，深受启蒙思想影响的康德所倡导的平等原则同样也有着深深的时代烙印。尽管如此，我们还是应该对其抱有宽容的态度，毕竟我们已经经历了两个多世纪的社会发展，对这些问题的思考也在不断进步和完善。

二 尊严与惩罚

国家宪政只有体现了正义原则才能真正维护公民的权利和尊严。在此，我们以惩罚的法权为例来说明康德是如何将正义原则运用到国家宪政上，以维护公民的权利和尊严的。之所以以惩罚为例，是因为康德在这个问题上的态度历来备受非议。惩罚理论是康德权利学说的一个重要组成部分。如前所述，康德权利思想的核心就是保障人的自由和财产，捍卫人的尊严，因此，惩罚的最终目的也不例外。简言之，惩罚就是为了尊重人的尊严。惩罚何以能够实现这一目的，首先要从惩罚的性质谈起，或者说，惩罚的道德性根据何在？其次，惩罚的原则是什么？或者说，如何对罪犯进行惩罚才能实现尊重人的目的。

（一）惩罚的道德性根据

学界将康德在惩罚问题上的立场视为报复主义。很多人以惩罚为例来批判康德学说的内在矛盾，尤其是当康德说“公共正义面前的最佳清算者也是死刑”（6：334）时，这种批评似乎就更显得合理。因为康德的这一态度与他所坚持的对人性的尊重似乎不一致。那么，康德的惩罚理论是否真的与其尊重人的整体思想相冲突呢？对此，我们需要探讨惩罚的道德性根据。

功利主义者们认为，惩罚的合理性或者在于威慑，或者在于改善罪犯，或者是维护公共安全，或者是满足公众的报复欲，或者是表达公众对于罪行的不满。康德显然不能赞同这些观点。在他看来，惩罚是罪犯应得的，是正义原则的体现。康德说：“司法的惩罚永远不能仅仅作为促进另一种善的手段而为了罪犯本人或者为了公民社会来实行的，而是在任何社会都必须仅仅是因为罪犯犯了罪而施加于他的……在人们还想从这种惩罚中为他本人或者他的同国公民得出一些好处之前，他必须被认定是应受惩罚的。刑法是一条绝对命令……如果正义消失了，人活在尘世上就不再有任何价值了。”（6：331）康德坚持认为惩罚的目的不是威慑，而是仅仅出于正义原则，为了维护外在自由的法权。这与他一贯坚持的正当优先于善的思想是一致的。康德举例说，如果法律允许如下事情发生，即一个死刑犯同意在他身上进行一项危险的试验，试验成功就保存他的生命。那么，法律将因此而丧失其正义的本性，同时也构成了对罪犯人格尊严的侵犯，因为这种试验事实上是将罪犯仅仅作为手段来使用的。惩罚是为了维护社会正义，而维护社会正义就是在法律范围内对人性尊严的最大尊重。

具体而言，惩罚罪犯的合理性根据可以从两个方面来讲。首先，罪犯之所以应该受惩罚是因为他侵犯了他人的权利，进而直接或间接地损害了他人的尊严。在社会状态下，任何人享有的权利是建立在尊重他人权利的基础上的。如果我对自己权利的运用妨碍了他人的权利，他人就有权根据其生而具有的自由权对我进行强制。此时，对我的行动进行强制、约束，事实上就是对他人自由的释放——消除了他人自由的障碍，维护了他人的权利，捍卫了他人的尊严。惩罚就是这种强制的表现，是权利的内在要求，也是正义原则的运用。其次，惩罚本身就是对罪犯的尊重。惩罚的对象是自由的理性存在者。自由是责任可归咎性的根据，对罪犯进行惩罚甚至判处死刑并非对其尊严的侵犯，相反，这正是尊重其理性本性的表现。罪犯的意志是自由的，恶行同样可以被视为是其自由行为的表现。对其恶行的惩罚正是因为我们将其视为自由的，视为能够承担责任的理性主体。对于无理性的动物或丧失理性的精神病患者，我们显然是不能给予任何惩罚的，因为他们不是自由主体，不需要对自己的行为负责。甘绍平先生说道："国家的死刑处罚给社会发出了一个重要信号，它不仅体现了对人命的普遍的无条件的保护与最高的极端的尊重，而且从某种意义上来讲也体现了对死刑犯自主意志的尊重，因为死刑犯明知有杀人偿命的法律规定，却仍然故意剥夺了他人性命，这表明他愿意承担其行为的一切责任。"① 因此，对罪犯的惩罚正是尊重其尊严的表现。

由此观之，惩罚的目的是为了维护社会正义，维护外在自由的权利，维护人的尊严。从根本上来讲，康德的惩罚理论与他在整个实践哲学中坚持尊重人性的态度是一致的，换句话说惩罚也是尊重人性，维护人性尊严的表现。

（二）惩罚的限制性条件

除了惩罚的道德性根据之外，从惩罚的限制性条件中也可以看出惩罚所体现的正义原则和对罪犯的尊重。康德坚持认为，对罪犯进行惩罚的标准是罪罚相等原则。他说："但是，是哪种方式的惩罚和什么程度的惩罚使得正义成为原则和准绳呢？不是别的，就是平等的原则，即（在正义的天平上指针的状态中）不偏不倚。所以：你使人民中的一个他者遭受什么无辜的灾祸，你就把它加给了你自己。你辱骂他，就是在辱骂你自己；你偷窃他的东西，就是在偷你自己；你打他，就是在打你自己；你杀死他，就是在杀你自己。只有报复法权（罪罚相等的法权），但听好了，是在法庭面前的报复法权，才能明确地规定的质和量；其他一切法权都是摇摆不定的，而且由于其他种种干预性的考虑，不能与纯粹的和严格的正义之判决相符合。"（6：332）罪罚相等的原则限

① 甘绍平：《人权伦理学》，中国发展出版社 2009 年版，第 202 页。

制了惩罚的程度和对象，它一方面使罪犯承担了与其罪行成比例的痛苦，另一方面也遏制了人类本性中复仇欲的自然偏好。复仇欲往往会带着假象使伤害他人成为自己的目的（6：460），其实质就是滥用惩罚权，这无疑将会造成严重的社会后果，损害了人性的尊严。

在19世纪的英国，小偷会被处以绞刑。在当今美国的有些地方，吸毒者会被施以非常苛刻的惩罚，而不是给予适当的救助和改造。在有些地区，对罪犯的惩罚甚至成了进行种族压迫的手段①。这些行为无疑是残忍的、不合理的。在此，我们可以看出，康德所坚持的罪罚相等②的原则正是对上述滥用惩罚权的制约，它能够维护社会正义，能够确保对罪犯人性的尊重。

除此之外，康德还主张不能虐待罪犯，因为虐待会使“人格中的人性变得令人憎恶”（6：333）。在他看来，罪犯虽然由于其罪行而使自己不配享有尊严，但他并没有因此而丧失意志自律的潜能或道德性的禀赋，因此也就没有从根本上丧失尊严，因为他们还有改过自新的可能，还有向善的原初禀赋。因此，我们应该尊重罪犯，尊重其人性的尊严。相反，虐待罪犯不仅是对罪犯本人人格尊严的伤害，同时也使虐待者的人性“变得令人憎恶”。这可以联系康德关于道德情感的理论来说明。康德认为，即便是对待动物，我们也不能采取残忍的方式来任意对待，因为这将有可能使我们的心灵变得麻木和冷酷，不利于道德性的培养。康德说：那些有辱人性本身的惩罚“不单对那些爱荣誉的人（要求他人的敬重，这是每个人必须做的）来说比丧失财富和生命更加痛苦，而且剥夺了旁观者为属于一个人们居然可以如此对待的族类而感到的羞愧”（6：463）。罪犯即便是罪恶滔天，他也还是人类的成员，依然享

---

① 参见 Allen W. Wood, *Kantian Ethics*, Cambridge University Press, 2008, p. 223。

② 这一原则也备受质疑，主要基于两点：一、基于罪罚相等的原则，很多人将康德视为报复主义者；二、罪犯相等的原则不具有普遍有效性，例如对于强奸犯来说，何种惩罚才算罪罚相等？这确实是康德法权理论中存在的问题。Wood 提醒我们在研究任何一个哲学家的理论时，尽管我们应该怀着批判的态度，但同时也不要忽视这种表面的缺陷或矛盾背后的原则。这一原则就是正义原则，尽管在应用这一原则时会出现或多或少的问题，但这并没有减损原则本身对于社会实践的启发性和指导性。同时，Wood 认为，在惩罚问题上，康德关注的是理论而不是实践。他的目的不是要告诉那些法官们如何断案，而是提供一条理论上的正义原则，劝告司法机关在具体实践过程中应该注意使自己的各种规则与这条普遍的正义原则保持一致。参见 Allen W. Wood, *Kantian Ethics*, Cambridge University Press, 2008, p. 213。

有作为人的尊严，因此我们更不能虐待之。这既是对罪犯本人人性的尊重，同时也是对一般意义上的人性尊严的尊重。

侵犯他人的权利必将有损他人尊严。康德也说："人的权利的践踏者有意把他人的人格仅仅当做手段来利用，而没有考虑他人作为理性存在者，在任何时候都应当同时作为目的，亦即仅仅作为也在自身必然包含着这同一个行为的目的的存在者而受到尊重。"（4：430）尊重人性、尊重人的尊严就要求维护人的各项权利，而权利的维护从根本上来说只能诉诸于社会正义的原则。正义的法律是道德法则的外在化，当各种法律规范、社会制度都能够符合正义原则的要求时，人的权利、尊严自然也就得到了有效的维护。

第六章　尊严与德性

在康德的尊严思想中，尊严与德性的关系比尊严与权利的关系更为密切。这一方面可以从康德著作的文本中直接看出，康德在《道德形而上学·德性论》中论述各项义务时经常提到如何尊重他人的尊严，如何维护自己的尊严，而在《道德形而上学·法权论》中却很难找到尊严这个概念。另一方面，从康德哲学的整体思路来看，他更倾向于从自我说起，强调共同体中的每个人应该如何行动。这一思想倾向在尊严问题上就体现为强调如何使自己配享尊严。在康德看来，尊严是人凭借自由能力就生而具有、不可丧失的内在价值，因此，个人就应该致力于如何使自己配享尊严。换句话说，人拥有尊严①这已经是一个不容争议的理性事实，而个人能否让自己配享尊严，或者说在多大程度上配享尊严这是有差别的。简言之，尊严与德性的关系主要表现为配享尊严的问题，这是维护尊严的内在要求。

第一节　德性与配享尊严

德性与尊严的关系是通过自律概念联系起来的。康德强调尊严的根据就是作为自立法自守法的自律能力，这种能力可以以潜在的或现实的方式存在于理性存在者身上。同时，他也强调，我们应该将这种能力发挥出来，运用于实践活动中，自律能力的实现就是德性。确切地说，德性作为一种后天获得的品质，是意志自律在不同程度上的实现。它虽然不能构成尊严的存在根据，却能够充当配享尊严的根据。下面，我们就先从德

① 在此，“拥有尊严”所指的是“源始的尊严”，而“配享尊严”则与“实现了的尊严”相关。

性概念、德性与自律的关系来说明德性如何能够成为配享尊严的根据。

一 德性概念

康德继承了古希腊亚里士多德的德性思想，将德性视为一种卓越和力量。德性是理性在战胜感性偏好的过程中体现出来的一种力量。神圣的存在者也可能具有一种力量，但这种力量与人的德性的这种道德力量不同，因为在神圣的存在者那里，不存在任何抵制法则的障碍，他自然地就很乐意遵循法则的要求。德性力量的大小只能通过需要克服的障碍的大小来衡量，障碍越大，就越需要更多克服它的勇气和力量，因此德性也就越高，反之，德性就越低。德性这种道德力量也正是通过克服障碍才被认识到的。

在康德看来，德性的敌人是恶习，而不是偏好。他在《宗教》中将偏好视为向善的禀赋之一，他说："这些偏好与恶没有直接的关系（毋宁说，它们为能够证明道德意念的力量的东西，即为德性提供了机会），我们不应为它们的存在承担责任（我们也不能够这样做；因为它们作为造成的东西并不以我们为创造者）……"（6：34—35）。偏好是一种习惯性的感性欲望，植根于人的本性中，因此，试图根除偏好的努力将是徒劳的。既然，偏好被视为一种习惯性的欲求，那它的出现和强度就取决于我们的任性。因此，我们说，当偏好成为德性的障碍时，其实质就是人自己的任性将偏好纳入行动准则，而偏好本身则并非恶。相反，有些偏好能够提高我们履行义务的能力，如爱和同情，这也是康德认为我们有义务培养这些情感的原因。（8：338）当我们将偏好纳入自己行动的准则时就会导致"心灵的不纯正"，进而将合乎义务的行动与出于义务的行动混为一谈，这就是人的本性中一种恶的倾向——"心灵的不纯正"。这种恶习是违背法则的意向的产物，因此也就构成德性真正的敌人。

德性与熟巧类似，但又有着本质的区别。"熟巧是行动的一种能力和任性的一种主观完善。——但是，并不是任何这样的轻松都是一种自由的熟巧；因为如果它是习惯，亦即通过经常重复的行动成为必然性的行动的千篇一律，那么，它就不是一种从自由产生的熟巧，因而也不是道德的熟巧。"（6：407）德性与熟巧的类似之处在于，二者都是一种经常性的、必然性的行动。区别在于德性除了行动上的"千篇一律"

之外，更重要的是要求有按照法则的表象行动的始终一贯的意识和坚定决心。德性强调的不是行动而是意向，“因此，不能用自由的合法行动中的熟巧来定义德性。不过，如果补充说，‘在行动时通过法则的表象来规定自身’……只有这样，一种熟巧才能被算作德性”（6：407）。通过与熟巧的比较可以看出，德性是就出于对法则的敬重而行动并使之成为一种必然性和习惯。在这一意义上，德性可以被视为一种具有稳定性的倾向，一种性格（character）。

德性既然是一种性格、一种在斗争中体现出来的道德力量，那它就不是与生俱来的，而是需要后天获得的。德性的获得首先需要通过对法则之尊严的沉思，增强对法则的敬重感，在此基础上克制情欲的发展；其次，要通过反复的练习，使之成为一种习惯、一种必然性，同时，在行动中运用纯粹实践理性、知性和判断力，最终达到心灵的宁静。然而，这种练习也并非苦行和禁欲，它旨在达到两种心灵之间的协调，即在遵循义务时顽强的和愉快的心情。为了克服德性的障碍、战胜德性的敌人，人必须集中力量，运用顽强的意志力来克制自然情欲，由此不可避免地会带来沮丧和闷闷不乐。“但是，人们并非愉快地，而只是当做劳役做的事情，对于在此服从其义务的人来说，就没有任何内在的价值，并且不受欢迎，而是尽可能地逃避实施它的机会。”（6：484）因此，在这种训练过程中，人不仅要在出现威胁着道德性的情况时能够制服自然冲动，使人顽强。同时，人也要意识到自己作为本体存在者的真正自由在于服从法则，且自己就是立法的主体。通过斗争将自然冲动纳入法则的许可范围之内就是重获自由，由此将伴随一种愉悦感、成就感。只有那种顽强与愉悦的结合才是真正的德性。

康德将理性存在者分为三类：有限的理性存在者（人），有限的神圣存在者，无限神圣的存在者（上帝）。“有限的神圣存在者”是一个特殊的概念，它对理解德性概念及其与意志自律的内在关系来说至关重要。康德在《宗教》中这样描述道：“因为即使那个让上帝所喜悦的人的本性被设想为属人的，以至于他和我们一样具有同样的需求，从而也具有同样的苦难，具有同样的自然偏好，从而也被同样的越轨行为的诱惑所纠缠，但他的本性毕竟可以被设想为超人，因为意志的那种并非获得的、而是天生的不可改变的纯洁性，使他绝对不可能作出越轨行为。”（6：64）康德提出“有限的神圣存在者”这样一个概念，目的是要说明，他不是像上帝那样天然地就具有对偏好诱惑的免疫力。因为这样一个神性的人有着与我们一样的感性需求、冲动和偏好，因此，他是可能被诱惑的。他的偏好有时也会成为法则的障碍，如同在我们身上所发生的那样。然而，这个神性的人却没有使道德法则从属于偏好的倾向，因为他有纯洁的道德意向，如耶稣。这样一个存在者的概念为我们树立了一个理想，一个德性的楷模，在他身上，德性得到了最高程度的实现。因为他的偏好能够始终与理性保持一致，并且任何外在的诱惑都不可能对他产生影响。康德提出这样一个概念目的是要告诉我们，没有偏好是成为神圣意志的充分条件，但不是必要条件，一个有偏好的意志同样也可能成为神圣的。因此，人虽然是拥有偏好的、有限的理性存在者，但不应该因此就放弃完善自身，迈向神圣的可能，人可以通过努力不断地获得德性，不断地接近神圣，这不仅是可能的，而且是必要的。

综上所述，德性是在斗争中体现出来的道德力量，是需要通过努力获得的，根据个人主观和客观的差异，每个人的德性的实现程度是有差异性的。在有限的神圣存在者身上，德性得到了最大程度的实现。事实上，意志在有限的神圣存在者身上就是纯粹的意志、自律的意志。不断获得德性的过程就是不断接近纯粹意志、不断实现自律的过程，可以说，德性就是意志自律在不同程度上的实现。接下来，我们就来具体分析德性与自律的这种关系。

二 德性与意志自律

康德说："对有限的神圣存在者（他们就连被引诱去违背义务也根本不可能）而言，没有德性论，而是只有道德论，因为后者就是实践理性的自律，而前者则同时也是实践理性的一种专制……即能够控制自己那不服从法则的偏好。"（6：383）这段引文对于理解德性与意志自律的关系至关重要。根据引文，我们试着从三个问题来理解康德的意思。1. 为什么对于有限的神圣存在者来说没有德性论？2. 为什么对于他来说有道德论？3. 实践理性的自律和实践理性的专制的区别说明了什么问题？下面，我们通过对这三个问题的讨论将德性与自律的关系展示出来。

首先，我们来看第一个问题。德性表现为实践理性的一种强制，也就是一种控制违背法则的偏好的能力。由此可见，德性概念本身已经预设了偏好对法则的抵抗和一个可能在偏好违背法则的情况下顺从偏好的意志，也就是一个可能违背义务的意志。而对于有限的神圣存在者来说，他虽然也有偏好，但却能够做到始终将偏好控制在理性要求的范围内。这就说明，在有限的神圣存在者身上预设了抵抗偏好的意志的纯粹性，即他的意志是纯粹的，不存在违背义务的可能。因此，对于这样一个存在者来说就不需要德性论，也不存在实践理性的专制。

其次，我们来看道德论。在康德看来，作为具有普遍必然性的实践法则的道德论也就是实践理性的自律，它适用于一切理性存在者。自律是意志的一种属性、性状、性格（property/character），借此，“意志对于自身来说（与意欲的对象的一切性状无关）是一种法则”（4：440）。与此相反，他律不是自己给自己立法，而是客体通过与意志的关系为意志立法，也就是意志欲求的对象为意志立法，主体对对象的兴趣构成了法则的条件。在这种情况下，行动的准则是基于感性偏好的。而自律的意志却可以独立于他作为一个有限存在者的感官需求而行动。如上所述，有限的神圣存在者能够独立于感官偏好而完全按照理性法则的要求行动。因此，对于他来说，有道德论。道德法则、自律在这样的纯粹意志身上没有以义务的形式来表现，而是表现出了描述性，即对“有限的神圣存在者”的描述。

再次，实践理性的自律与实践理性的专制的关系，暗示了自律与德性的内在关系。康德说，尽管道德论与实践理性的自律相关，但德性论则同时也与实践理性的专制相关，也就是说，德性不仅仅是实践理性的自律，同时还是实践理性的专制。康德在《伦理学讲义》中也明确表达了这样的思想。他说：“如果理性通过道德法则规定意志，它就有一种动机的力量，在那种情况下，它就不仅仅是自律，而且还是专制。它因此而同时拥有立法和执法的力量。”① 由此可见，实践理性的专制比实践理性的自律的内涵要广。我们可以说，所有的理性存在者都拥有意志自律，但并非都有义务表现出实践理性的专制。对于无限的神圣存在者和有限的神圣存在者来说，他们都没有违背法则的倾向和可能，所以不需要实践理性的专制。由此推论，实现理性的专制只适用于有限的理性存在者（如人）。实践理性自律是实践理性专制的条件，只有一个有能力独立于任何意愿对象而自己立法的自律的意志才有可能培养自我强

① Kant, *Lectures on Ethics*, Trans. Peter Heath, Cambridge University Press, 1997, p. 243.

制，即“根据一个内在自由的原则，通过与形式法则相一致的义务的纯然表象的自我强制”（6：394）。既然实践理性的专制就表现为德性，那么我们就可以说意志自律是德性的前提条件。因此，对于德性论来说，不仅包含了实践理性的自律，同时也还包含了实践理性的专制。

接下来，我们再来讨论一个问题，为什么康德要在实践理性的自律之外还要提出实践理性的专制？或者说，为什么康德在讨论了自律后又来讨论德性？这个问题的思考将德性与自律的关系更推进一层。在《伦理学讲义》中，康德对实践理性的专制这样论述道：“专制是心灵的一种力量，借此，他能够使所有能力和他的整体状况服从于他的自由任意，失去这种力量，心灵就是被限制的。如果人不去追求这种专制，那他将违背他的自由任意而成为其他力量和强迫的玩物，如此，他将依赖于偶然的机遇和条件。”① 在此，康德将专制描述为心灵的一种力量，主体凭借这种力量强迫自己的各种能力和偏好服从自由意志的权威。若无这种力量，一个人将成为感官的玩物。一个拥有实践理性的专制的人（也就是有德性的人）能够控制自己、做自己的主人，而不是屈从于感官的欲求。

相应于实践理性的自律和专制，康德在《伦理学讲义》中还区分了两种权威，他说：“我们对自己的权力既是生产性的（productive）又是惩戒性的（disciplinary），作为执行的权力，它能够无视所有障碍，强迫我们产生一些效果，在这种情况下，它拥有力量。作为指导性的权力，它仅仅能够指导这种强迫的力量（原文为性格 character——译者注）。因此，例如，对于内在于自身的懒惰的动机来说，它不可能通过指导被克制，而只能通过强制性的权力，否则我们将顺从懒惰。”② 在上述引文中，生产性的权力对应于执行的权力，惩戒性的权力对应指导性的权力。后者具有立法并指引意志的能力，前者表现为根据这种指导的自我强制。执行性的权力就是实践理性的专制，而指导性的权力则是实践理性的自律。德性就是根据纯粹实践理性控制自己的力量。据此，我们可以推论，自律是意志的一种属性，具有立法的功能，同时也暗示出产生一种对道德法则的纯粹兴趣的能力，即自守法的能力，然而，这

① 转引自 Anne Margaret Baxley，“Autocracy and Autonomy”，*Kant - Studien* 2003，p. 10。参考 Kant，*Lectures on Ethics*，Trans. Peter Heath，Cambridge University Press，1997，p. 139。

② 同上。

里仅仅是一种能力，确切地说，是一种潜能。有限的理性存在者都拥有意志自律，有自立法的能力，也有出于对法则的兴趣而行动的能力。而实践理性的专制则要求将这些法则的命令付诸行动。如果我们拥有了实践理性的专制，获得了德性，我们就有力量使纯粹实践理性成为我们意志的规定根据。在此，意志自律首先是一种潜在的能力，德性则是一种现实的力量。由此，我们也就看出康德为什么要强调德性，强调实践理性的专制。意志自律是每个理性存在者都有的一种能力 capacity，德性则是有限的理性存在者获得的一种道德力量 power，前者是后者的前提。有意志自律这种能力的人不一定有德性，如罪犯。意志自律在人身上可以是一种潜在的状态，自律的实现就是德性。然而，这种实现也不是一蹴而就的，它需要不断地践行，不断地努力。因此，康德说，德性只要不是处在上升中，就不可避免地要沉沦。培养、获得德性的目的就是实现人的自由本质，彰显人的尊严。①

三 德性是配享尊严的根据

上述对德性与自律关系的讨论是我们理解德性与尊严的关系的前提。康德在强调自律是一种先天能力的同时也主张我们应该将这种能力发挥出来，这种发挥或实现也就是获得德性的过程。因此，德性就是自律在不同程度上的实现，同时也构成了人们配享尊严的根据。作为自律在不同程度上的实现，德性表现出差异性的特点，由此，每个人在配享尊严的问题上也就表现出差异性。

康德关于配享尊严的思想继承了古希腊哲学中的人性思想。古希腊哲学家认为人由于先天的理性而优越于其他自然物，这是人的本质，因此，人应该过符合理性的生活。这就要求理性成为人的灵魂的主宰，使欲望服从理性的指导。然而，人毕竟不是神，人固有的物性使他永远无法摆脱感性欲望的干扰。尽管如此，人还是可以超越这种有限，不断地接近神，接近无限，这也构成了人的卓越或德性。皮科继承了古希腊的传统，他既看到了人的有限性又意识到人的超越性，认为人既可以下降到低级的动物本性，也可以通过理性上升到高级的神圣性。黑格尔也说

---

① 上述关于“实践理性的专制”和“实践理性的自律”的关系，受到 Anne Margaret Baxley 教授的启发。参见 Anne Margaret Baxley，“Autocracy and Autonomy”，*Kant-Studien* 2003。

道："人既是高贵的东西，同时又是完全低微的东西。它包含着无限的东西和完全有限的东西的统一。一定界限和完全无界限的统一。人的高贵处就在于能保持这种矛盾，而这种矛盾是任何自然东西在自身中所没有的也不是它所能忍受的。"①

在康德看来，人同时兼有感性存在者和理性存在者的属性，这就决定了人既是有限的又是无限的。而人的本质就在于作为理性存在者、道德的本体存在者的自由。自由是人的本质，是人的先天能力，因此，人可以不断超越有限性去实现自己的本质。人性不是静止的，而是一个动态的过程。真正的人性就是人不断超越自身有限性和物性，向着神性无限迈进的过程。这种超越性的体现就是德性，人通过不断地超越，不断地获得和提升德性进而使自己配享尊严这一崇高的称谓。因此，尊严就是人的高贵性、超越性的体现，借此，人优越于其他一切自然物。同时，人，作为感性存在者的有限性决定了他不可能完全实现自律，因此，只能不断的接近德性的理念（也就是自律的完全实现）。德性是每个人通过自身努力就可以获得的意念中的道德力量，由于每个人自身条件和所处环境的不同，所实现的德性程度也必然呈现出差异性。康德也说道："……本身为如此众多的偏好所侵袭的人，虽然能有一种实践的纯粹理性的理念，但却并非如此轻易地就能够使其在自己的生活方式中具体地发挥作用……"（4：389）

如何使自己配享尊严是康德尊严思想的一个重要方面，康德在"德性论"中花了很多笔墨来讨论这个问题。如前所述，人在配享尊严上的差异性并不意味着我们可以差异性地对待他人的尊严，或者是可以将尊重尊严的根据建立在其他诸如才能、荣誉等之上。这些品质诚然也具有价值，康德并没有明确否定，也没有否定我们应该给予这些品质相应的尊重。但是，他强调这种尊重与对尊严的尊重没有关系，也就是说，这里存在两种意义上的尊重，二者的根据不同。差异性尊重的根据是其他诸如才能、荣誉等价值，而平等性尊重的根据是人的尊严。或者说，人对自我价值的衡量不能停留在这些品质上，我们不能因为自己在这些方面优越于他人就认为自己配享尊严、配得他人的尊重。康德在《道德形而上学·德性论》中说："根据人们性状的不同，或者根据其部分地是

---

① ［德］黑格尔：《法哲学原理》，范扬、张企泰译，商务印书馆1982年版，第46页。

基于任意的安排的偶然关系的不同，亦即年龄、性别、出身、强弱的不同，或者干脆是地位和身份的不同，而向他人表示的不同敬重，不可以在德性论的形而上学初始根据中详细陈述并加以分类，因为这里要讨论的只是德性论的纯粹理性原则。”（6：468）由此可以看出，康德讨论的是尊严的理想状态，是纯粹理性的原则，而基于其他品质的尊重则不在讨论范围内。

康德说：“在一个身份低微的普通市民面前，如果我在他身上察觉到我在自己本人身上没有意识到的某种程度的品格正直的话，我的精神鞠躬，不管我愿意还是不愿意，哪怕我依然昂首挺胸，以免他忽视我的优越地位。这是为什么呢？他的榜样给我出示了一条法则，当我把它与我的举止相比较，并亲眼看到事实证明了对这条法则的遵循，从而证明了这条法则的可行性时，它就击毁了我的自大。”（5：77）一个身份低微的普通市民同样能够激起我们内心深处的敬重，这并非因为他的身份或才能等的优越，而仅仅是因为他对法则的践行，而这种遵循就是他配享尊严、配得尊重的资格。

概言之，德性是意志自律在不同程度上的实现。德性是人配享尊严的根据，德性的差异性决定了人们配享尊严的程度是有差异性的。然而，正是因为存在着这种差异性，人才可以不断超越自身的有限性，追求完善、追求无限，这本身就是获得和提升德性的过程，在这一过程中人使自己更加配享尊严。自由是人的本体存在，是人的本质，人只有通过不断地超越自身的有限性才能凸显自己作为本体存在的本质。因此，作为一个道德的本体存在者，人有义务提升自己的德性，使自己更加配享尊严，这是人对自己的义务。

第二节　尊严的内在维护：如何配享尊严

在论述了德性是配享尊严的根据之后，我们再来具体讨论如何使自己配享尊严，这也是康德在《道德形而上学·德性论》中主要讨论的问题。康德将德性义务划分为对自己的义务和对他人的义务，前者就是配享尊严的问题，后者是指在道德领域如何尊重他人的问题。对自己的义务又分为“道德的自保”和“道德的提升”两个层次。根据“人性公式”，前者所遵循的原则是“不把自己仅仅当做手段”，后者所遵循的原则是“要把自己同时作为目的”。与前者相关的义务是我们配享尊严的底线，违背这些义务就是在贬低自己的人性、损害自己的尊严；与后者相关的义务是不完全义务，履行这些义务能够提升人们配享尊严的资格。事实上，在德性范围内，履行对他人的义务也可以看作是使自己配享尊严的努力。因为尊重他人和爱他人的义务一方面体现了对他人尊严的尊重，另一方面自己在履行这些德性义务的同时也提升了自身德性，使自己更加配享尊严。

一 自我珍重①

自我珍重是人对自己的义务，这就意味着我既是赋予义务者，同时也是承担义务者。作为义务的主体，只有当人在双重性质中看待自己时，才会有对自己的义务的意识。作为一个理性的道德存在者，我出于内心的纯粹实践理性赋予自己义务，命令自己按照法则的要求去行动，这时我是强制者；另一方面，作为一个感性的自然存在者，由于自身的有限性，易受感性偏好的影响，不可能完全按照理性法则的规定行动，因此，我在履行义务时就表现为被强制。由此，人对自己的义务，确切地说，是作为现象的人对作为本体的人应承担的义务，是对自己人格中的人性应当承担的义务。② 既然尊严的根据是自律能力或道德能力，那

---

① 一般来讲，我们在谈到“尊严”时都会联想到“自尊”的概念。自我珍重在此与自尊的含义类似，但为了行文的一致和避免误解，我们还是采取了“自我珍重”这一表达。因为，在康德看来，自尊是在社会比较中产生的，而尊严则不是在比较中产生，且也不能用来比较的。他在《道德形而上学》中认为，人不能以任何价格出卖自己，否则就会与自我珍重的义务相抵触。在此，自我珍重作为一项义务，是人作为道德存在者对自己的义务，他有义务保持自己的人格性，使自己配得敬重。

② 对自己的义务的划分原则有两种，客观的划分和主观的划分。前者是按照内在自由的消极意义和积极意义进行的。从消极的意义上来看，人对自己的义务表现为不把自己仅仅当做手段来使用，要保持自己本性的完善，即关涉道德的自保，因此是人对自己的完全义务，也是人的底线尊严；从积极的意义上来看，人对自己的义务表现为任何时候都要把自己同时当做目的，使自己比纯然的自然所造就的更完善，这属于道德的富足，是人对自己的不完全义务。主观上划分的根据是人的双重本性。由此，义务的主体要么将自己视为理性的自然存在者，即既是动物性的，同时又是道德的主体；要么将自己视为纯粹道德的存在者。就人作为一个理性的自然存在者而言，对自己的义务表现在：不能自杀、不能对性属性做非自然的利用、不能饕餮无度削弱自己合目的地使用其力量的能力。就人作为道德存在者而言，对自己的义务在于其意志的准则与人格中的人性的尊严协调一致，即不能剥夺自己的内在自由，不能使自己成为纯粹的物品，进而放弃自己的人格性。与此相悖的恶习是：说谎、吝啬、假谦卑。

么尊严就是人作为一个道德存在者所具有的内在价值。由此，履行人对自己的义务就是在彰显自己作为本体存在者的价值，彰显自己内在的尊严。根据“人性公式”，康德将人对自己的义务划分为保持人性和提升人性两个方面，即对自己的完全义务和对自己的不完全义务。前者使自己不失被敬重的资格，后者使自己更加配享尊严。

（一）配享尊严的底线要求

根据人所具有的双重存在者的身份，对自己的完全义务又分为两个层次。就人作为一个自然存在者而言，对自己的义务表现在：不能自杀、不能对性属性做非自然的利用、不能饕餮无度地削弱自己合目的地使用其力量的能力，履行这些义务能够保存自己作为一个自然存在者的本性；就人作为道德存在者而言，对自己的义务在于其意志的准则与人格中的人性的尊严协调一致，即不能剥夺自己的内在自由，不能使自己成为纯粹的物品，进而放弃自己的人格性。通过履行这些义务，人使自己配享作为一个道德存在者的尊严。与此相悖的恶习是：说谎、吝啬、假谦卑。事实上，履行人对自己作为一个自然存在者的义务是使自己配享尊严的前提，是保持自己作为一个道德存在者的必然要求。前者是后者的准备，后者是前者的归宿。人只有保持自己作为自然存在者和作为道德存在者的人性才能使自己不丧失被敬重的资格。

1. 保持自己作为自然存在者的人性

保持人性的尊严包括保持自己作为自然存在者的人性和保持自己作为道德存在者的尊严。如前所述，前者是后者的前提，后者是前者的归宿。保存作为自然存在者的人性正是为了保存作为道德存在者的尊严，因为，人是由于其道德的本质才被赋予尊严的。但如果毁灭了作为自然存在者的人性，道德的本性也将不复存在。同时，作为自然存在者的人同样拥有道德性的禀赋，因此，也就间接地享有尊严。具体来说，这项义务要求人不能毁弃或滥用自己的身体（本能）、不能损害自己的理性。前者包括不能自杀和不能滥用自己的性属性，后者包括不能酗酒、暴饮暴食等。

（1）勿自杀

就自杀问题而言，康德认为，自杀贬低了人性，因此也有损于尊严。作为自然存在者的人是道德性的主体，毁灭他就相当于从根本上将道德性从世界上根除掉，因此，保持自己的生命是人对自己最基本的义务，其实质是为了保存人性。生命若不存在，人性将无从谈起。为了逃避生活的困境而自杀就是将自己的人性仅仅作为享受舒适生活的手段，就是在贬低自己人格中的人性，贬低人的尊严。在此，需要注意的是，康德反对自杀但并不是认为我们在任何情况下都不可以结束生命，而是因为出于逃避困苦而自杀的行为贬低了人的尊严。换句话说，在康德看来，尊严的价值高于生命的价值，禁止自杀的目的不是为了生命本身，而是为了保持人性尊严。那么，人是否可以为了挽回自己的尊严而毁灭生命呢？事实上，康德在“决疑论”中对该问题作出了肯定的回答。如一个国王在战争中被俘后服毒自杀，为的是不被迫接受任何有损其国家的赎身。在此，我们是否可以说这个国王的自杀行为贬低了自己的人性尊严呢？显然没有，他自杀恰恰是出于自己作为一个国王对国民的责任①，这种责任具有道德的属性。因此，国王的自杀是在维护自己作为一个道德的本体存在者的尊严。

康德关于生命与尊严的观点给我们如下启示：首先，不能为了一些具有价格的东西而放弃尊严，因为尊严与价格是两个完全不同的层次，尊严没有等价物，不可以替代。为了避免痛苦而自杀就是用生活的舒适取代了尊严至高无上的位置，因此是不被允许的。其次，尊严是不可以被量化的。我们不能为了保存价值较大者的尊严而牺牲价值较小者的尊严，因为每个人的尊严是平等的。再次，虽然尊严与生命的关系密切，但是我们应该注意区分尊严的冲突和生命权的冲突，不能混淆二者。

（2）勿滥用性属性

康德在性问题上的态度显得苛刻和极端，在他看来，性属于动物性的冲动，滥用性属性贬低了自己作为本体存在者的尊严。康德认为，对理性本性的尊重要求我们尊重自然目的论为各种自然欲望所设定的目的。他从自然目的论的观点出发，认为对生命的爱是自然为了保持人格而规定的，对性的爱是自然为了保存物种而规定的。那么，就性享受而言，人是否存在一种对自己的义务，违背它就是对自己人格中人性的羞辱？也就是说，单纯为了满足动物性的快乐而使用自己的性属性是否违

① 功利论者会从功利的角度来解释：国王这样做的目的是为了保存其国民的最大利益。针对同一个行为，功利论者仅仅是从人作为一个自然存在者的角度来分析问题，而康德则是从人作为一个道德的本体存在者的角度来分析，因为在他看来，本体存在才是人的本质。

背了自己人格中的人性的目的、有悖于人的尊严？康德认为，就这方面而言，人确实存在对自己的义务。与这项义务相违背的行为是对自己性属性的非自然的使用，也叫做滥用。例如，当一个人不是受实际对象的刺激，而是受这个对象的想象的刺激而使用自己的性属性，这就造成了一种与自然的目的相悖的欲求。康德认为，自然的目的比对生命的爱这一目的重要，因为后者仅仅以个人的保存为目的，而前者则以整个族类的保存为目的。因此，这种对自己性属性的非自然的使用是对道德性最严重的侵犯，也是对自己人格中人性的严重违背。除此之外，还有一种程度略低的侵犯，那就是对自己性属性的不合目的的使用，即，不是为了物种繁衍而使用性属性，这也构成了对自己义务的侵犯，但这种违背却不那么容易被看出。但是康德还是给出了证明其违背道德性的根据，即，在这种情况下，人事实上已经把自己仅仅当作满足其动物性冲动的手段，放弃了自己的人格性，因而也就违背了对自己的义务。这种完全听凭动物性的偏好，使人成为可享受的物品，更严重地使人成为令人恶心的对象，剥夺了对自己的一切敬重，也就使得自己不配享有尊严。

事实上，康德在性问题上确实采取了极其苛刻的态度，他所反对的不仅仅是对性属性的滥用。甚至对于一般的性欲，康德也并没有表示积极的赞同。在他看来，性关系是一个人格与另一个人格之间相互使用其性属性和能力的关系。虽然，康德承认性欲也有可能与真正的爱联系在一起，这种联合甚至是一种审美或道德意义上的欲望，但他并不认为爱就因此改变了性欲的本质特征。因此，他主张任何形式的性享受（如婚姻、卖淫）都源自对他人性属性的使用，而这将不可避免地贬低他人的人性，损害他人的尊严。性关系从根本上来讲是人的动物本性的扩展，人为了这种动物本能的享受使自己委身于另一方。在这一行为中，人使自己成为了物品，这与其人格中的人性是相抵触的。

尽管康德在这个问题上显得极其苛刻，但他并没有主张我们要因此而禁欲。因为人毕竟也同时是一个动物性的存在者，不可能也不应该灭绝性本能，因此就要求必须将其限制在与人性不冲突的范围内，而婚姻正是实现这一目的的途径。婚姻赋予性关系一种补偿性的特征。在婚姻中，丈夫有权利将妻子视为满足自己性享受的工具。与此同时，妻子也获得了将丈夫视为工具的同样权利，而且彼此所拥有的这种权利都是为他们所专有的。这样一来，夫妻双方就“重新获得了自身并且重建了自己的人格性”（6：278）。婚姻的目的就是通过一种契约关系确保对人性的贬低至少是相互的和自愿的。

康德这种苛刻的态度历来备受指责，也是学者们最不愿意为其辩护的。然而，我们也不妨抱着宽容的态度从中寻找其合理性的部分。如 Barbarba Herman 指出的，康德这种严格的态度暗示了对人类尤其是女性的保护，避免对性的滥用。尽管康德认为性是通过利用对方的性器官来满足自己的性享受，但事实上，这里更强调男性对女性的利用。根据康德人类学理论，男人无论在生理上还是经济上和社会上都对女人拥有优势，这是一个不可改变的事实，这种优势就很容易使他们侵犯女人的人格的法权。事实上，在人类文化发展过程中，对女性的性侵犯已经成为一个普遍的特征。[①] 因此，康德的伦理思想不失为一条反思性原则。Wood 也提醒我们，在试图理解哲学家对人类生活的描述时，不要忽视这种描述背后的基本原则。[②] 联系康德关于人类学的观点将有助于我们更好地理解康德在性问题上的态度。康德认为，性欲就是使用另一个人的身体来满足自己动物性冲动的欲望。性偏好并非指向整个人，而只是指向其性器官带来的愉悦。同时，由于人的非社会的社会性倾向，人总是想要通过控制别人来获得优势，这是人的本性。因此，在性这种纯然动物性冲动的欲望上，人的动物性就表现得更为明显，也更容易通过征服对方来获得一种优越感。康德在性问题上的严格主义态度正是要强调人类应该从动物性提升到人性和道德性上。另外，在康德看来，滥用自己的性属性是对自己人格中的人性，对道德性最严重、程度最高的侵犯。尽管如此，这种侵犯的严重程度却并没有得到很好的阐明，更没有引起人们的足够重视，因此，康德认为自己作为一个道德教育者和道德理论者有必要采取严格的立场和苛刻的态度来阐述这一问题，并引起人们的足够重视。

全国人大代表迟夙生曾提出卖淫合法化的建议。这一建议再次引发了人权与道德舆论的争议碰撞。迟夙生的理由是卖淫合法化可以减少艾滋病和性病的传播，降低犯罪率。从法律、权利的角度来说，两个人自

---

① 在美国，三分之一的女性曾遭受性侵犯，据说这是一个保守的估算。参见 Allen W. Wood, *Kantian Ethics*, Cambridge University Press, 2008, pp. 228, 323。

② 参见 Allen W. Wood, *Kantian Ethics*, Cambridge University Press, 2008, p. 227。

愿进行性交易并没有伤害到其他人，因此也就没有必要从法律上禁止。然而，从道德的层面来说，性交易使交易双方仅仅成为彼此的工具和手段，将自己和他人同时降格为纯然的动物，这从根本上违背了“人性公式”的要求，彻底损害了自己作为道德存在者的价值，贬低了自己和他人的人格，既使自己不配享有尊严，同时也没有尊重他人的尊严。性交易从根本上贬低了人性，是对人性尊严最基本和最严重的侵犯，这也是康德为什么在该问题上持极端苛刻态度的原因。因此，对于性交易，我们不能持积极的肯定态度。权利之所以应该得到法律的保障是因为它具有道德性的根据，其实质是维护人的自由本质，捍卫人的尊严。迟夙生为卖淫合法化所提供的理由是基于利益而非正义原则，缺少道德性的根据，因此不具备将之法律化的合理性。

（3）勿酗酒

酗酒和暴饮暴食都是在食品享用方面表现出来的一种动物式的无度享用，由此，理智的使用这些享用品的能力受到妨碍甚至被消耗殆尽。酗酒将人置于一种麻醉状态，在这种状态中，人仅仅像动物一样失去了理性。将自己置于这样一种状态是对自身动物性的放纵，是一种自我贬损，将自己贬低到动物的本性，放弃了自己的人性。暴饮暴食，使自己仅仅满足于动物性的感官享受之下，同样是在贬低自己的人性，使自己不配享有尊严。①

自杀、滥用性属性、酗酒、暴饮暴食这些恶习之所以与人性的尊严相悖是因为它们以满足人的动物性的需求为目的，凸显了人的物性，遮蔽了人的神性，损害了人的理性能力，贬低了人格中的人性。沉溺于这些恶习中的人不配享有尊严，因为他们已经与物无异，纵然他们还徒有人的外形。在这些恶习中，人的动物性得到了张扬，人性反倒成了满足物性需求的工具。维护尊严的最低要求就是维护自己的人性，使其不至于被泯灭。因此，康德说：“人有义务努力脱离其本性的粗野，脱离动物性，越来越上升到人性，惟有借助人性人才能为自己设定目的。”（6：387）尽管如此，履行上述义务充其量只是保存了自己的人性，是

① 但康德并未因此而走向极端。毕竟对如葡萄酒的适度使用能够使社交生气勃勃。而对于盛宴来说，本身还具有某种旨在道德目的的东西，即人与人之间长时间的交流（社会性的表现），尽管它也同时造成对上述两种恶习的诱惑。至于如何将盛宴、饮酒限制在与道德目的相一致的范围内，康德并未讨论。

维护尊严的底线要求。

2. 保持自己作为道德存在者的尊严

保持自己作为自然存在者的人性只是维护尊严的底线要求，在此基础上，人还应该努力彰显自己的人性本质，凸显自己作为道德存在者的尊严，进而提升配享尊严的资格。在康德看来，道德的本体存在才是人的本质，因此，人除了保存自己的人性之外，还应该彰显人性的神圣和崇高。提升和完善人性，实现自己的本质，这是就人作为道德的本体存在者而言对自己的完全义务。具体来说，这些义务包括：不说谎、不吝啬、不作假谦卑。履行这些义务就是在彰显自己作为道德的本体存在者的尊严，使自己更加配享尊严。

（1）勿说谎

康德将说谎分为内在的说谎和外在的说谎。外在的说谎使自己在别人眼里成为蔑视的对象，违背了法权义务，侵犯了他人的权利，直接或间接地有损于他人的尊严，契约就是对这种行为的制止。内在的说慌也就是自欺则使自己在自己的眼里成了蔑视的对象，并且伤害了其人格中人性的尊严。在康德看来，在对人作为纯粹道德存在者的义务的违背中，最严重的是说谎。而之所以将内在的说谎视为对自己德性义务的违背，对自身尊严的侵犯，在此并不考虑由它所造成的对自己和他人的伤害，而仅仅因为说谎的行为无论是内在的还是外在的都伤害了他作为人的尊严。康德说："说谎就是丢弃，仿佛就是毁掉其人的尊严。"（6：429）因为，人性的尊严是最基本的价值，与这一最基本的价值相关的伦理原则就是"对自己诚实"。而说谎或自欺无疑违背了诚实原则，因此是对人性最根本的违背，自欺的人在最基本的意义上贬低了自己的理性本能。康德说，自然的目的要求人的表达能力服务于交流思想的目的，而说谎者则向他人表达了一种他并不以为然的信息，违背了自然的目的，违背了理性的本性，也因此放弃了自己的人格性，因为这时他是一个纯然欺骗性的显象，而不是人本身，更不是作为本体的人。（6：429）对自己说谎，贬低了自己的理性本性，因此也败坏了最根本的道德价值，进而也将有损于一切其他价值。总体而言，在说谎这种恶习上，康德采取了严格主义的立场。他认为，说谎无论是出于什么样的目的，哪怕是善意的谎言也是不被允许的。我们不需要考虑说谎是否对别人造成伤害，而是仅仅从形式上就可以为它贴上卑鄙的标签。因为即使这种谎言的目的在于真正的善，但达成这一目的的方式仅仅从形式上来看就已经是对自己人格的侵犯了。

康德的这种严格主义的态度历来备受指责，因为当他将勿说谎视为一项绝对命令时就意味着排除了一切例外，而这显然是有悖直觉的。如康德坚持认为，面对凶犯的追问时，我们也不应该说谎。按照常理来看，康德的这一主张似乎显得非常荒谬。事实上，康德并非没有意识到这些问题。他在决疑论和相关的讲义中就暗示了一些例外的场合。如他在《道德形而上学》"决疑论"中说道："出于纯然的客套的不真实（例如写在一封信末尾的'最顺从的仆人'）可以被视为说谎吗？没有人会因此上当。——一个作者问他的一个读者：您喜欢我的作品吗？给予回答虽然可能是徒劳的，因为人们讥笑这样一种问题令人难堪；但是，谁手边总是有幽默呢？稍稍迟疑作出回答，就已经是对作者的伤害；因此，读者可以顺着这位作者说话吗？"（6：431）尽管决疑论是要留给读者反思和运用自己判断力的空间，而不是一种确定的陈述。但在这里，康德的立场还是鲜明的，即这种谎言是允许的。在《伦理学讲义》中他也说道："道德的决疑论是非常有用的，它能够使我们的判断力变得敏锐。在不损害道德的前提下我们可以隐藏真相。"（27：701）①因此，综合考察各种文本依据，我们就会发现，康德并不认为所有谎言都是应该禁止的。既然如此，那他又为何大胆地坚持勿说谎是一项绝对命令呢？对这一问题的回答首先可以诉诸于康德关于人性的态度。康德在《道德形而上学》和相关讲义中将自己视为一个道德教育者和道德理论者。他认为自己有权利在陈述真理时运用修辞学上的夸张，尽管他同时也意识到了一些限制和例外。而之所以如此大胆地主张这种严格主义的观点是因为在他看来，说谎是人类在文明社会进程中最基本也是最严重的恶习。它构成了文明状态中所有恶习的基础，而且随处可见。康德说："人们对自己本身所犯的这种解释中的不纯洁，却算得上是最严肃认真的谎言，因为从这样一种道德败坏的地方（虚伪，它似乎是根植于人的本性）出发，一旦最高的诚实原理受到侵犯之后，不诚实这种恶习就也在与他人的关系中蔓延。"（6：430－1）

（2）勿吝啬

① 转引自 Allen W. Wood，*Kantian Ethics*，Cambridge University Press，2008，p. 253。

吝啬有三种：贪婪的吝啬是指把自己对舒适生活手段的获得扩展到真正需要的界限之外，其准则是以享受为目的，获得并保持舒适生活的一切手段，可以被视为仅仅侵犯了对他人的义务；抠唆的吝啬也被称为小气，可以被视为是疏忽了自己对他人的爱的义务；最后一种吝啬与对自己的义务相抵触，它把自己对舒适生活手段的享受压缩到自己真正的需要的尺度之下。康德在此只讨论第三种情况。这种恶习的特点是占有达成各种目的的手段，但却不愿意把它们用于自己，并因此剥夺了自己对舒适生活的享受。虽然康德认为获得自己的幸福不构成德性义务，因为人出于其自然本性就会去争取幸福，因此不需要任何义务来强制。然而，缺乏它将会成为恶习的诱因，因此，获得幸福是人对自己的间接义务。吝啬的人也就在这一意义上违背了人对自己的义务。另外，吝啬使自己奴役般地屈从于物质财富，成了物质财富的奴隶，而不是它的主人。进一步来讲，这就使自己降格为物，丧失了自由，不配享有尊严。“勿吝啬”作为一项对自己的义务，其实质是要求尊重自身实用性理性（工具理性）的能力，因为必要的舒适生活，如幸福同样有利于促进道德性的发展。因此，义务本身并不要求以牺牲幸福为代价。

康德对吝啬的态度启发我们去思考幸福和尊严的关系。自从温总理在2010年十一届全国人大三次会议上提出要让老百姓过上更有尊严的生活后，国内许多学者也纷纷对尊严问题进行研究，其中有不少人主张让老百姓过上更有尊严的生活就是要提高老百姓的物质生活水平。在此，我们借鉴康德的尊严思想来分析。从根本上来讲，尊严属于本体范畴，尊严的根据在于人人先天具有的意志自律和人性，因此，每个人都生而具有尊严，这是一个既成的理性事实。从这一角度来看，似乎尊严与幸福没有关系。然而，当我们在思考如何维护尊严时就必须考虑到人的双重本性。由于自然规定性的属性，人必然要追求幸福，这是人的自然本能，不可能根除。人要彰显自己的神性，实现其作为人的本质和尊严也就不可能无视其自然属性。诚如康德所认为的，幸福的缺乏将会成为恶习的诱因。由此，幸福就成了维护尊严的一项间接义务。因此，提高物质生活水平是“让老百姓过上更有尊严的生活”的题中应有之义，因为物质生活毕竟是幸福的必要条件，而幸福的实现又为培养人的德性提供了良好的环境。然而，幸福和尊严的关系毕竟是间接的，而尊严真正说来也毕竟是人作为本体存在的属性，因此，维护老百姓的尊严不能仅仅停留在提高物质生活水平这个层次上。如前所述，从外在的角度来讲关键是要保障人民的各项权利不受侵犯，维护社会正义。从内在的角度来讲，尊严的维护还有赖于个人德性的培养和完善，使自己配享尊严。

（3）勿假谦卑

人只有作为人格，作为道德实践理性的主体，才能够使自己超越于一切价格之上，从而具有绝对的内在价值——尊严。因为，作为人格来看时，他就不仅仅被视为实现他人或自己目的的手段，而且是目的自身，拥有尊严，由此赢得他人的敬重。人格中的人性是他可以借此要求别人敬重自己的根据，同时，他也有义务保持人格中的人性，使自己配得上这种敬重。

人，由于其道德的本体存在者的属性将自己视为一般意义上的人格（人格性、完满、无限），同时，由于其感性存在者的自然本性，他也将自己视为一个负有义务的人（有限性）。尽管如此，作为动物存在者的有限性并不能损害他作为理性存在者的尊严的意识。也就是说，尽管他是一个动物性的存在者，但这一事实并不能否认他作为一个道德存在者的尊严。认可并保持这种尊严是对自身人格性的肯定，因而也是人对自己的义务。因此，人应当始终意识到自己道德禀赋的崇高，意识到自己因其人格性而享有的尊严，而不应当阿谀奉承、卑躬屈膝地去谋求实惠，这是就人作为一个道德的本体存在者而言对自己的义务。对自己人格尊严的意识在情感上的表现就是谦卑和敬重。

当我们将自己的行动与德性法则的崇高性和神圣性相比较时就会产生一种谦卑的情感。这是一种内在的比较，通过这种比较，我们意识到了自身的有限性和不完善性，意识到法则的威严，因而不可避免地产生了谦卑。然而，当我们意识到法则的那种崇高正是来自于内在于我们自身的纯粹实践理性，意识到我们自身所具有的道德性和人格性的禀赋时就会产生对自身内在价值的肯定，对自身尊严的认可，由此就产生了一种对自身人格性的敬重。谦卑和敬重实际上是同一种情感，前者立足于感性存在者的有限性，后者立足于本体存在者的崇高性，谦卑是敬重的一种先行状态。在康德看来，拥有这种意识甚至构成了人对自己的义务。与这种意识相反的是假谦卑，假谦卑是指在自己与他人的比较中，为了取悦于他人，为自己谋求好处，故意贬低自己的价值。这是一种外在的比较，是一种谄媚，是对自己人格性的贬低，因此违背了人对自己的义务，损害了自己的尊严。康德说："在一个人面前俯首帖耳，在任何情况下都显得有失一个人的尊严。……谁使自己成为蠕虫，事后就不能抱怨自己被人用脚踩。"（6：437）假谦卑的另一个极端是自负，即认为自己的内在价值高于别人，这违背了对他人的义务，因为我们应该始终将每个人的绝对价值或尊严视为平等的。

与这种尊严的意识相关的义务还有：（1）不要卑躬屈膝，（2）不要被他人随意践踏你的法权，（3）不要欠你没有把握偿还的债务，（4）若非必要，不要接受别人的帮助，（5）不要做寄生虫、谄媚者、乞讨者，（6）保持节俭，确保自己不至于贫困，（7）面对自己招致的痛苦，不要有任何抱怨、哀求或喊叫，因为这些都将使自己蒙羞，（8）为了表示对上天对象的崇拜而下跪，这也有悖于人的尊严，因为这时，你不是在理性所设定的理想之下而是在你自己制造的偶像面前表现出谦卑，而不是真正的谦卑。履行这些义务也是在维护自己的尊严。

德性义务包含两方面的内容：自己的完善和他人的幸福。根据人性公式的原理，自我完善又有两个层次，一个是消极的自保，一个是积极的完善。前者关涉道德的自保，后者关涉道德的完善。总的来讲，"道德的自保"中所涉及的义务都是消极的，其背后的总原则是"不把自己的人性仅仅当做手段来使用"，它要求既不将自己的自然存在仅仅作为手段也不将自己的道德存在仅仅作为手段；"道德的富足"所要涉及的将是积极的义务，其总原则是"始终将自己的人性作为目的"，履行这种义务就进一步提升了配享尊严的资格。

（二）提升配享尊严的资格

道德的富足要求积极发展和完善自己的人性，这是使自己配享尊严的更高一层次的要求，构成了人对自己的不完全义务。发展和完善人性就是要发展和完善自己的理性。又因为理性作为一种能力既包含一般的实践理性，也包含纯粹实践理性，由此，对自己的不完全义务也就相应地呈现出两个层次。

首先是培养和发展广义上的理性能力，这是就人的自然完善性而言的义务。"自然的完善"是指为了促成理性所设定的目的而发展一切能力，这是一个"同时是义务的目的"。这些能力包括诸如在数学、逻辑学和自然形而上学中所运用的精神的力量；记忆力、想象力等灵魂的力量；健康、活跃的肉体力量。它们都有可能在日后成为他所欲求目的的手段。然而，康德强调，培养这些自然禀赋和能力之所以被视为对自己的义务却并不在于此，而是仅仅因为人的自由，因此是自由法则的要求，是绝对命令。人，作为理性存在者，拥有能够设定目的的能力，也就是自由的能力，这是将人区别于动物的显著标志。因此，我们也就有义务去发展自身中那些有助于促成这些目的之实现的所有能力，借此，人才能使自己配得上人性，配享尊严。自然完善性要求人充分发挥自己的理性能力，最大程度地发挥潜能，将自身的有用性价值最大化。换句话说，人有义务培养其本性中的源始禀赋，只有这样，人才能将自己提升到动物之上。在讨论“人性”时，我们已经指出，一般理性能力的发展有助于道德禀赋的发展，有助于实现人的本质，彰显人的尊严。另外，康德也认为，做一个对世界有用的成员也属于自己人格中人性的价值，因此，我们不应当贬低这种意义上的人性，尽管与道德价值相比，它是低一层次的价值。人是社会性的动物，因此，人应该将自己视为世界的一员，认识到自己是实现人类终极目的的参与者。利己主义者则相反，他们认为，世界是为实现个人目的而服务的。康德在《实用人类学》中多处对利己主义进行了批判，其目的就是要让人们意识到个人与人类整体的关系。做一个对世界有用的成员就意味着要在采纳准则时考虑到人类自然禀赋的共同目的。

其次是彰显纯粹实践理性的能力，这是就人的道德完善性而言的义务。纯粹实践理性是人的本质，作为一种纯粹能动性，它本身就是完善的，不需要发展，因此，人只需要彰显内在于自身的纯粹实践理性，借此，他就可以向神圣性靠拢。从主观上来讲，人的德性在于行动出自义务，而不仅仅是合乎义务，因此，人的道德完善性就要求确保义务意向的纯洁性；从客观上来讲，道德完善性要求履行自己的所有义务，实现所有的道德目的。由此可见，就人的道德完善性而言的义务是一个最高的标准。由于人性的脆弱，这种义务就只能表现为一种广义的和不完全的义务。事实上，人永远不可能完满地达到这一标准，但却仍然赋有不断接近它的义务。因此，人的义务就在于追求这种完善，而非旨在此生去实现它，遵循、履行这种义务的意义就在于不断的进步，不断地超越自身的有限性。

实质上，发展一般的理性能力和彰显纯粹实践理性能力是完善自身的两个阶段，前者为后者提供了可能，后者是前者的深化。履行“道德的富足”所涉及的义务就是在提升自己配享尊严的资格。通过履行这些义务，人的本质获得更充分的实现，人的尊严得到进一步的彰显，借此，人使自己更加配得尊重。

二 尊重他人

尊重他人的尊严有两个层次上的要求，首先是在法律上不侵犯他人权利，这是尊重他人的底线要求。其次是履行对他人的德性义务，这是尊重他人尊严较高一层次的要求，是就人作为一个道德的存在者而言，对他人负有的义务。人在履行这些义务的同时不仅尊重了他人的尊严，同时也提升了自己的德性，提升了自己配享尊严的资格。康德将对他人的德性义务划分为两种，敬重的义务和爱的义务。①

（一）敬重②

尊严，作为一种道德价值，是理性存在者因其理性本性所拥有的内在价值，借此，他拥有了一种被他人尊重的资格。敬重就是对理性存在者尊严的认可，因此，我们也就被赋予无论是在情感上还是行为上敬重他人的道德义务。作为一种道德情感，敬重就是人之尊严在现象界的情感表现，是人不可避免地产生的理性情感，其意义就在于彰显人性之高贵，凸显人的本质；作为一项义务，敬重就是要尊重人的尊严，表现出强制性。因此，康德说，作为情感的敬重不能直接构成义务。然而，因为道德情感有助于理性存在者道德性的完善（8：338），所以，我们也就被赋予一项间接的义务去培养道德情感。理性存在者正是在敬重这种情感的激励下，通过履行敬重他人的义务，不断凸显自己作为道德存在

① 在对他人爱的义务中，我在履行爱的义务的同时也使他人承担了相应的责任；而在对他人敬重的义务中，我只是遵循法则行动，他人并未同时因此需要承担任何责任。事实上，这两种义务往往统一在一个义务中，只不过，有时候是爱的义务构成了主体心中的原则，敬重作为附属，有时候则相反，敬重作为原则，爱作为附属。因此，当我们对一个穷人行善，也就是在履行自己爱的义务的同时，还要小心翼翼地维护他的自尊，不能让他因此有任何自卑感，觉得他人是在对自己施舍一般，毕竟作为人，他还拥有其人性的尊严。

② 敬重 Achtung 一词，在国内，苗力田先生将其译为“尊重”，韩水法先生、邓晓芒先生、李秋零先生则译为“敬重”，李明辉先生将其译为“敬畏”。在国外，帕通将其译为带有宗教色彩的“reverence”，罗斯（While Ross）、贝克（Lewis White Beck）、阿利森（H. E. Allison）等将其译为具有普遍性和包容性的“respect”。我们在此选用“敬重”这一译法，然而，在本书其他较为广泛的意义上则选用“尊重”的译法。

者的尊严，实现人之为人的价值。在康德看来，尊重他人的实质就是尊重他人的人性尊严，是对理性存在者内在于自身的纯粹实践理性、自由本质的尊重。

1. 作为一种情感的敬重

敬重作为一种道德情感，其实质就是道德法则在现象界的表现，承担着道德行为之动机的角色。理性存在者凭借自身的理性的本性成为目的自身，享有尊严，进而成为敬重的对象。如前所述，尊严是每个理性存在者都拥有的一种绝对的内在价值，这就要求我们必须平等地尊重每个理性存在者。作为一种情感的敬重主要是指康德在《实践理性批判》中讨论道德法则时表现出来的对人的敬重。道德法则单凭自身直接规定意志，使理性存在者摆脱了感性偏好的纠缠，法则的这种纯粹性和权威性为它赢得了被敬重的资格。道德法则的至上原理是意志自律，这就说明法则不是外在于理性主体的，事实上，它就是内在于人心的纯粹实践理性，当人意识到这一点时，就会萌发出对人作为理性存在者的敬重。敬重的对象从道德法则转化为人格中的人性。

（1）对法则的敬重

人，作为有限的理性存在者，同时兼有感性存在者和理性存在者的属性。作为感性存在者，他行动的意志必然会受到病理学上的刺激；作为理性存在者，他的意志则可以摆脱这种影响，并直接被道德法则所规定。法则规定意志首先表现为一种消极的情感——谦卑。道德法则对意志的直接规定要求意志摆脱所有其他由感官而来的情感对意志的影响，甚至在爱好或冲动有可能违背这法则时中止这些爱好。因而，不可避免地会“有损于我的自爱的价值”（4：401），带来一种对建立在情感上的一切爱好和感性冲动的否定的情感。这是一种痛苦的情感，因为它损害着我们的一切爱好。这种否定性的情感在康德看来有两个层次，一是中止自矜，二是消除自大。所谓自矜，就是爱己，“自爱的，即对自己本身超出一切之上的关爱的自私”（5：73）。道德律对此只是中止，将其限制在合乎德性法则的范围内，使之成为“有理性的自爱”。消除自大则是在更深层次上的一种否定。自大是“对自己本身感到称意的自私”（5：73），即基于感性之上对自我尊重的过分要求，对自己作为感性存在者，行动出于本能这种现状的称心如意，甚至还力图将这种偏好当做一条立法性的实践原则。这就对道德律的立法地位提出了挑战，或者至少是一种侵蚀。道德法则对此是决不姑息的，所以必将消除自大。

谦卑就是道德律在中止自矜、消除自大的过程产生的，是一种否定所有其他由感官而来的情感的情感。这种否定性的情感产生自纯粹实践理性的影响，是我们对神圣的道德法则的意识。当我们将自身的有限性与法则的纯粹性相比较时就会意识到自身的渺小和脆弱，进而产生一种自我否定的情感。然而，一旦我们摆脱自大，就会看到法则的崇高性是如何超越并压制我们脆弱的自然本性的，这时便产生了对法则的敬重。这是一种高山仰止的情感，一种对法则的崇高性的敬畏，这种情感激励我们不断地向法则靠拢。当我们意识到法则的这种权威根源于具有内在价值的纯粹实践理性，而这种理性又内在于我们自身时，那种不愉快的情感就升华为一种愉快的、肯定性的情感，这是一种对作为本体存在的自我的肯定。由此，对法则的敬重就转化为对人的尊重。

（2）对人的敬重

纯粹实践理性也就是意志自律，是每个理性存在者都拥有的一种能力，是人之所以拥有尊严的根据。正因此，道德法则要求我们同时将自己和他人人格中的人性视为目的而不仅仅是手段，即尊重每个人人格中的人性，简言之，就是平等地尊重人。

康德说："人惟有作为人格来看，亦即作为一种道德实践理性的主体，才超越于一切价格之上……他才拥有一种尊严。"（6：434—435）而人格"也就是摆脱了整个自然的机械作用的自由和独立，但他同时却被看作某个存在者的能力，这个存在者服从于自己特有的、也就是由他自己的理性给予的纯粹实践法则，因而个人作为属于感官世界的个人，就他同时又属于理知世界而言，则服从他自己的人格"（5：87）。人格是人作为道德的本体存在者的体现。人之所以崇高，之所以有尊严，并不仅仅因为他服从道德法则，更是因为这种法则来自于其自身的纯粹实践理性，是一种内在的法，且正因此理性存在者才去遵守。由此，他就拥有了优越于其他一切自然物之上的特权——尊严。但当人意识到自己具有内在立法的能力，意识到自己所服从的法正是自己作为道德实践理性主体所立的法时就会作出对自身内在价值的肯定，就会意识到自己和他人作为理性存在者所拥有的尊严。进而产生了对每个理性存在者的敬重，敬重在此就是对人的尊严的认可，对人作为本体存在的肯定。康德说："我对别人怀有的，或者一个他人能够要求于我的敬重（对他人表示敬重）就是对其他人身上的一种尊严的承认，亦即对一种无价的、没有可以用价值评估的客体与之交换的等价物的价值的承认。”（6：462）

敬重作为一种道德情感，同时也是对法则崇高性的意识，对理性存在者之尊严的意识。道德律是神圣的，人虽然够不上神圣，但在其身上的人格性，也就是意志自律的能力，对人来说却必然是神圣的。他凭借自律成为了神圣道德律的主体，因此，在所有自然的造物中，其他一切都只能作为手段来使用，惟有人及其所有理性存在者能够作为目的自身而存在。依据这种人格，他永远不只是被用作手段，而且同时必须被视为目的，这正是人之尊严的体现。作为一个道德的本体存在者，我们能够通过理性的认知意识到内在于自身的“神性”；意识到神圣的道德律就是内在于我们自身的纯粹实践理性，就是意志自律；意识到自己所服从的正是自身那个属于理知世界的人格，意识到自己作为道德本体存在者的尊严。人的这种尊严就是他可以借此要求别人敬重自己的资格。

2. 作为一种义务的敬重

虽然，康德伦理思想更加关注行为动机的合法则性，但也并非如批评者们所说的“唯动机论”。康德在强调了敬重作为一种道德情感的纯粹性时也明确提出了敬重他人的义务。义务就是某人有责任采取的行动。敬重，在此不仅仅是指一种单纯的情感，即它“不能被理解为是出自我们自己的价值与他人的价值相比较的单纯情感”（6：449）。我们敬重他人并不是由于觉得他人的价值高于我们自己的价值才去敬重他，如学生对老师的敬重，孩子对其长辈的敬重；而是因为我们意识到他人作为人，即便是罪犯也因其人格中的人性而具有绝对价值和尊严，所以我们应该敬重他。同时，这种敬重也构成对我们自己自重的一个限制，即不能过高地评价自己（表现为自负），我们应该认识到，每个人的绝对价值是平等的，尊严是平等的，我们没有资格认为自己的价值就高于他人的价值。对他人的敬重的义务包含在这样的准则之中：“不要把他人贬低为仅仅是达成我的目的的手段（不要求他人为了醉心于我的目的而放弃自己）。”（6：450）因此，敬重他人的义务真正说来只是消极的义务，即不把自己抬高到他人之上，这与法权义务类似，与爱的义务相比，它被视为狭义的义务，它既是我对他人的德性义务，同时也是他人不能放弃的一项法权。

敬重的对象不局限于德性高尚的人，而是指一般意义上的人，甚至包括有恶习者。纵然他在行为上使自己不配敬重，但作为人，由于其人性，他依然拥有不可丧失的尊严，因此，康德说，我们“仍然不能拒绝给予这位作为人的有恶习者以任何敬重”（6：463）。在康德看来，只要是理性存在者就都拥有自律的能力。因此，康德主张，即便是对于恶棍和罪犯，我们也应当给予他作为一个人格该有的最基本的尊重。理由就在于他并没有因其违背法则的行为就丧失了意志自律的潜能。恰恰相反，正因为他拥有这种能力，他才应该为自己的行为负责，而我们对他的惩罚正是对他的尊重。对于一个精神病患者的违法行为，对于大自然带来的灾难，我们是不能够给予任何惩罚的，因为他们没有自由意志，不是责任归咎的主体。另外，康德坚持给予罪犯和恶棍以平等尊重的主张还可以追溯到他的人性思想。人性中虽然有趋恶的倾向，但同时也有向善的禀赋和重建向善的可能。作恶是由于没能正确使用自己的理性，但这并不排除他还有去恶从善的可能，因此我们应该平等地尊重他。

敬重的义务还包括在其理性的逻辑使用上对人的敬重。具体表现在如何对待他人的过错上，这就要求：不能以愚蠢、弱智等名义来指责他人的过错。反之，应当设想他人的判断中也必定包含某些真理的因素，努力找出它们，同时揭示错误的根据，并通过解释这种错误来保持对他人理智的敬重。如，我们可以以一种温和、诚恳的态度指出这种错误可能是由于他人将其判断的主观根据误以为是客观的而造成的一些假象。因为，一个人只有通过其理智才能意识到自己的过错。如果我们以愚蠢、弱智来指责他人的过错，就是在否定他的任何理智，如此一来，人们怎样才能明白他是犯错误了呢？康德的这一主张是与其人性论的观点相一致的。在他看来，人有向善的禀赋，这是永远不会失去的，因此，我们就不能放弃改造的努力。由此，指责也就必须永远不以完全蔑视和否定有恶习者的一切道德价值为结果。

与敬重他人的义务相违背的恶习是毁谤和嘲弄他人。毁谤是指故意散布有损他人名誉的东西。康德认为，即便这些丑闻是真实的，也不应该到处宣传，否则就是降低对一般人性的敬重，甚至最终将导致对我们族类的蔑视，进而从根本上取消对自己和他人的敬重。因为，这种恶习将使得对人类的厌恶或蔑视这种消极的思维方式成为主流，或者败坏道德情感这种有助于道德性完善的动力。因此，尊重他人还要求我们不要对暴露他人道德上或认知上的错误幸灾乐祸，并以此来证明自己的判断是正确的，而是应该缓和我们的判断，不要执着己见，对自己的判断也要持谨慎的态度。即便坚信自己的判断也应将其置于内心，不到处宣扬，对他人的错误表示仁慈，同时给予他作为一个人应有的敬重。因为我们给予他人的敬重，将能够激发他们让自己配享这种敬重的努力。由此，窥视他人道德的癖好，本身就是对他人的一种侮辱和侵犯，是不尊重他人的表现。从嘲弄他人的缺点中获得某种残酷的喜悦，这是对敬重他人的义务的一种更为严重的伤害。在康德看来，基于对人性之尊严的敬重，对对手攻击性的嘲弄所给予的回击应该是：要么根本不作任何防卫，要么作出有尊严的和严肃的防卫。

（二）爱

相对于敬重来讲，爱的义务是一种不完全的义务，因此是尊重他人尊严的更高一层次的要求。爱，在这里并不是指一种情感，而是一种实践的爱，确切地说，是以善意为准则，以善行为结果。爱，不是一个单纯的意愿中的善意，因为这种善意不要求你对他人的幸福作出任何贡献，而是一种实践的善意，即，将他人的幸福作为我的目的，并在此准则的指引下去行动。爱的义务可以被表述为："使他人的目的（只要这些目的不是不道德的）成为我自己的目的的义务。"（6：450）爱的义务因此是一种广义的义务、不完全的义务、积极的义务。我在履行该项义务的同时也使他人负有了义务。爱的义务的对象是整个族类，即所有人，因此它也允许自己对自己的爱。前提条件是：你要同时对所有其他人都有善意。只有这样，你的准则才具有普遍立法的资格。康德说："爱上帝，在这种意义上就叫做乐意执行上帝的诫命；爱邻人，就叫做乐意履行对邻人的一切义务。但是，使这成为规则的命令却也不能命令人在合乎义务的行动中具有这种意向，而是只能命令人朝这一点努力。"（5：83）具体地说，爱的义务包括：行善的义务、感激的义务和同情的义务。

首先来看行善的义务。善意，仅仅是以他人的幸福为乐，行善则要求把这种善意付诸实施，在行动中体现出这种善意来，也就是要做到"尽自己的能力帮助身处困境的其他人得到他们的幸福，对此并不希冀某种东西"（6：453）。行善，作为一项义务，理性强制主体把这项准则当做普遍法则，当做主体行动的准则。那么，这种强制的合法性何在？即行善的义务何以可能？康德在此给出了两条理由。首先，从明智的角度来考虑。每个人都希望自己在身处困境时能够得到他人的帮助。如果一个自私自利的人，不想在他人有困难的时候伸出援助之手，他的这种准则若声张出去（普遍化），那么，在他自己需要帮助的时候，他人就会同样拒绝给他提供任何帮助。因此，行善的准则具有客观必然性，行善是一项义务。其次，自己和他人都属同类，为了生存和生活的需要，大家自然地联合起来，互相帮助，这是社会性的要求。

如果行善者是一个富有的人，他有足够的能力让他人摆脱困境，那么他就不能将自己的善行看作是有功德的。他在行善的过程中，必须小心避免任何有损他人尊严的情况，不能让他人感觉到他是想借此使他人承担义务（感激的义务），因为，这在他人看来往往是对自己的侮辱。而行善者必须表示这样做完全是自己的义务，他人的接受是自己的荣幸。相反，如果行善者是一个能力有限的人，他本没有能力帮助他人摆脱困境，但他毅然让自己承担起了别人的负担、帮助别人走出困境，他的这种善行是以自己的牺牲为代价的。康德认为，与富足的人的德性相比，这种人的德性更伟大，这是一种道德上的富有。当然，康德在此也并非提倡后者、否定前者，他只是说行为主体需要克服的困难越大，他的德性也就越大。德性越高，就越是配享尊严。

在决疑论部分，康德提到这样一种情况：一个人在临终时通过遗嘱赠予他人一笔财产，如庄主对其世袭农奴，条件是接受者必须按照赠予者的幸福观念来生活。如何评价这种善行的价值呢？在此，赠予者事实上剥夺了被赠予者选择幸福生活的自由，那么，他所提供的善行是否能够弥补剥夺他人自由带来的不公正呢？显然不能！在康德看来，自由是一个人最基本的、也是最高的价值，所有义务都以它为根据。赠予者通过剥夺他人自由而行善不是真正意义上的行善，毋宁说，是对他人尊严的侵犯；而接受者如果是心甘情愿地同意这样做，那么他也就因此放弃了自己的人性、放弃了自由、使自己不配享尊严。

其次，我们来看感激的义务。感激是对善行的回报。“感激是由于一种向我们提供的善行而对一个人格的崇敬。与这种评判结合在一起的情感是对行善者的敬重情感。”（6：454）感激作为一项义务，不单单是一个精明的准则。依照精明的准则，我因为曾经受惠于他人的善行而向他表示感激，以此激励他人以后多多行善。这时，我事实上是把这种感激视为达成我的其他意图的手段来使用，与义务的要求背道而驰。相反，作为义务的感激是基于纯粹实践理性，是由道德法则而来的直接强制，在此，感激自身就是目的而不是手段。感激的义务在广度上不局限于同时代的人，它可以涉及祖先及其他不知其名的人。感激的最低程度是：如果向你行善者还能接受帮助（还活着），就给予他同样的帮助，如果他已经不能接受，就向别人提供帮助。

最后，我们来讨论同情的义务。同情是人心所固有的一种易感性。这种义务要求我们培养同情心，以强化我们对他人需求的敏感性，进而强化我们履行仁慈义务的能力。具体来讲就是要身处其境地为他人着想，这种态度正是将他人视为目的自身所不可缺少的，因此也是尊重人性尊严的表现。批评者们经常以《奠基》开头关于善良意志的表述来指责康德哲学中“道德”的无情和冷酷。在此，应该指出，这种批评显然是有失公正的。如前所述，康德实际上将同情视为一项义务，且不仅仅是一种出于情感上的善意，而且还要求现实的行动。也就是说，我们不能满足于仅仅在表面上对他人表示同情，而是应该通过实际行动来表达我们内心的同情，这是对他人的义务。履行这种义务就是在将他人的幸福视为自己的目的，就是在尊重他人的人性。可以说，履行爱的义务不仅是在尊重他人的尊严，同时也提升了自己的德性，使自己更加配享尊严。

三 对无理性存在者的义务

康德认为，敬重他人的义务应该是指向所有人的，也就是说，我们应当平等的尊重每个人。而事实上，这里的人显然是指作为理性存在者的人，因为尊严的根据就在于意志自律，在于自由和理性。那么，是否可以由此推论，那些不具备理性能力的人，如精神病患者、死者没有尊严呢？这正是康德备受指责的地方，对此，国内外许多学者给予批评。他们认为，奠定在意志自律、纯粹实践理性这样一种纯粹理性能力之上的尊严概念过于狭隘，不能对上述这些人的尊严给予足够的重视。[①] 那么，康德是否真的无视这些人的尊严呢？康德这种理性至上的主张是否

---

① John Laird 认为康德的尊严理论过于狭隘，尊严不应该仅仅以理性为依据，还应该包括其他方面的品质，如勇气、大度、同情等。参见 John Laird，“The Ethics of Dignity”，*Philosophy*，Vol. 15，No. 58（Apr. 1940），p. 131 – 146。

必然会导致对其他非理性存在者的残忍对待呢?

对此，我们可以从两个视角来分析。首先是基于“人性公式”的要求。“人性公式”要求我们尊重人格中的人性、尊重人格、尊重理性的本性。人格是行为能够归责的主体，道德上的人格性就是理性存在者在道德法则之下的自由，就是意志自律。从严格意义上来说，拥有理性本性、拥有人格者只能是理性健全、成熟的存在者。从表面上来看，“人性公式”所要求的尊重就是针对这样一些理性存在者的。而对于婴幼儿来说，他们显然不具备构成人格性的理性能力。康德也并不认为他们具有根据自己的理性设定目的的能力，他们也没必要为自己的行为负责。儿童，只有当他发展到具有理性，且是一个可以承担责任的行为者时才可以称作严格意义上的人格。那么，是否可以由此得出结论说儿童被排除在尊重对象之外了呢?显然不是，因为康德在《道德形而上学·法权论》中谈到儿童具有人格性，父母不能将其视为自己的财产。由此推论，即便是不具有严格意义上的人格的婴幼儿，他们仍然应该被视为尊重的对象。相反，如果我们不帮助发展他们的理性能力，则会被视为对他们的不尊重，这也同样适用于那些因疾病、灾难而失去其理性能力的人。对于这些人来说，他们或者曾经是拥有理性能力的主体，或者以后还有可能恢复其原有的理性能力，或者即便他们因此而永远丧失了这种能力，但他们终究还是人类的成员，是我们的同胞，因此，无论如何我们都不能忽视他们的尊严。在此，我们可以将上述那些丧失或暂时还不具备理性能力的人称为延伸意义上的人格。

延伸意义上的人格必须由严格意义上的人格决定。因为，只有严格意义上的人格才有能力决定对待前者的态度，并为其决定负责。但这种决定不是任意的，而是为了善和客观目的。[①] 换句话说，严格意义上的人格不能出于满足自身的欲望和利益的目的来决定对待非理性存在者的态度。因此，一旦我们将非理性存在者视为具有延伸意义上的人格，他们也就拥有了与我们相同的权利。如他们将不能被任意杀死，我们也有责任帮助实现他们的幸福，也就是说，我们有责任将其视为自在目的。之所以关注这些非理性存在者是因为道德法则要求尊重理性的本性不仅

---

① 参见 Allen W. Wood, “Kant on Duties Regarding Nonrational Nature”, *Proceedings of the Aristotelian Society*, Supplementary Volumes, Vol. 72 (1998), pp. 189 – 228。

仅体现在我们对待理性存在者的态度上，同时也体现在对待这些非理性存在者的态度上。因为，非理性存在者同样有欲望、偏好、愉悦、痛苦等，这些属性构成了他们的本质属性，如同理性本性构成了理性存在者的本质属性一般。因此，故意使非理性存在者的这些属性受挫的行为就类似于对理性本性之尊严的侵犯。由此可见，我们对待非理性存在者的态度与它们是否具备理性能力、是否是严格意义上的人格无关。[①]

其次，可以诉诸于康德在道德情感上的立场。他认为，道德情感有助于成就人的道德性，因此，必须重视道德情感的培养。康德说，即便对于一头长期效劳的马我们都应该心存感激，这是人对自己的义务。那些粗暴地、残酷地对待动物的行为，那些故意毁坏自然美的行为都与人对自己的义务相悖，因为伤害他们将会使我们变得麻木，损害甚至根绝我们的道德情感，而这将不利于道德性的完善。倘若人类对于与自己不同类的动物尚且能够做到温情对待，更何况是对于那些缺乏或丧失理性的人类同胞呢！事实上，康德将对这些无理性存在者的义务视为人对自己的义务。他在讨论完人对自己的义务后作了一个简要的说明。在他看来，严格地说，人仅仅对人（自己或他人）才有义务。因为赋予义务的主体首先必须是一个人格，同时，这个人格必须作为经验对象被给予。但由于一种反思概念的双关性，人仍然会想象自己对其他存在者负有义务，如无人格的自然存在物或有人格但却不可见的精神存在者。就无人格的自然存在物来说，对自然界中美的东西的毁坏，粗暴地、残酷地对待动物都将与人对自己的义务相悖。因为，这些行为毁坏、削弱甚至根绝了人先天具有的，有利于道德完善的情感。[②] 康德还认为，就有人格但却不可见的精神存在者（如上帝）而言，我们对之也有一种义务——宗教义务。因为，上帝、灵魂等理念是我们为了解释世界整体的

① 该部分观点受到 Allen W. Wood 的启发，参见 Allen W. Wood，"Kant on Duties Regarding Nonrational Nature"，*Proceedings of the Aristotelian Society*，Supplementary Volumes，Vol. 72（1998），pp. 189 – 228。

② 卢梭在《论人类不平等的起因和基础》中也认为人类应该善待动物。他说："由于它们也赋有感觉，在某些方面也如同我们具有天性一样，它们也将受到自然法的支配，人类也应当对它们尽某些义务。的确，我之所以不应当伤害我的同类，其理由，似乎不在于他是一个有理性的生物，而在于他是一个有感觉的生物；这是动物和人都有的优点，因此，动物有权利要求人类不要无端地虐待它们。"参见卢梭《论人与人之间不平等的起因和基础》，李平沤译，商务印书馆 2007 年版，第 38 页。

合目的性或是为了在我们的行为中充当动机而从我们自己的理性中产生出来的。这些理念有助于道德的完善，因此，崇敬、保持这些理念也是人对自己的义务。由此可以说，即便从严格意义上来讲，康德认为精神病患者、婴儿以及死者不具有尊严但出于人对自己的义务，出于完善道德性的目的，我们应该尊重他们，这至少也是一种间接的义务。

由此可见，虽然康德将自律视为尊严之根据的理论没有将尚未拥有或已经丧失理性的存在者的尊严包括在内，但他的人性理论和有关道德情感的理论足以弥补这一缺陷。履行对他人的各项义务既是对他人尊严的尊重，同时也提升了自己的德性，使自己更加配享尊严。将尊严的根据追溯到自律概念上，确保尊严之根据的牢固，这是康德尊严思想的特色之一。除此之外，强调配享尊严，强调每个人从自身出发完善人性、彰显内在的尊严是康德尊严思想的特色之二。

总体而言，康德伦理学所提出的原则确实具有理想主义、原则主义和严格主义的特点，很多学者以此来批评康德的学说脱离现实，不具有可操作性。事实上，理想性正是康德伦理学的生命力所在。理想是人类不断前进和奋斗的动力和指南。在理想的召唤下，人类不断挖掘自身潜在的能力，发展和完善人性，实现自由的本质，这是人类的使命同样也是伦理学的使命所在。Allen W. Wood 为我们指出了研究康德哲学的一种正确态度，他说“读康德，最重要的不是康德说了什么，而是要在此基础之上正确解读他所提供的原则，以及如何从这条原则出发，做合理的推论”①。需要注意的是，哲学家们经常喜欢在审视普遍原则时找出例外，这种方法可以称为西季威克式的“直觉模式”或“科学模式”。这种方法对于反思现存的道德信仰和现实问题来说有着很重要的意义，它提醒我们注意道德原则和现实生活的冲突，这能够帮助我们进一步寻找解决冲突的方法，进而推进我们的认识。与此同时，我们也应该意识到另一个真理，那就是由于人类生活或人性的复杂性，没有哪个道德原则能够完全无例外地适用于人类所有的现实生活。

---

① Allen W. Wood, “Kant on Duties Regarding Nonrational Nature”, *Proceedings of the Aristotelian Society*, Supplementary Volumes, Vol. 72 (1998), pp. 189 - 228.

第七章　康德尊严思想的意义

如同康德在哲学史上的“蓄水池”地位一般，康德的尊严思想在尊严概念的发展历程中同样具有继往开来、承前启后的地位，体现了兼容传统和现代的特点。虽然，康德在其尊严思想中主张的伦理原则具有理想主义和严格主义的色彩，但也正因此才显示出持久的理论魅力。伦理学的核心是探讨“应当”的问题，伦理学的使命就在于提升和完善人性，实现人的自由本质，因此，理想性理应成为伦理学学科的特点。康德尊严思想的丰富内涵为我们思考现当代尊严理论以及社会生活中出现的与尊严相关的社会问题提供了有益的启发。实现人人平等享有尊严，使人们过上有尊严的生活，是我们研究尊严问题的现实意义。伦理学为人类指明理想的方向，激发人类不断地为之努力，生命的意义在这种锲而不舍的追求中得以展现。

第一节　康德尊严思想的历史地位

在当今社会，人人平等享有尊严的理念已经成为人类文明的共识。然而，尊严概念本身却经历了一个漫长的演变过程，其内涵也不断丰富。在尊严概念的发展历程中，康德的尊严思想可以说是一个里程碑。他接过启蒙运动的旗帜，在继承传统尊严思想的基础上，将尊严的根据更加牢固地确立在自由和理性之上，确保每个人平等地享有尊严。同时，他用绝对价值和内在价值的概念来描述尊严的价值属性，主张“人是目的”的思想，为我们理解现代尊严理念提供了一个重要的视角。毋庸置疑，康德在尊严概念的演变过程中起到了一个承前启后，继往开来的作用。

一 康德与传统尊严思想

从总体上看，传统模式下的尊严概念表现为一种优越性，尽管这种优越性的内涵略有差异。前期传统尊严思想是一种精英式或贵族式的尊严，是社会生活中一部分人相对于另一部分人的优越性；后期传统尊严思想则是一种民主式或平民式的尊严，是人类在与其他自然物相比较中表现出来的一种优越性。这种转变在西塞罗那里最终完成。

如前所述，传统尊严思想起源于古罗马的 dignitas 一词。最初，它被视为一个政治概念，是一种社会地位的象征，意味着个人在社会中的头衔、地位、身份等，因此，只有少部分位于社会上层的人才享有尊严。这种意义上的尊严是一种精英式、贵族式的尊严，它表现为位于社会上层的人对其他人所具有的一种优越性或特权。与之相应，这种尊严观也暗示了这些人需要履行相应的义务来确保自己配享这些特权。在当时，社会地位也不是一层不变的，人们可以通过德性、出身、财富等获得较高的社会地位。因此，尊严也就表现出差异性和不稳定性，个人的尊严会随着社会地位的变化而变化。那些社会地位优越、德性高、做出杰出贡献的人赢得了较高的尊严；相反，那些地位卑微、德性差的人则拥有较少或者根本就缺乏尊严。这种精英式的尊严与荣誉、德性、社会地位、身份等概念紧密联系在一起。人们需要通过自身努力获得并保持尊严。精英式的尊严观体现出的这种差异性在当代日常生活中也有所体现。例如，我们会情不自禁地给予社会上那些德高望重、为人类做出杰出贡献的人以更多的尊重和敬仰，这就是对精英式尊严思想的一种认可。

随着罗马共和国向海外扩张，罗马人逐渐确立了在地中海地区的霸权，罗马统治者也开始采用斯多亚派关于正义和秩序的自然的普遍法则。在这一时期，西塞罗将尊严概念的运用范围扩大到所有人类，精英式的尊严观也逐渐开始向平民式、民主式的尊严观转变。这时，尊严表现为人类在与其他自然物相比较中产生的优越性。西塞罗认为，在自然界中，人具有凌驾于其他自然物之上的优越性，这种优越性就是人类的尊严。而人之所以拥有这种优越性就在于自然赋予我们的理性。这种基于人的先天理性的尊严就是“源始”意义上的尊严（initial dignity）。与前期传统尊严思想一致，西塞罗也认为，自然在赋予人这种优越性的同时也赋予了人正确地运用理性能力的义务，因此，人应该过符合理性要求的生活。换言之，人应该通过正确运用理性能力将“源始的尊严”实现出来。我们将这一层意义上的尊严称为“实现了的尊严”（realized dignity）。人有义务让自己过道德的生活，使自己配享尊严，这是西塞罗在《论义务》中表达的核心思想。他说：“只要我们没有忘记我们本性的优越性和尊严，我们就会认识到沉湎于穷奢极侈是多么错误，过一种节俭、克己、朴素和严肃的生活是多么正确。”① 尽管如此，他并没有因此而主张禁欲、彻底排斥感官的肉体快乐，而是主张将其限制在理性范围内，要求我们在享受感官快乐的同时保持自己作为人的尊严。

概言之，传统尊严思想主要表现出以下几方面的特点：（1）尊严表现为一种优越性，尽管这种优越性的内涵有所不同。（2）在以西塞罗为代表的理解模式下，尊严概念表现出两个层次或两个阶段：源始的尊严和实现了的尊严。人由于理性而拥有源始的尊严，这对于每个人来说都是平等的。但这种源始的尊严可能会被实现出来，也可能会被浪费掉。因此，传统尊严思想还强调，人应该通过正确运用自己的理性能力，将源始的尊严实现出来。（3）由此，传统模式下的尊严概念与义务概念的关系更为紧密。人因为理性而享有尊严，这首先意味着他有正确运用理性能力的义务。

康德对传统尊严思想非常熟悉，有学者指出，《奠基》就是对西塞罗《论义务》的回应。康德接过启蒙运动的旗帜，将尊严的根据牢固地确立在自由和理性之上，确保每个人平等地享有尊严。与此同时，康德尤其凸显了配享尊严的义务。可以说，康德是传统尊严思想的集大成者。具体而言，康德尊严思想与传统尊严思想的渊源表现在以下几个方面：

第一，在本书第二章“尊严与价值”部分，我们已经指出，康德是在传统优越性的意义上来运用尊严概念的。一方面，康德在传统精英式尊严的意义上运用尊严概念，即尊严意味着特殊的身份或地位。如康德在《纯粹理性批判》中提到“哲学的尊严”、“数学的尊严”、“形而上学的尊严”等，在《实用人类学》中康德还提到“君主的尊严”、“国王的尊严”等。另一方面，康德也在人类优越性的意义上来运用尊严概

---

① 西塞罗：《西塞罗三论》，徐奕春译，商务印书馆1998年版，第139页。

念，事实上，康德哲学更强调这种意义上的优越性。如他在《奠基》中提到“理性存在者的尊严”“人性尊严”等。

第二，康德尊严思想明显地体现出后期传统尊严思想的两层含义。康德在《学科之争》中明确运用“源始的尊严”这一术语，即个人凭借理性和自由而拥有的尊严。理性是人的一种先天能力，因此，每个人都平等地拥有尊严。康德主张，罪犯和道德高尚的人平等地享有尊严。同时，人人享有尊严这一“事实”也暗示了人应该过符合理性的生活，使自己配享尊严，这是传统尊严思想的一个重要内容。康德继承了这一思想，当他说“所有人都凭借自由而拥有尊严，但是只有那些以某种方式运用自由的人才拥有第二种形式的尊严”[①] 时，他所指的就是“实现了的尊严”。

第三，康德将尊严与义务概念紧密地联系在一起。在康德哲学中，义务优先于权利。康德说：“道德论（道德）为什么通常（尤其被西塞罗）冠以义务论，而不也冠以法权论的名称呢？因为前者毕竟是与后者相关的。——根据在于：我们惟有通过道德命令式才知道我们自己的自由（一切道德法则，进而甚至一切权利和义务都是由这种自由出发的），道德命令式是一个要求义务的命题，随后从这个命题中可以展开使他人承担义务的能力，亦即法权的概念。”（6：239）在康德看来，权利概念是以义务概念为前提的。一个人的权利只能通过他人遵循道德法则的义务来实现。人由于自由和理性拥有相对于他物的优越性——源始的尊严。同时，人通过履行义务将这种源始的尊严实现了出来，这就是配享尊严的问题。如何使自己配享尊严的问题构成了康德义务论的核心，也是康德尊严思想的主题之一。由此可见，在康德哲学中，尊严与义务概念直接相关，与权利的关系则是间接的。

第四，在人为什么拥有尊严的问题上，康德继承和发展了传统尊严思想的精髓，将尊严的根据严格地追溯到人的理性。如前所述，早在古罗马时期，西塞罗就已经将尊严的根据归结为人的理性。文艺复兴时期的哲学家们，如皮科、曼内蒂等也通过强调人的理性的高贵，高扬人的尊严和价值。启蒙运动继承了文艺复兴的传统，将人的尊严与价值置于哲学思维或思想图景的中心地位。康德在对理性进行批判考察的基础

① Oliver Sensen, *Kant on Human Dignity*, Walter de Gruyter, 2011, p. 220.

上，深化了人们对理性的理解，再次巩固了理性作为尊严之根据的牢固地位。

在康德伦理学中，道德不是外在的权威强加给我们的规范，而是理性的自我立法自我守法。因此，道德规范性的来源真正说来在于人自身。理性存在者运用内在的纯粹实践理性为自己立法，同时也命令自己守法，这才是真正的自由，即意志自律。正因为人是自由的主体，人才需要道德，也必然受道德的约束。理性、道德、自由是相互印证的。当我们说尊严的根据在于理性时，同样也可以说尊严的根据在于道德，在于自由。需要注意的是，我们不能从"尊严的根据在于道德"推论出"有德性的人才有尊严"这一结论。康德的意思是：人作为道德的本体存在者的能力或潜能，也就是自由能力或理性能力使人具有了尊严。就此而言，康德尊严思想不仅体现了传统尊严思想的主题，并且使尊严的根据更加牢固地奠定在理性概念之上，突出强调了启蒙运动以来倡导的自由和理性两大主题。

二　康德与现代尊严思想

第二次世界大战后，随着人们对德国纳粹灭绝人性的残酷暴行的深刻反省，尊严理念开始进入法律建构期，并逐渐形成不同于传统模式的现代尊严理念。与传统尊严思想相比，现代尊严思想的一个显著特征是：尊严被视为人人平等享有的绝对价值和内在价值，同时也构成了人权合理性的根据。在德国，尊严甚至构成整个法律体系的价值基准。人人平等享有不可侵犯的尊严已经成为人类文明的共识。《德国联邦宪法》第一条明确规定，"人的尊严不可侵犯，尊重并维护人的尊严是任何政府的义务"①。

德语词典（*Duden*，1997）将尊严解释为"要求被尊重的人类内在价值"②，这就意味着尊严是人因其自身就享有的价值，这种价值不需要任何外在的条件，这是一种存在论意义上的价值。也就是说，人只因其存在本身就具有这种内在价值，即尊严。因此，每个人都平等地享有

---

① Oscar Schachter, "Human Dignity as a Normative Concept", *The American Journal of International Law*, Vol. 77, No. 4 (Oct. 1983), pp. 848 – 854.

② Oliver Sensen, *Kant on Human Dignity*, Walter de Gruyter, 2011, p. 195.

不可侵犯的尊严，同时有要求他人尊重自己的权利。在此，我们看到，在现代尊严理念中，作为一种内在价值的尊严构成了“尊重人”这一命令的根据。这一理念已经深入人心，并且上升到一些国际性法律法规的层面。如，《联合国宪章》和《世界人权宣言》先后声明人的尊严神圣不可侵犯。在这两项法律条款中，人的尊严被视为一种至高无上的价值，它不仅与人权区分开，甚至构成了人权的基础，尊严成了人最本质的特征。

当然，关于尊严是否能够成为人权的根据，学界至今还存有异议。有的学者以《联合国宪章》为依据，认为尊严和人权这两个概念在《联合国宪章》中是以并列的形式同时出现的，且二者互不依赖，因此，尊严构不成人权的根据。《联合国宪章》导言中写道：“重申对基本人权、尊严和人类价值、男人和女人、大小国家的平等权利……致力于实现这些目的。”[①] 在此，我们确实看不出尊严与人权何者优先的关系。然而，如果我们再来考察 1948 年的《世界人权宣言》和 20 世纪 60 年代的两项国际公约就会发现尊严与人权的关系在这些条款中逐渐明朗化了。《世界人权宣言》序言的第一款规定：“对于人类大家庭中所有成员的内在尊严和平等不可剥夺的权利的承认是世界自由、正义、和平的基础……”[②] 在此，我们可以看到，尊严概念被置于人权概念之前，而在《联合国宪章》中，尊严概念是位于人权概念之后的。值得一提的是，《世界人权宣言》的起草者们对人的尊严概念的重要性持相当肯定的态度。[③] 1966 年颁布的两项国际公约《经济、社会和文化权利的国际公约》和《公民权利和政治权利的国际公约》赋予尊严更加重要的角色。这两项公约的前言中都明确声称：“对人类成员的内在尊严和平等不可剥夺的权利的认可是世界自由、正义、和平的基础……这些

---

① *Charter of the United Nations*, New York: United Nations Publications, 1946, p. 2.

② *Universal Declaration of Human Rights*, New York: United Nations Publications, 1948, “Preamble”.

③ Oliver Sensen, *Kant on Human Dignity*, Walter de Gruyter, 2011, p. 199, 编写《世界人权宣言》的是 1946 年成立的联合国人权委员会，具体起草者有约翰·汉弗莱、埃莉诺·罗斯福、夏尔·马利克、吴德耀、张彭春和勒内·卡森等人。有学者指出，尊严概念的提出离不开中国代表吴德耀和张彭春对儒家思想的推崇，换句话说，《世界人权宣言》中对人的尊严的强调体现了儒家思想的普适性和国际化。

权利都源自人的内在的尊严。”[①]《公民权利和政治权利的国际公约》第10条还规定，对于失去自由权的老人，我们也应该尊重他们的人性和内在的尊严。在这两项国际公约中，尊严作为一种至高无上的人类价值构成了权利的基础和辩护理由，权利派生自人的内在尊严。

需要指出的是，尊严概念在《联合国宪章》中没有得到明确的定义。其中一个重要的原因是：尊严概念的具体内涵因时代和地区以及文化的差异而有所不同，然而，人的尊严神圣不可侵犯已经成为人类文明的共识。《联合国宪章》既要体现人类文明的这一伟大成果，同时又应该秉持尊重各个国家、民族和政体之信仰和文化的原则。因此，不得不以概念的模糊性为代价来维护人类文明的共识。倘若我们在《联合国宪章》中为尊严做具体的定义，这将不可避免地与某些民族和文化中根深蒂固的观念和信仰相冲突。[②]

《联合国宪章》、《世界人权宣言》以及两项公约等国际性的法律法规的相关规定是我们理解现代尊严理念的一个出发点。与传统尊严思想相比，现代尊严思想表现出如下特征：（1）尊严被明确界定为一种存在论意义上的内在价值；（2）作为内在价值的尊严构成了权利的基础和辩护理由，尊严与权利的关系紧密；（3）人人平等享有不可侵犯的尊严已经上升到法律层面，尊重人的尊严不仅具有道德的约束力，同时也具有法律的约束力。在某种意义上，我们可以说，权利是尊严的表现，尊重人的尊严要求尊重每个人的权利。尊严与普遍的人权、内在价值和生命的神圣等概念紧密联系在一起，成为现当代伦理学的一个重要概念。

康德尊严思想在继承和发展传统尊严思想的同时也蕴含了现代尊严思想的萌芽。现当代学者们在探讨尊严问题时往往倾向于从康德尊严思想中寻找渊源，那么，康德是在什么意义上影响了现代尊严思想的？我们将从以下几个方面来探讨这个问题。

如前所述，康德在继承传统尊严思想的基础上将尊严的根据更加牢固地奠定在理性之上，这就确保了每个人平等地享有尊严。虽然在康德哲学中不存在一个本体论或存在论意义上的价值概念，但在《奠基》

---

① Jeff Malpas, *Perspectives on Human Dignity: A Conversation*, Springer, 2007, p. 162.

② 参见 Oliver Sensen, *Kant on Human Dignity*, Walter de Gruyter, 2011, p. 150。

和《道德形而上学》中，康德将尊严与内在价值和绝对价值等量齐观的思想启发了现当代学者们对尊严概念的理解。另外，康德在讨论道德法则时提出的“人性公式”凸显了尊重人的核心思想。康德关于“人是目的”的理念是现当代学者们为“人人平等享有尊严”这一理念进行辩护时最强有力的依据。“人性公式”要求我们在任何时候都应该尊重自己和他人的尊严。康德说：“作为这样一种人（作为本体的人），他不可以仅仅被评价为达成其他人的目的的手段，哪怕是达成他自己的目的的手段，而是应当被评价为目的自身，也就是说，他拥有一种尊严（一种绝对的内在价值），借此他迫使所有其他有理性的世间存在者敬重他，与同类的任何其他人媲美，在平等的基础上评价自己。”（6：435）在此，康德明确声称，我们应该平等地尊重每个人的尊严。这种尊重基于人的本体存在，基于人先天具有的自律能力和道德性禀赋，它不因个人行为的好坏或善恶而受影响。罪犯由于其恶行而无法赢得他人的尊重，尽管如此，我们仍然不能拒绝给予他尊重。也就是说，道德高尚的人与道德卑下的人平等地拥有尊严，区别只在于前者通过德行使自己更加配享尊严，而后者则由于其恶行使自己不配享有尊严，但这并未影响他“拥有尊严”这一事实。这种浓厚的平等主义色彩与现代尊严思想中所强调的“人人平等享有不可侵犯的尊严”这一理念是完全一致的。

除此之外，康德尊严思想的现代启蒙意义还体现在尊严与权利的关系中。虽然康德在关于权利的著作中很少提及尊严概念，但就其思想的内在逻辑而言，我们还是可以从中分析出尊严与权利在康德哲学中的联系。在前面讨论“尊严与权利”的关系时，已经指出，在康德的法权论中，我们可以说，尊严是一项基本的权利，同时也构成其他一切权利的基础或根据。权利可以被视为尊严的外在表现，维护人的权利就是在捍卫人的尊严。事实上，康德已经暗示了在法律层面上尊重人的问题，主张运用法律的强制手段维护人的尊严。在康德那里，法权义务是维护人之尊严的底线要求，这一思想与现代尊严思想中强调从法律上捍卫人之尊严的观点也是吻合的。德语圈内对尊严问题的探讨基本上沿袭了康德的论证方法。现代法律体系中有关尊严的规范也都以康德所确立的人人生而具有且平等享有尊严这一“客观事实”为根据和前提，在此基础上进一步规定如何具体地维护人的尊严。由此可见，康德的尊严思想奠定了现代尊严思想的基本论调，同时也凸显了现代尊严思想的精髓。

综上所述，康德的尊严思想体现出了兼容传统和现代尊严思想的特点。正如日本学者安倍能成在评价康德哲学的历史地位时所说，康德“在近代哲学上恰似一个处于贮水池地位的人。可以说，康德以前的哲学概皆流向康德，而康德以后的哲学又是从康德这里流出来的”①。同样，康德在尊严概念的发展史上所具有的承前启后、继往开来的地位也是不容质疑的。他在继承和发展传统理性主义的基础上，将尊严的根据更加牢固地确定在理性之上，强调人配享尊严的义务。与此同时，他将尊严与内在价值和绝对价值等量齐观的思想启发了现代学者们对尊严概念的理解。人人平等享有不可侵犯的尊严，这一现代文明共识的达成更离不开康德关于“人是目的”的思想。尊严概念的内涵会随着社会的不断发展和进步而逐渐丰富和完善，康德的尊严思想在这一概念的演变过程中具有划时代的意义。

第二节　反思与启示

纵观国内外学者们对尊严问题的讨论，我们会发现，无论是对尊严理论的建构还是对现实生活中尊严问题的分析，学者们大多会回到康德的尊严理论。康德继承了传统理性主义的精髓，将尊严的根据牢固地确立在理性自律之上，这是康德尊严思想的一大贡献。然而，近年来，有学者对此表示质疑，并进一步提出以脆弱性为根据的尊严理论。这一理论本身有其存在的价值和意义，它为我们反思康德尊严思想提供了一个新的视角。另外，康德尊严思想凸显了人人平等享有尊严的理念，这是我们探索尊严问题的一个价值基准。在当今社会，社会歧视是阻碍实现平等尊严的一个普遍性问题。因此，消除社会歧视，实现人的尊严是迫在眉睫的任务。下面，我们就来具体讨论这两个问题。

一　尊严与脆弱性

传统尊严思想与现代尊严思想虽然表现出很大程度上的差异，但二

---

① ［日］安倍能成：《康德实践哲学》，于凤梧、王宏文译，福建人民出版社 1984 年版，第 3 页。

者有一个共同的特点，那就是他们都在为尊严寻找一种“强”的根据。无论是西塞罗诉诸一般理性能力的尊严，还是康德奠基于意志自律之上的尊严，还是皮科所主张的基于那种既可以为圣也可以为兽的自由能力之上的尊严，抑或是被视为一种本体论意义上的价值的现代尊严理念，可以说，这些尊严理论都建立在一种“强”意义上的人性基础上。对此，有学者认为，以这种强意义上的人性为根据的尊严观可能会缩小尊严的适用范围，由此也必将导致尊严保护范围的缩小。因此，在人为什么享有尊严的问题上，他们提出另一种理解模式，即尊严的根据应该是人的脆弱性。

George W. Harris 在其著作《尊严和脆弱性》中主张，人性作为一个整体，既包括强的方面，也包括弱的方面，尊严的根据应该是后者。甘绍平先生在《作为一项权利的人的尊严》一文中也认为，以康德为代表的“强”根据之尊严模式容易导致尊严保护范围的缩小。因此，他主张尊严的根据应该是“具有被动意味和更大覆盖范围的人的脆弱性、易受伤害性”。[①] 甘绍平先生认为，人的尊严来自人际间基本的相互尊重的普遍需求，而人之所以有这种需求就是由于“自我”或“个体性”具有脆弱性和易受伤害性。当一个人处于任人摆布和折磨却无任何自卫能力时，或当一个人由于极端贫困或病痛折磨而无法行使自主能力时，他的自我就受到了伤害，尊严就受到了侵犯。因此，从肯定的方面讲，尊严意味着维护自我；从否定的方面讲，尊严意味着避免侮辱。由此，作者得出结论“尊严并不是一个崇高的理想目标，而只是代表着一种植根于人的自我和个体性的最基本的需求”[②]。在甘绍平先生看来，以自我之脆弱性为根据的尊严模式能够扩展尊严的覆盖范围，它既包括物质层面的脱贫，又包括精神上的和心理上的不受伤害等。可以说，人的脆弱性是一个不容否认的事实。

人的脆弱性根源于人的生命存在的脆弱性，人的存在首先是血肉的存在，是生命有机体的存在。虽然我们总会说，人有精神、有道德，有情感，但如果没有生命这个有机载体，一切就都不存在了。因此，确认人的生命有机体的存在是人的存在的第一或首要的事实。然而，我们的

① 甘绍平：《作为一项权利的人的尊严》，《哲学研究》2008 年第 6 期。

② 同上。

生命存在是怎样一种存在呢？麦金太尔在他后期著作《依赖性的理性动物——为什么人需要德性?》第一章开篇就指出："在多种苦难面前，我们人类是脆弱的，并且我们中的多数人有时还有严重疾病。我们能够设法应付的只是降临我们面前苦难的一小部分。当我们身体有了疾病或受伤害，营养不良或有心智缺陷和失常，以及遭到他人的侵犯或受到冷漠时，我们很难生存下来。更不必说我们的兴盛发达，这通常是因为有了他人的帮助。寻求他人保护和维护自身需要的这种依赖性在［我们的］童年早期和老年期最为明显……在我们中的某些人，他们的整个人生都是在残疾状态中度过。"① 多数人在自己的成年时期，生活在一种健康、成熟、理性的状态中。人们认为，这就是生命的正常状态。麦金太尔在此提醒我们，人类的生命并非总是处于一种健康而成熟的状态。相反，我们在成长过程中不可避免地总会遇到一些生理或心理上的伤害。就多数正常的社会成员而言，任何一个人类个体在其一生中，有两个生命阶段是需要在他人的帮助或护卫下才能生存下去的，一是我们生命的早期，二是我们的晚年期。与其他动物相比，人类的婴幼期或童年期相对来讲比较长。在我们的婴幼期，如果没有爱护我们的长者、我们的父母或其他关爱我们的人的帮助，我们的生命几乎没有生存下来的可能。其次，晚年是生命的最后一个阶段，任何一个人类个体都将在某个时刻离开这个世界，所以海德格尔称我们是"暂在者"。对于多数人而言，让自己体面而有尊严地度过这样一个阶段往往并非是老年人自己能够做到的，而是需要他人的扶助。另外，还有很多人则终生都处于无能或残疾的状态，如那些肢体残疾，有生理疾病或精神疾病的人，这些人的生存更离不开他人关照或关怀。

麦金太尔指出，这就是人的脆弱性，即人的生存的脆弱性。人的生存的脆弱性需要他人的帮助，而他人之所以愿意帮助那些需要帮助的人在于他的德性，即给予的德性，如母爱或一般意义上的关爱。然而，在我们看来，他人之所以愿意给予关爱，那些处于生命脆弱时期的人之所以需要被关爱，是基于一个共识，即人应该过有尊严的生活。成年人不能污辱无辜的孩子，不仅因为他没有犯罪，更因为他有尊严。人们也不

① Alasdair MacIntyre, *Dependent Rational Animals*, *Why Human beings Need the Virtues*?, Open Court Publishing Company, Chicago and La Salle, 1999, p. 1.

能对精神病患者加以任意污辱和欺凌，因为即便精神失常，他们仍有尊严。对尊严的捍卫是一种正当的道德需要，这种需要不仅被那些接受关爱的人认可，同时也被给予关爱的人所认可。任何人类个体的存在，都不可能是孤立的存在，而是在共同体中的存在，如家庭、地方性社区、单位、集体以及更大范围的民族国家等。麦金太尔说："在一个共同体内外那些处于极为迫切需要中的人一般包括那些极其无能的人，这种无能使他们只可能作为一个共同体内的消极成员，不能识别，不能说话，或不能清楚地言说，遭受疾病之苦而不能行动……我们中的其他人会意识到'我可能就是这个人'。但这种想法不得不转变成一种特殊的关照。我们自己需要从他人那里得到的关怀，以及他们需要从我们这里得到的关怀，要求一种承诺，一种无条件地对偶然受伤者，患病者和受到其他折磨的人的关照。"① 任何一种共同体中都存在不同程度的无能者或残疾者，任何人都有处于无助状态的可能。因此，扶助或帮助他人在某种意义上也就是帮助自己。让他人过有尊严的生活也就是使我们自己过有尊严的生活。可以说，正是对尊严的捍卫护卫着人们过一种符合人性要求的生活。如果没有尊严，或人们不听从尊严的呼唤，人们的生命、生存也将遭受挑战。

除此之外，人类还面临着各种各样的天灾人祸，在这些灾难面前，人的生命更是不堪一击，人的脆弱性暴露无遗。在令世人不堪回首的第二次世界大战中，德国纳粹党人对犹太人进行了一次次惨绝人寰的屠杀，其残忍程度令人发指。残暴的法西斯统治者甚至从法律上将对犹太人的迫害合法化。犹太人过着生不如死、痛苦不堪的生活。在这种白色恐怖之下，结束一个犹太人的生命犹如踩死一只蚂蚁般不足为奇，尊严更是无从谈起。二战后，人们在反思战争罪恶的同时也意识到人类生命的脆弱性，意识到避免灾难和悲剧的再次重演需要筑起捍卫人类尊严的屏障。从这种沉痛灾难中走过来的人们自觉告别了弱肉强食、摧毁人性的历史，选择了共存共生，选择了文明，选择了共同呵护人类的尊严。于是，二战后，各个国家和民族纷纷从法律上确立了尊严神圣不可侵犯的地位。就此而言，我们可以说，人类对尊严的呼唤正是因为人类意识

---

① Alasdair MacIntyre, *Dependent Rational Animals, Why Human beings Need the Virtues?*, Open Court Publishing Company, Chicago and La Salle, 1999, pp. 127 – 128.

到自身的脆弱性。为了让所有人能够过着体面的、符合人性的生活，人类开始呼唤尊严。事实上，人类不可侵犯的尊严得以在法律上确认这一事实，一方面说明尊严理念已经固化在人类集体意识中，并时刻提醒人们对丧失人性的警觉，另一方面也说明尊严概念已经从一个形而上学的理念逐渐固化为一种权利——尊严权。依据契约主义哲学理论，权利来自于人们之间的相互认可，因此，尊严权本身就已经暗示出人类对自身脆弱性的意识和承认，因此，我们应该坚决捍卫人类的尊严。

帕斯卡说："人只不过是一根苇草，是自然界最脆弱的东西；但他是一根能思想的苇草。用不着整个宇宙都拿起武器来才能消灭他：一口气、一滴水就足以致他死命了。然而，纵使宇宙毁灭了他，人却仍然要比致他死命的东西更高贵得多；因为他知道自己要死亡，以及宇宙对他所具有的优势，而宇宙对此却一无所知。因而，我们全部的尊严就在于思想。"① 帕斯卡对人的脆弱性与人的尊严都有很深刻的认识。在他看来，人的生命如此脆弱，就如同一根苇草，但这是一根会思想的苇草。人的尊严就在于人的思想和人的精神，因此，在整个宇宙中，人是最为高贵的。然而，帕斯卡在这里没有意识到，尊严不仅在于使得我们比整个宇宙更为高贵、更为卓越，同时，尊严也护卫着我们过人的生活，而不是动物般的生活。

实际上，从帕斯卡的观点来看，即使是一个正常而健全的理性存在者，作为一个生命有机体的存在物，人类的生命本身就是不堪一击的，头顶上掉下来的一块石头都有可能将我们致命，更不用说在强大的风暴面前了。如果诚如霍布斯所说的那样，在自然状态下，人与人之间是一种战争状态，那么，我们中的任何一个人都将处于一种极为脆弱的、生命没有保障的危险状态之中。霍布斯的方案是通过相互签订契约，互不侵犯，信守承诺，走出自然状态，其实质就是在以道德来护卫人类的生存。在康德看来，尊严是人作为道德的本体存在者的集中体现，是人的本质的彰显。霍布斯强调，如果没有道德，人与人之间必然存在战争状态。在此，我们也可以说，如果没有对尊严的呼唤和捍卫，我们的生命和权利将时刻面临着被他人侵犯的危险。

人是一种有机体的生命存在物，脆弱性是人的生命属性。如此脆弱

① ［法］帕斯卡尔：《思想录》，何兆武译，商务印书馆1985年版，第157—158页。

的人类个体，彼此之间只有相互信任、相互团结、相互尊重，才会有和平和安宁的生活状态，这就需要我们承认和尊重每个人的尊严。可以说，尊严构成了人类生活的最低精神保障。以脆弱性为根据的尊严模式为我们反思康德的尊严思想、研究尊严理论提供了一个新的思路，这对于解决由高科技和全球化带来的许多社会问题有一定的参考价值。人性是一个复杂的概念，康德从人的理性本性出发，确立了人拥有尊严这样一个理性事实。正因为人人平等享有尊严，人才被赋予了某种道德要求或道德权利，即我有权利要求他人尊重我的尊严。与此同时，人的脆弱性也是一个不容忽视的事实，正是这种脆弱性警醒着人类应该相互承认和尊重彼此的尊严，让每个人过上有尊严的生活。由此可见，以自我之脆弱性为根据的尊严模式对于发展和完善尊严理念具有启发性和补充性作用。尽管如此，我们认为，这并不意味着可以以脆弱性来替代理性成为尊严的根据。

二 尊严与社会歧视

尊严的维护或实现包括外在的维护和内在的维护两个方面，外在的维护是在与他人相互关系中实现的，因此也就涉及他人和社会应该如何做的问题。康德在法权论中对此虽然有所暗示，但并没有进行深入地探讨。在当今社会，尊严实现的一个重要的外在条件是消除社会歧视。可以说，消除社会歧视是实现人人平等享有尊严的一个必要环节。

什么是社会歧视？社会学家戴维·波普诺在《社会学》中的定义是：“由于某些人是某一群体或类属的成员而对他们施以不公”。[①] 1958年在日内瓦召开的国际劳工大会第四十二届会议，通过了国际劳工组织111号公约，即《就业与歧视公约》。这一公约就劳工方面的社会歧视作出了如下阐述：“基于种族、肤色、性别、宗教、政治见解、民族血统或社会出身的任何区别、排斥或特惠，其效果为取消或损害就业或职业方面的机会平等或待遇平等。”[②] 质言之，所谓社会歧视，就是对一部分社会成员，不以其能力、德性、贡献等为依据，而是以诸如出身、性别、种族、疾病等因素为依据对其进行不公正的对待，从而导致这些

---

① ［美］戴维·波普诺：《社会学》，李强译，中国人民大学出版社 2001 年版，第 306 页。

② http：//www. 360doc. com/content/11/1007/14/7860863_ 154046955. shtml.

人的权利在某种程度上被剥夺，其尊严也得不到应有的尊重。社会歧视在社会生活中是全面性的、弥漫性的，几乎无处不在的一种社会现象。可以说，哪里有不平等，哪里就有一定程度的社会歧视，哪里的尊严就不可能得到真正实现。自从人类社会进入文明史以来，自从人类意识到人与人之间的地位、权力以及财富的差别以来，社会歧视就存在。在长期以来的人类不平等社会中，社会歧视表现为社会中的统治者、统治阶级对被统治者、被统治阶级的歧视。实际上，社会歧视是一个更为复杂的社会现象，因为它不仅涉及身份地位，而且涉及性别、种族以及主观偏见等因素。

从社会歧视与尊严的关系看，可以说，社会歧视与特殊尊严或权贵尊严是社会生活中的一对孪生子。哪里存在特殊尊严或权贵尊严，哪里就必然存在社会歧视，社会歧视就意味着不平等的尊严。在特殊尊严或权贵尊严的享有者看来，那些没有资格享有这些尊严的人理应被歧视。无论是在中国古代还是在西方的古罗马时期，尊严的基本内涵之一就是某种特权、社会地位和社会身份的象征。当然，我们并不否认在那个时期已经孕育着普遍尊严的萌芽，但由于特殊尊严或权贵尊严的显赫，普遍尊严不可能得到普遍化。随着传统社会向现代社会转型，社会生活也逐渐从以特殊尊严和权贵尊严为主向以普遍平等尊严为主过渡。在西方社会，从启蒙运动以来，自由和平等就成为了现代文明的核心。我国从五四运动以来，也把自由平等和博爱以及科学精神视为中国实现现代化所追求的精神理念。经过一百多年来的风云激荡，这一现代精神也逐渐成为中国社会现代化所追求的精神目标。改革开放以来，全国人民把实现富强、民主、文明、和谐的社会主义国家作为共同理想来追求，这也内在包含了对自由、平等这一时代精神的追求。所谓“共同理想”就是指对于全体社会成员来说都具有重要意义的理想价值，这一理想必然内在地包含对平等尊严的追求。然而，理想的追求与社会现实之间是存在差距的。社会歧视的存在意味着实现尊严的平等仍然是一个有待追求的社会目标。不可否认，权贵尊严或特殊尊严的观念在当今社会依然存在。在强调市场经济的竞争机制下，贫富差距在进一步扩大，“高贵、尊荣”这些在传统社会中用来形容那些显赫人物或帝王将相的权势地位的述词，重新成为那些权势人物或富有者的标签。就我国的社会现状而言，林林总总的社会歧视现象可以简单归纳为如下三大类：社会制度结构性歧视、性别歧视和身体缺陷歧视。[①]

社会制度结构性歧视表现在多个方面，如政治等级制度把人分成三六九等，处于这一制度的上层者享有尊严，而处于这一制度的下层者则受制于人，因而没有尊严。中国当代社会的结构性问题在社会歧视方面的表现就是由城乡对立的二元结构导致的对于农民的社会歧视。在新时期集中表现为对农民工的歧视。相关研究人员指出，“农民工”这一概念本身就是对农民的歧视。2012 年两会期间，全国人大代表郑晓幸、王鹏杰以及一些政协委员多次提出取消“农民工”称谓。有学者认为，“农民工”是农民进城务工的身份标识，作为一种社会等级标志，其存在具有一定的必然性，也是改革必须付出的代价，因而完全没必要取消。然而，无论从理论与实践角度分析，还是从历史与现实角度分析，“农民工”称谓是包含着明显社会歧视含义的社会身份标识。随着社会变迁和制度变革的推进，“农民工”称谓存在的社会基础和制度基础正在逐步消失，取消“农民工”称谓已经非常必要。长期以来，随着中国城市的发展，城市工业以剥夺农村经济的方式发展，户籍管理使得乡村人世世代代被固定在乡村、固定在土地上，而城市人口则享受着许多国家政策所规定的优越待遇，城乡对立现象开始出现。随之，中国社会中出现了一种鄙视农民、看不起农民的心理。[②] 改革开放以来，这种鄙视农民的观念典型地体现在这种“农民工”的称谓上，有人也把这称为语言歧视。“农民工”歧视不仅表现在语言歧视上，事实上，他们在城市工作却无法享受城市户籍人口的基本生活保障条件，他们大多在工地上生活，随他们而来的家属则生活在城市边缘的棚屋。“农民工”的工作条件、生活条件都表明他们受到了社会歧视，他们没有体面的生活条件，甚至没有体面的工作条件。因此，实现公民的平等尊严，不仅需要取消“农民工”这一带有歧视性的称谓，而且应当确保农民工及其家属真正享有城市公民的待遇。另外，结构性的社会歧视还表现在由社

---

① 这是就我国目前的社会歧视而言，放眼看来，在世界范围内，还有种族歧视，少数族群歧视等严重的社会歧视问题。

② 应当看到，在中国几千年的封建社会，城市与乡村的关系并非是一种对立的关系，而是一种并存的关系，即没有两者要分高下甚至对立的问题。无数士大夫，做官进城，而辞官则回到乡村成为绅士。并且，他们把回乡光宗耀祖看成是他们人生最为值得骄傲的事。不像现在人们进了城，所谓参加了工作，成了城里人，就看不起乡下人了。

会偏见导致的对一些脏、累、重活的歧视，以及对一些被视为不光彩的职业的歧视，如殡葬业。职业性社会歧视导致的结果就是这些职业从业人员感受不到他人对其劳动应有的社会尊重。因此，平等观念不仅仅体现在追求政治参与、受教育、言论自由等权利中，而且体现在平等地对待人类社会中所有那些不可或缺的社会职业人员，给予他们应有的尊重。没有他们的劳动，也就没有人类社会的和谐与幸福。

性别歧视特指对女性的性别歧视。与其他社会歧视一样，所谓性别歧视就是在同等能力条件下，女性在就业、劳动报酬、政治参与等方面受到的不公正对待。1979 年 12 月 18 日，第 34 届联合国大会通过的《消除对妇女一切形式歧视公约》指出：“对妇女的歧视一词是指基于性别而作的任何区别、排斥或限制，其作用或其目的是要妨碍或否认妇女不论已婚未婚在男女平等的基础上认识、享有或行使在政治、经济、社会、文化、公民或任何其他方面的人权和基本自由。”① 性别歧视是人类社会自从进入夫权制的一夫一妻制社会，女子的社会地位从母权制社会一落千丈之后，女性落入男性支配之下的社会体现。恩格斯指出：“母权制的被推翻，仍是女性的具有世界意义的失败。丈夫在家中也掌握了柄权，而妻子则被贬低，被奴役。”② 传统社会中的女子在政治生活中没有任何权力可言，像古希腊民主时期的雅典也只不过是一个男性公民社会。家庭中的主妇只是家中奴隶的总管，而她自己也仅仅是主人的奴隶而已。在许多早期社会，女性与奴隶一样，都是可供主人驱使的工具，只不过女主人是生孩子的工具。同时，由于长期被排除在公共政治生活领域之外，女子也长期处于受社会歧视的地位。因此，对女子性别的歧视是人类社会几千年来就有的社会现象。我国从新中国成立以来，女子的政治地位有了空前提高，并在中国政治舞台上发挥着越来越重要的作用。尽管如此，传统性别歧视的观念还有残余，其中最典型的体现就是“男尊女卑”、“男主外、女主内”、“养儿防老”的观念。这些观念在我国当代社会生活中仍然有着不可忽视的消极影响，突出表现在男女同工不同酬，以及在就业等方面的对女性的歧视性对待。当前，

① 张晓玲.《妇女与人权》，新华出版社 1998 年版，第 128 页。

② 恩格斯：《家庭、私有制和国家的起源》，见《马克思恩格斯选集》第四卷，人民出版社 1972 年版，第 52 页。

我国大学生就业遇到的一个突出问题就是对女性求职者的歧视对待。[①]有的招聘单位明确规定“只招男性”或“男性优先”。如果是女性且还带有小孩，在求职过程中遇到的困难可能更大。近年来，经常有报道称女性在求职中屡次遭受性别歧视后选择轻生，这些事例无疑是对性别歧视现象的一个血淋淋的控诉。事实上，在性别歧视中，还有一个植根于文化中的隐性歧视问题，即所有的女子姓氏在婚姻中的消失，所有婚生后代几乎全部都随男性的姓氏。女性在婚姻中的权利，如姓氏权问题，几乎是一个没有被提及而被男权社会视为非问题的问题。

社会歧视中最后一个重大的问题就是对身体残疾（包括某些疾病患者）或无能者的歧视，这也是一个广泛而普遍性的社会歧视。如长期以来对麻疯病人的社会歧视，还有现代社会中对艾滋病病人的歧视。被歧视者不仅感受不到自己的尊严，而且感受不到自己有像正常人一样生活的权利。对某些疾病患者或身体残疾者的歧视是一个严重的社会现象。社会学家吉登斯认为：“社会生活与我们的身体相互之间存在着一种内在的、深刻的本质性关系。我们作为人类是肉体的，即我们都有身体。但身体并不只是存在的问题。它也不仅仅是存在于社会之外的有形的东西。我们的身体受到我们所属的规范和价值观的影响，也深受我们社会经验的影响。”[②]我们的身体以及我们对身体的观念已经成为社会生活中的一种文化现象。疾病对于个人的身体以及个人的社会形象有着重新塑造的作用。吉登斯指出，疾病将融入个体的传记中，并影响人们对患病者个体进行重新的解读和认同。因此，对于患病者而言，疾病和身体残疾本身就是一种灾难。不仅如此，他们还不得不面对另一重灾难，即社会对这些人的定位。也就是说，人们对待疾病患者的态度不可避免地会带有某种社会文化和价值的偏见，从而使这些人的人格受到歧视，尊严受到侵犯。吉登斯认为，人们往往会有一种强烈的社会认同感，包括对身体状况的认同。在社会生活中，多数人是健康人、身体无缺陷者。这样，健康人就会把自己与健康人相认同，从而把少数残疾人、患有使人感到危险或具有传染性疾病的人列入危险人物或边缘人的行列，他们

① 关于这一问题，可参见李海《女大学生就业中的社会歧视现状及成因分析》一文，见《四川职业技术学院学报》2011 年第 6 期。

② ［英］安东尼·吉登斯：《社会学》，赵旭东等译，北京大学出版社 2003 年版，第 182 页。

被视为“另类”、“危险人物”、“神经病”等等。诸如此类的社会评价和认同必然导致这些人被歧视、被孤立的事实。黄剑在他的文中叙述了对某一村庄中一个不能生育者的生活处境所做的调查。这位男子由于患有不育症而无法娶妻生子，因此，他不仅受到同村人的歧视，也遭到同族人的疏远和排斥。他也自认为罪孽深重，因而长期生活在自责与自卑的心理阴影之中。这是因为，在当地的传统观念中，“无后”（断子绝孙）是最大的不吉利，是对祖先的不敬，甚至是对前世罪孽的惩罚，因此，在大家看来，这个人不仅是不正常的，而且是不吉利的象征。村里有任何喜丧之事都不会邀请他出席，而他本人也自觉回避。可以说，这样的人在这个村庄里生活，真可谓永无抬头之日，尊严更是无从谈起。这些社会意识也在无形中植入了那些残疾者或身体有缺陷者的精神意识中，并给他们带来一种无法摆脱的耻辱感。

实现平等的人类尊严是人类社会的一项无比艰巨的历史任务。虽然，人类社会自从启蒙运动以来就提出了一个适用于全人类的“自由、平等”的口号，康德关于人的尊严的思想也被视为现代尊严理论的源头，但就实现人人平等享有的人类尊严而言却有着重重障碍。实现社会平等，消除社会结构性、制度性不平等的因素对于实现的人的平等尊严来说有着重大的意义。其次，消除人类两性之间的不平等，真正实现男女权利平等和社会平等是实现两性尊严平等的社会前提。然而，我们看到，在两千多年的男权社会的影响下，男女不平等的观念已经深入到东西文化的骨髓里，因此，实现两性尊严的平等还需要漫长的文化发展和社会心理的变革。最后，对于身体残疾、病患者和无能者的社会歧视，必须给予高度的社会反思，重新建构一种能够将所有人类个体都包括于其中，并给予其平等尊重的社会心理文化，消除所有社会陋习或偏见造成的歧视现象，营造一个人人享有平等尊严的社会、文化和心理环境。

简言之，在现代社会结构性不平等和观念性歧视存在的社会条件下，必然存在着被歧视群体。被歧视群体的个体也不应当有自暴自弃的念头，而应当树立起自强自立自尊的观念。在社会歧视面前不低头，真正做到自强自立。与此同时，被歧视群体还应当增强维护自我权利的意识，社会权力部门也应切实维护好被歧视群体的权利，使他们能够切实感受到社会给予的尊重，过上有体面、有尊严的生活。研究尊严理论，坚守尊重人的原则，这是人类的历史使命。

结 语

伦理学是研究人的学问，自由是它最基本的也是最高的价值理念。伦理学的最终使命就在于提升和完善人性，实现人的自由本质，彰显人的崇高和尊严。自由和尊严作为人的本质属性，是一个理念，是人类追求的目标，它对现实生活表现出规范性的特点。人拥有自由和尊严，这是一个理性事实，或者说是一个必要的预设。人类历史的发展就是不断朝着这个理念迈进的过程。

人性是伦理学形而上的根据，由此伦理学的使命应该分为两个层次：基本使命和最高使命。前者表现为根据人性的事实（不纯粹性）和现实的社会文化环境，制定伦理规范或规则（rules），其目标是为人的自由发展提供良好的外部环境。后者表现为根据人性的应当（纯粹性），发现规律（law 自由规律），通过形而上学的思辨为人性的发展确立终极目标。由此，伦理学就是一门具有生命力的学科，而不仅仅是僵死的规范。它随着人性的发展而发展，在规范性和超越性中不断完善，人性的提升要求伦理学突破其原有的规范，进行超越，为人性的发展提供更为广阔的空间，伦理学的发展又为人性的提升准备了具有可操作性的规范和进一步追求的目标。

人性不是一个静止的状态，而是一个动态的发展过程。人性的根本就在于不断地超越现实的状态，向理想的神性状态接近。人性从消极的意义上来理解就是：不知足，喜新厌旧；从积极的意义上来理解就是追求卓越、完善、理想和圆满。正是在这种不断的超越中，人逐渐摆脱自身的不纯粹性、物性，进而向纯粹性、神性迈进。“纯粹”只是居住在彼岸的一个理念，为我们指明了行动的方向。尊严作为一个本体界的理念，是人的本质属性。人生在世可能永远也无法将尊严的理念完全实现出来。但正是在这一理念的指引下，在不懈的努力和追求中，人性得到了提升，人生的意义得到了彰显，这种努力和追求正是对生命意义的诠释。伦理学的最高使命就是要为人类指出终极的发展目标，指出人类前进的方向，因此，理想性和超越性就构成了伦理学理论的特点。伦理学就是要帮助有限的人不断超越自身，走向无限，实现完满，实现自由，彰显人之崇高和尊严。

参考文献

外文部分

Kant. *Grundlegung zur Metaphysik der Sitten*, Felix Meiner Verlag Hamburg, 1999.

Kants Naturrecht Feyerabend, *Berlin*: *Walter de Gruyter*, 1979.

——. Critique of Pure Reason. *ed. Paul Guyer. Cambridge University Press*, 1998.

——. Groundwork for the Metaphysics of Morals. *ed. and trans. Allen W. Wood. Yale University Press*, 2002.

——. Critique of Practical Reason. *ed. and trans. Lewis White Beck. Western classics*, 1999.

——. Practical Philosophy. *ed. Paul Guyer. Cambridge University Press*, 1999.

——. Metaphysical of Morals. *ed. and trans. Mary Gregor. Cambridge University Press*, 1999.

——. Notes and Fragments. *ed. Paul Guyer. Cambridge University Press*, 2005.

——. Lectures on Philosophical Theology, *trans. Allen W. Wood & Gertrude M. Clark*, *Comell University Press*, 1978.

——. Lectures on Metaphysics, *trans. & ed*,. *Karl Ameriks & Steve Naragon*, *Cambridge University Press*, 1997.

——. Lectures on Ethics. *trans. Peter Heath. Cambridge University Press*, 1997.

Allen W. Wood. Kant's Ethical Thought. *Cambridge University Press*, 1999.

——Kantian Ethics. *Cambridge University Press*, 2008.

——Kant. *Blackwell Publishing*,2005.

——Kant's Moral Religion,*Cornell University Press*,1970.

——(*ed.*)Self and Nature in Kant's Philosophy,*Cornell University Press*, 1984.

——Kant's Rational Theology,*Cornell University Press*,1978

Jens Timmermann (*ed.*). Kant's Groundwork of the Metaphysics of Morals:a critical guide. *Cambridge University Press*,2009.

——Kant's Groundwork of the Metaphysics of Morals: a commentary, *Cambridge University Press*,2007.

Andrews Reath and Jens Timmermann (*ed.*). Kant's Critique of Practical Reason:A Critical Guide. *Cambridge University Press*,2009.

Beck,*Lewis White*. A commentary on Kant's Critique of practical reason, *University of Chicago Press*,1963.

Paul Guyer. Kant's Groundwork for the Metaphysics of Morals:a reader's guide,*Continuum*,2007.

——(*ed.*)Kant's Groundwork for the Metaphysics of Morals:Critical Essays,*Rowman and Littlefield*,1998. *Paul.*

——(*ed.*) The Cambridge Companion to Kant. *Cambridge University Press*,1999.

——(*ed.*)Kant and the Modern Philosophy. *Cambridge University Press*, 2006.

——Kant and the Experience of Freedom: Essays on Aesthetics and Morality. *Cambridge University Press*,1993.

——Kant. *Routledge*,2006.

——Kant's System of Nature and Freedom: Selected Essays, *Clarendon Press*,2005.

Graham Bird (*ed.*)A Companion to Kant. *Blackwell*,2006.

Paton,*H.* The Categorical Imperative: A Study in Kant's Moral Philosophy. *University of Pennsylvania Press*,1971.

Christine M. Korsgaard,Creating the Kingdom of Ends,*Cambridge*,1996.

——The Sources of Normativity,*Cambridge University Press*,1996.

——He Constitution of Agency: Essays on Practical Reason and Moral

Psychology. *Oxford University Press*,2008.

——Elf – constitution: Agency, Identity, and Integrity. *Oxford*; *New York*: *Oxford University Press*,2009.

Oliver Sensen, Kant on Human Dignity, *Berlin/Boston*, *Walter de Gruyter*, 2011.

Melie Oksenberg Rorty and James Schmidt, Kant's Idea for a Universal History with a Cosmopolitan Aim: A Critical Guide, *Cambridge University Press*, 2009.

Hristoph Horn & Dieter Schonecker(*ed.*). Groundwork for the Metaphysics of Morals, *Walter de Gruyer · Berlin · New York*,2006.

Mary J. Gregor. Laws of Freedom. New York,1963.

Thomes E. Hill, *Jr.* Dignity and Practical Reason, *Cornell University Press*, 1992

——(*ed.*) The Blackwell Guide to Kant's Ethics . *Wiley – Blackwell*, 2009.

Klaus Brinkmann (*ed.*) German Idealism: Critical Concepts in Philosophy, *Routledge*,2007.

Jeff Malpas, Perspectives on Human Dignity: A Conversation, *Springer*, 2007

Dan Egonsson, Dimensions of Dignity, *Kluwer Academic Publishers*,1998

Richard Dean, The Value of Humanity in Kant's Moral Theory, *Clarendon Press*,2006

J. B. Schneewind, The Invention of Autonomy: A History of Modern Moral Philosophy, *Cambridge University Press*,1998

Henry E. Allison, Idealism and Freedom: Essays on Kant's Theoretical and Practical Philosophy, *Cambridge University Press*,1996.

——Kant's Transcendental Idealism, *New Haven*: *Yale University Press*, 2004.

Andrews Reath, Agency and Autonomy in Kant's Moral Theory, *Oxford University Press*,2006.

Howard Caygill, A Kant Dictionary, *Oxford*, *UK*; *Cambridge*, *Mass*, *USA*: *Blackwell Reference*,1995.

Helmut Holzhey & Vilem Mudroch, Historical Dictionary of Kant and Kantianism, the Scarecrow Press, 2005

G. Felicitas Munzel, Kant's Conception of Moral Character, *The University of Chicago Press*, 1999

Helmut Holzhey and Vilem Mudroch, Kant and Kantianism, *Lanham: Md, Scarecrow Press*, 2005.

Banham, Gary, Kant's Practical Philosophy: From Critique to Doctrine, *New York: Palgrave Macmillan*, 2003.

Onora Nell, Acting on Principle: An Essay on Kantian Ethics, *Columbia University Press*, 1975

Susan Meld Shell, Kant and the Limits of Autonomy, *Harvard University Press*, 2009

Hubert Schwyzer, The Unity of Understanding: A Study in Kantian Problem, *Clarendon Press*, 1990

Nicholas Rescher, Kant and the Reach of Reason, *Cambridge University Press*, 2000

Victor. J. Seidler, Kant, Respect and Injustice: The Limits of Liberal Moral Theory, *Routledge & Kegan Paul*, 1986

Carol W. Voeller, The Metaphysics of the Moral Law: Kant's Deduction of Freedom, *Garland Publishing* 2001

Karl Ameriks, Kant and the Fate of Autonomy, *Cambridge University Press*, 2000.

——(*ed.*). Letters on the Kantian Philosophy, *Cambridge University Press*, 2005.

——(*ed.*). The Cambridge Companion to German Idealism . *Cambridge University Press*, 2000.

Keith Ward, The Development of Kant's View of Ethics, *Oxford Basil Blackwell*, 1972

Holly L. Wilson, Kant's Pragmatic Anthropology: Its Origin, Meaning, and Critical Significance, *State University of New York Press*, 2006

Viggor Rossvaer, Kant's Moral Philosophy, *Universitesforlaget*, 1979

Ruth F. Chadwick(*ed.*). Immanuel Kant: Critical Assessments, *Rouledgc*,

1992

Lara Denis (*ed.*) Kant's Metaphysics of Morals: A Critical Guide, *Cambridge University Press*,2010.

Mark Timmons (*ed.*) Kant's Metaphysics of Morals: Lnterpretative Essays, *Oxford University Press*,2002.

Chris L. Firestone and Nathan Jacobs, In Defense of Kant's Religion, *Indiana University Press*,2008

Stephen Engstrom & Jennifer Whiting (*ed.*), Aristotle, Kant and the Stoics, *Cambridge University Press*,1996

Heiner Bielefeldt, Symbolic Representation in Kant's Practical Philosophy, *Cambridge University Press*

Philip Stratton – Lake. Kant, Duty and Moral Worth. *Routledge*,2000.

Samuel J. Kirstein. Kant's Search for the Supreme Principle of Morality. *Cambridge University Press*,2002.

Beatrice Longuenesse, Kant on the Human Standpoint, *Cambridge University Press*,2005

Andrew Ward, Kant: The Three Critiques, *Polity Press*,2006

Sedgwick, Sally S, Kant's Groundwork of the Metaphysics of Morals: An Introduction, *Cambridge University Press*,2006.

Robert B. Louden, Kant's Impure Ethics: From Rational Beings to Human Beings, *Oxford University Press*,2000.

Leslie Arthur Mulholland, Kant's System of Rights, *Columbia University Press*,1990

B. Sharon Byrd and Joachim Hruschka. Kant's Doctrine of Right: A Commentary. *Cambridge University Press*,2010

Robert Audi (*ed.*), The Cambridge Dictionary of Philosophy. *Cambridge University Press*,1999

Robert Paul Wolff, The Autonomy of Reason, *New York: Harper & Row*, 1973

Christopher Bertram Routledge Philosophy GuideBook to Rousseau and The Social Contract, *Routledge*,2004

Christie McDonald, Stanley Hoffmann, Rousseau and Freedom, *Cambridge*

University Press 2010

Joseph Raz. The Morality of Freedom. *Oxford*: *Clarendon Press*. 1986

George W. Harris. Dignity and Vulnerability——Strength and Quality of Character. *University of California*. 1997

Oliver Sensen. "*Kant's Conception of Human Dignity*", Kant - Studien 2009.

——"*Kant's Conception of Inner Value*". European Journal of Philosophy *Blackwell Publishing Ltd*. 2009.

Allen W. Wood. "*Kant on DutiesRegarding Nonrational Nature*", Proceedings of the Aristotelian Society, Supplementary Volumes, *Vol*. 72(1998).

Anne Margaret Baxley. "*Autocracy and Autonomy*", Kant - Studien 2003

Paul Guyer, "*Ends of Reason and Ends of Nature*: *The Place of Teleology in Kant's Ethics*", The Journal of Value Inquiry 36: 161 - 186, 2002.

Andrews Reath, "*Value and Law in Kant's Moral Theory*", Ethics, *Vol*. 114, *No*. 1 (*Oct*, 2003).

John Laird, "*The ethics of dignity*", Philosophy, *Vol*. 15, *No*. 58 (*Apr*. 1940).

Oscar Schachter, "*Human Dignity as a Normative Concept*", The American Journal of International Law, *Vol*. 77, *No*. 4 (*Oct*. 1983).

Lennart Nordenfelt, *The Varieties of Dignity*, Health Care Analysis, *Vol*. 12, *No*. 2, *June* 2004

Daniel P. Sulmasy, *the varieties of human dignity*: *a logical and conceptual analysis*, *Med health care and philos*, *DOI* 10. 1007/S11019 - 012 - 9400 - 1

Hans Morten Haugen. "*Inclusive and relevant language*: *the use of the concepts of autonomy*, *dignity and vulnerability in different contexts*". Medicine, Health Care and Philosophy. *August* 2010, *Volume* 13, *Issue* 3.

Willard Gaylin, *In Defense of the Dignity of Being Human*, The Hastings Center Report, *Vol*. 14, *No*. 4(*Aug*., 1984).

Thomas De Koninck, Protecting Human Dignity in Research Involving Humans, *published online*: 4 *august* 2009.

Dietmar von der Pfordten, "*On the Dignity of Man in Kant*", Philosophy 84, 2009

Dan – Cohen Meir, "*A Concept of Dignity*", *Boalt Working Papers in Public Law*, *Boalt Hall*, *UC Berkeley*, 2009, 1

Ben Bradley, "*Two Concepts of Intrinsic Value*", Ethical Theory and Moral Practice, *Vol.* 9, *No.* 2 (*Apr.* 2006), *pp.* 111 – 130.

Herbert C. Kelman, "*The Condition*, *Criteria*, *and Dialectics of Human Dignity*", International Studies Quarterly, *Vol.* 21, *No.* 3 (*Sep.* 1977), *pp.* 529 – 552.

Robin S. Dillon, "*Respect*: *A Philosophical Perspective*", Gruppendynamik und Organisationsberatung, 2007, *Volume* 38, *Number* 2, *pp.* 201 – 212.

Alexander Kaufman, "*Reason*, *Self – Legislation and Legitimacy*: *Conceptions of Freedom in the Political Thought of Rousseau and Kant*" The Review of Politics *Patrick Neal*, "*In the Shadow of the General Will*: *Rawls*, *Kant and Rousseau on the Problem of Political Right*", The Review of Politics *R. F. Ladenson*, "*A Theory of Personal Autonomy*", Ethics 86 (1975): 30 – 48.

中文部分

康德：《纯粹理性批判》，邓晓芒译，杨祖陶校，人民出版社 2004 年版。

康德：《实践理性批判》，邓晓芒译，杨祖陶校，人民出版社 2004 年版。

康德：《判断力批判》，邓晓芒译，杨祖陶校，人民出版社 2005 年版。

康德：《康德著作全集》1—9 卷，李秋零主编，中国人民大学出版社。

康德：《道德形而上学基础》，杨云飞译，邓晓芒校出版社。

康德：《法的形而上学原理》，沈叔平译，林荣远校，商务印书馆 2008 年版。

卢梭：《社会契约论》，李平沤译，商务印书馆 2011 年版。

卢梭：《论人与人之间不平等的起因和基础》，李平沤译，商务印书馆 2007 年版。

卢梭：《爱弥儿》，李平沤译，商务印书馆 1981 年版。

皮科：《论人的尊严》，顾超一、樊虹谷译，吴功青校，北京大学出版社 2010 年版。

西塞罗:《西塞罗三论》，徐奕春译，商务印书馆 1998 年版。

西塞罗:《论共和国　论法律》，中国政法大学出版社 1997 年版。

西塞罗:《国家篇　法律篇》，沈叔平等译，商务印书馆 1999 年版。

亚里士多德:《尼可马科伦理学》，苗力田译，中国社会科学出版社 1999 年版。

博登海默:《法理学—法哲学及其方法》，邓正来、姬敬武译，华夏出版社 1987 年版。

桑德罗·斯奇巴尼选编:《正义和法》（民法大全选译），黄风译，中国政法大学出版社 1992 年版。

梯利:《西方哲学史》上卷，葛力译，商务印书馆 1975 年版。

柏拉图:《理想国》，郭斌和等译，商务印书馆 1986 年版。

麦金太尔:《伦理学简史》，龚群译，商务印书馆 2003 年版。

摩尔:《伦理学原理》，长河译，商务印书馆 1983 年版。

霍布斯:《利维坦》，黎思复等译，商务印书馆 1986 年版。

洛克:《政府论》下篇，叶启芳、瞿菊农译，商务印书馆 1986 年版。

斯宾诺莎:《伦理学》，贺麟译，商务印书馆 1983 年版。

帕斯卡尔:《思想录》，何兆武译，商务印书馆 1985 年版。

G. F. 穆尔:《基督教简史》，福建师范大学外语系编译室，商务印书馆 1996 年版。

路德:《马丁·路德文选》，马丁·路德著作翻译小组译，中国社会科学出版社 2003 年版。

卡西尔:《启蒙哲学》，顾伟铭译，山东人民出版社 1996 年版。

卡西尔:《卢梭·康德·歌德》，刘东译，生活·读书·新知三联书店 1992 年版。

马克斯·舍勒:《伦理学中的形式主义与质料的价值伦理学》，倪梁康译，生活·读书·新知三联书店 2004 年版。

邓晓芒:《康德〈纯粹理性批判〉句读》，人民出版社 2010 年版。

杨祖陶、邓晓芒:《康德〈纯粹理性批判〉指要》，人民出版社 2001 年版。

邓晓芒:《思辨的张力》，湖南教育出版社 1998 年版。

邓晓芒：《康德哲学讲演录》，广西师范大学出版社2005年版。

邓晓芒：《康德哲学诸问题》，生活·读书·新知三联书店2006年版。

邓晓芒：《康德论道德与法的关系》，《江苏社会科学》2009年第4期。

阿利森：《康德的自由理论》，陈虎平译，辽宁教育出版社2001年版。

诺曼·康蒲·斯密：《康德〈纯粹理性批判〉解义》，韦卓民译，华中师范大学出版社2000年版。

阿尔森·古留加：《康德传》，贾泽林等译，商务印书馆1997年版。

韩水法：《康德物自身学说研究》，商务印书馆2007年版。

韩水法：《批判的形而上学》，北京大学出版社2009年版。

沈叔平：《康德的〈法律哲学〉》，《国外法学》1983年第5期。

谢舜：《神学的人学化》，广西人民出版社1997年版。

张志伟：《康德的道德世界观》，中国人民大学出版社1995年版。

谢遐龄：《康德对本体论的扬弃》，湖南教育出版社1987年版。

李蜀人：《道德王国的重建》，中国社会科学出版社2005年版。

黄裕生：《真理与自由》，江苏人民出版社2002年版。

罗纳德·德沃金：《生命的自主权》，郭贞伶等译，中国政法大学出版社2013年版。

约翰·凯克斯：《反对自由主义》，应奇译，江苏人民出版社2005年版。

曾晓平：《自由的危机与拯救》，武汉大学博士论文，1995年。

曾晓平：《关于道德形而上学的两个基本的问题》，《湖北大学学报》1998年第5期。

杨云飞：《定言命令研究》，武汉大学博士论文，2006年。

周治华：《伦理学视域中的尊重》，复旦大学博士论文，2007年。

保罗·奥斯卡·克利斯特勒：《意大利文艺复兴时期八个哲学家》，姚鹏、陶建平译，孟庆时校，上海译文出版社1987年版。

B. B. 索柯洛夫：《文艺复兴时期哲学概论》，汤侠生译，北京大学出版社1983年版。

孟广林：《欧洲文艺复兴史》（哲学卷），人民出版社2008年版。

陈日华：《人性的回归：文艺复兴》，长春出版社 2010 年版。

周伟驰：《奥古斯丁的基督教思想》，中国社会科学出版社 2005 年版。

甘绍平：《人权伦理学》，中国发展出版社 2009 年版。

甘绍平：《应用伦理学的前沿问题研究》，江西人民出版社 2002 年版。

张宏生主编：《西方法律思想史》，北京大学出版社 1983 年版。

周辅成编：《西方伦理学名著选辑》上卷，商务印书馆 1964 年版。

苗力田主编：《古希腊哲学》，中国人民大学出版社 1989 年版。

龚群等著：《社会主义核心价值体系重大关系研究》，北京师范大学出版社 2012 年版。

李德顺：《价值论》，中国人民大学出版社 1987 年版。

袁贵仁：《价值学引论》，北京师范大学出版社 1991 年版。

周辅成编：《从文艺复兴到十九世纪资产阶级哲学有政治思想家有关人道主义人性论言论选辑》，商务印书馆 1966 年版。

汉娜·阿伦特：《极权主义的起源》，林骧华译，生活·读书·新知三联书店 2008 年版。

詹姆斯·施密特编：《启蒙运动与现代性》，上海人民出版社 2005 年版。

范志均：《尊严与承认：康德尊严论道德的承认前提》，《道德与文明》2012 年第 3 期。

约翰·凯克斯《反对自由主义》，应奇译，江苏人民出版社 2005 年版。

甘绍平：《作为一项权利的人的尊严》，《哲学研究》2008 年第 6 期。

任丑：《人权视域的尊严理念》，《哲学动态》2009 年第 1 期。

翟振明、刘慧：《论克隆人的尊严问题》，《哲学研究》2007 年第 11 期。

范志均：《尊严与承认：康德尊严论道德的承认前提》，《道德与文明》2012 年第 3 期。

汪堂家：《人的尊严原理的再思辨——目的与手段的辩证法》，《云南大学学报》（社会科学版）2004 年第 3 期。

韩跃红、孙书行：《人的尊严和生命的尊严释义》，《哲学研究》2006 年第 3 期。

韩德强：《人的尊严的基本属性》，《广西大学学报》2008 年第 6 期。

韩德强：《人的秩序性尊严之构成》，《文史哲》2008 年第 3 期。

刘作：《康德的义务学说》，武汉大学博士论文，2010 年。

后　　记

呈现在大家面前的这本《康德尊严思想研究》是在我的博士论文基础上修改完成的。从接触康德哲学到现在已有七年的时光。在这七年中，与其说是我在努力走进康德哲学，不如说是康德哲学走进了我的生活，成为我精神上的支撑和慰藉。最初，对康德哲学仅仅是一种好奇，想知道如此晦涩的文字背后到底隐藏着什么样的深邃思想。后来，隐约发现自己总会被其中诸如自由、理性、道德等词汇所吸引，并为之激动不已。之后，逐渐坚定了以康德伦理学为自己学术研究起点的决心。对尊严问题的最初兴趣则源自甘绍平先生的一篇文章——《作为一项权利的人的尊严》，诚如甘绍平先生所言，研究尊严理念，从而更好地坚守尊重人的尊严的原则，是人类义不容辞的历史职责。从此，尊严问题逐渐进入自己的研究视野。在确定博士论文选题时，我毫不犹豫地选择以康德的尊严思想为自己的研究主题。在研读康德著作和思考尊严问题的这几年中，有过激动和兴奋，也有过沮丧和失望；有过克服重重困难后的喜悦，也有过备受打击后的消沉；自信与自卑此消彼长……这些年，支撑自己坚持走下去的是一个信念——坚信在康德哲学中可以找到自己灵魂的居所。

拙著的出版离不开在这些年里以各种方式给予自己关心和帮助的老师、同学和亲人。感谢我的硕士导师、已逝的潘佳铭教授，是他让我有机会进入伦理学专业，进行自由的探索；感谢任丑教授，在他的指点下，我逐渐把握了康德哲学的思想主旨；感谢我的博士导师张传有教授，在他的悉心指导和严格要求下，我硬着头皮写出博士论文的初稿，并进行了多次修改和完善；感谢我的博士后合作导师龚群教授，与他的多次讨论和交流让我受益匪浅，本书的最终呈现离不开他的鼓励和教导；感谢 *Oliver Sensen* 教授和 *Heiner Klemme* 教授在过去一年里给予的热情帮助和启发，他们的人格魅力和学术态度让我感动和敬佩；感谢这些年一起走过的同窗好友们，是他们的陪伴让我感受到学术生活并非苦涩单调。回想过去，甚是怀念在武汉大学求学的三年时光，激烈的课堂讨论，严谨的学术氛围让我终身受益。品味当下，甚是感激中国人民大学伦理学与道德建设研究中心为我在博士后期间提供的便利的科研环境，感谢教研室所有老师们对我的关心和指点，没有他们的支持，这本书不可能如此顺利的出版。感谢中国社会科学出版社的编辑们为本书的出版付出的辛勤劳动。

最后，感谢父亲和母亲对我的养育之恩，他们的淳朴和善良让我更加坚信生活中的美好；感谢家中姐姐、姐夫们对我的包容和理解，是他们对父母的悉心照顾让我得以在外静心求学；感谢外甥外甥女们在父母身边的陪伴，正是这些“开心果”暂时缓解了我对二老无尽的牵挂。感恩一路走来所有鞭策自己成长的人，无论是正面的引导还是反面的刺激，是他们让我体验到了人生的酸甜苦辣……

王福玲
2013 年 9 月 6 日于中国人民大学